# 太阳·雪

## 舞蹈艺术家王举的传奇人生

胡夏娟 著

人民出版社

# 目 录

序　言　大荒的太阳——王举印象 ..... I

**第一章　黑土地** ..... 1
　　腊月初八 ..... 3
　　孤儿院的日子 ..... 8
　　困苦中生长 ..... 12
　　火烧作业本 ..... 17
　　省艺校的涅槃 ..... 22

**第二章　前郭县的巴特尔** ..... 29
　　组建第一支舞蹈队 ..... 31
　　在坚持中训练 ..... 34
　　自制舞蹈练功鞋 ..... 38
　　一曲生命之舞 ..... 41
　　乌兰图嘎的逃生 ..... 45
　　到大庆去 ..... 48

**第三章　大荒的太阳** ..... 51
　　油田大会师 ..... 53
　　我爱萨日朗 ..... 57
　　海拉尔前线 ..... 61

　　　　天　雨 ............................................. 65

第四章　关东女人 ........................................ 71
　　　　暖　冬 ............................................. 73
　　　　样板戏短训班 ..................................... 79
　　　　遇见了幸福 ........................................ 84
　　　　家长姐姐 ........................................... 89
　　　　我的老哥 ........................................... 94
　　　　关东女人 ........................................... 97

第五章　绿色生命 ........................................ 101
　　　　雪映深情 ........................................... 103
　　　　牧人之子 ........................................... 107
　　　　绿色生命 ........................................... 111
　　　　油　娃 ............................................. 114
　　　　高山流水的兄弟 ................................... 118
　　　　保护家园的舞者 ................................... 125

第六章　高粱魂 .......................................... 129
　　　　躁动的红高粱 ..................................... 131
　　　　不拘一格用人才 ................................... 135
　　　　我就是要高粱的"魂" ............................. 139

# 目 录

  "魂"惊四座 ........................... 143
  功夫在舞蹈之外 ........................ 147

**第七章 嘎子** ........................... 151
  大庆艺术学校 .......................... 153
  梦 姐 ................................ 157
  别样的生命之美 ........................ 161
  12个孤儿的干爹 ........................ 165
  只要你们过得好 ........................ 169
  感动在美国杨百翰 ...................... 175

**第八章 龙在北方** ....................... 179
  坐着火车去内蒙古 ...................... 181
  雪困嘎仙洞 ............................ 185
  太阳神契丹 ............................ 191
  盛世金源 .............................. 195
  为浴火重生而舞 ........................ 199
  欢乐的达斡尔青年 ...................... 203

**第九章 经典永恒** ....................... 209
  北方大辫子 ............................ 211
  东北大烟袋 ............................ 215

  女人纳鞋底 ........................................... 219
  香港回归颂 ........................................... 223
  常回家看看 ........................................... 228
  亚洲雄风 .............................................. 233

**第十章　鹤鸣湖** ............................................. 237
  落泪的天空 ........................................... 239
  一封联名告状信 ....................................... 243
  大庆所向何方 ......................................... 247
  从《鹤鸣》到《鹤鸣湖》............................... 251
  中国版的《天鹅湖》 ................................... 255
  湿地文化 .............................................. 259

**第十一章　绽放的生命** ...................................... 265
  火车上的巧遇 ......................................... 267
  大爱在传递 ........................................... 271
  佳木斯的茉莉花 ....................................... 274
  大美在人间 ........................................... 279
  中国"突出贡献舞蹈家" ................................ 284
  流泪的获奖者 ......................................... 290

**后　记　命运很小，生命很大** .............................. 297

序言　大荒的太阳——王举印象

初识王举导演的名字,最早在上世纪90年代的《舞蹈》杂志上。那时我还小,王导年长我整十岁。但,我认识他,他不认识我。

记得看到杂志上图文并茂的《大荒的太阳》,很炫目的色彩,很刺激的情感,很抓心挠肝的动态,让人很有心灵的悸动!于是在心中谙熟了王导,并开始深刻地烙印下他。

日久天长,寒来暑往。和王导一同出没于各种场合、环境,相识了、熟悉了,慢慢的,相知了。领略了他神采飞扬的东北秧歌,感悟了他洒脱率性的动作观念,会意了他汪洋旷达的黑土激情,动觉了他蒸腾不尽的生命意识。

直到新千年后的某一天,王导盛情,诚邀我合作一部舞剧。我受宠若惊地答应,并全心全意地完成了创作任务,我们合力推出了舞剧《鹤鸣湖》,我才算真正接近了他,相对深入地了解了他:一个真正的舞蹈艺术家,融北方男人的骨气、舞蹈家的秀气和灵气于一身的人。这,既见于他的舞蹈,更见于他的人格。

年初,王导再次约我,见面时交予我一部书稿——《太阳·雪》,是一位年轻作家为他做的传记。他诚邀我为之作序。我惶恐了,愕然了,也感动了!一来,我辈晚出后学,岂敢信口雌黄;二来,王导资深大德,需仰视才见,岂能任意文章。然王导重友尚义,鼎力相荐。我等只得斗胆,但内在的忐忑始终不已。

相信这是目前最完整的一部叙述王举艺术与人生的传记了。文字从他的"发生"写起,囊括了一切最有感染力的"王举事件"——那鲜为人知的苦难童年、砥砺不辍的青春印记、追风赶月的创舞造诣、雪野阳光的朗照心情、踌躇满志的艺术积累、坚如磐石的生命信念……一份激流勇进的艺术履历,一个豪迈励志的精彩人生!活力伴着智慧,勇气透着才华;始终的正能量，一贯的求索。

　　但，我对这部书有点不满足，因为在我的心目中，王导不仅是个艺术家、痴心不改的舞蹈名宿，更是一个痴情满怀、内心极为柔软的性情中人。为舞蹈，他爱到无怨无悔，不分春夏秋冬；王导更是个情痴的人，他把爱赋予了舞蹈，舞蹈也还给了他真正的爱人。这方面，传记的篇幅和力度似乎都显纤弱了些。但，无伤大雅！

　　我敬重王导，因为他外朗慧中、天然洒脱的气质，因为他高天厚土、收放磅礴的创作，因为他痴心不改、倾心不二的艺境，因为他真诚相待、敢作敢为的性情。我仰慕他的艺术爆发力，我钦佩他的艺术表现力，我更赞美他，为人的坚韧、自立、善良、豁达。他是茫茫雪野中一个欢呼雀跃的舞蹈精灵，他是白山黑水间一个拨动生机的舞蹈因子，用自己舞动的光芒把雪域照亮，用自己生命的光芒把人心滋养。

　　遍览舞蹈中的东北大平原，王导堪称"大荒的太阳"！

罗　斌<br>2014年7月于北京

（罗斌，中国舞蹈协会党组副书记、秘书长、博士生导师）

## 第一章  黑土地

蓄势待发（100×70cm）　创作者：陈彦龙

苍茫的北方雪原上，寂静得让人发慌。在无垠的深白色中，突然爆发出狼一般的愤然长啸，一双灵动的眼睛似乎在锐意地捕捉着什么。

# 腊月初八

1953年，腊八，大雪。紧张的气氛在篱笆墙围拢的院落里袅袅升腾着。一扇陈旧的窗户上，一个高大男人的身影在焦急地来回晃动，粗糙的手掌反复地摩挲，灌满紧张的眼睛不住地向里屋张望着，有些呛鼻的煤气从里屋弥漫出来。

中午十二点，一声清脆嘹亮的啼哭声响起，儿子王举出生了。树梢上一大团白雪应声而落，在地面上像礼花一样灿然绽放，随之溅起一团清白的烟雾。淡灰色的天空浮现出一轮瓷亮的太阳。低头是寒，举头是暖，寒与暖界限鲜明地分隔着，又在天地的尽头融合在一起，从看似对立的角度延伸着同一个命运。

不仅这个小院的一大家子在欢喜于王举的到来，就连雪花都以这种特有的方式来庆贺王举的降生。王举无比热爱雪花，在王举的心里，雪花不是单调的白色，而是斑斓的彩色，这也许也是其中的一个原因吧。雪花和王举就在腊八这一天结下了某种天然的缘分。腊七腊八，冻掉下巴。也许是和自己出生在腊八有关，王举的下巴越长越靠后，看上去好像真的没有了下巴。

积蓄了一年的奇寒犀利地弥漫在东北松花江上游。寒冷像是一群贪婪的羔羊，急不可耐地拱裂了饱满的云朵，雪花便像秋天的谷穗一样，纷纷扬落在巍峨奇秀的龙岗山脉。恬静的辉发河畔挺立着挂满雾凇的桦树、松树，冰冻的棕色土壤里孕育着一种生命拔节的气息。

雪粒渐渐膨大，宛如无数的白蝴蝶旋转飞落在吉林省桦甸县孙家屯。空气湿润鲜嫩，透着一种沁人心骨的清香。雪花簌簌的乡村街道上，没有一个行人。风，停止了呼啸，狗，停止了吠叫，时间仿佛幻化为大地上的冰凌，静静地凝结在王举出生的时刻。

高粱、大豆、稻谷、苞米，在东北这片黑土地的滋养下，王举会翻身了，会坐起了，会说话了，会撒开腿跑了，也会跟着大人一起去看舞台剧了。

在王举的记忆里，他观看的第一部歌剧叫《红霞》，这是一部创作于20世纪50年代的歌剧。红军北上抗日，反动派日匪军对苏区大举进攻，地主白五德带领保安大队逼迫红霞姑娘带路追击红军，红霞施巧计把匪军引入凤凰岭的悬崖绝壁上，此时红军闻讯赶来消灭了敌人，红霞在峰巅高举红巾，壮烈牺牲。从而把她比作天空美丽的红霞。

在年仅五岁的王举的世界里，他还不知道什么是抗日，什么是爱国，什么是牺牲，什么是伟大。但是，有一个热辣辣的东西，深深印刻在了王举的脑海里，震撼着王举幼小的心灵，那就是扮演红霞的演员手里高高擎起的那块血红色的布巾，这块红巾宛如一束燃烧的火焰，灼热在王举的感觉里。王举仰着小小的脑袋，目不转睛地盯着舞台上演员的一举一动。王举看着，激动着，沉醉着，迷恋着，仿佛自己的骨骼在被红霞手里的那块红巾牵扯着。王举跑回了家，翻箱倒柜地找出妈妈的一块红色的布料，缠在头上，蹦到窗台上，把窗帘闭合后又拉开，仿佛舞台上黑色的大幕在开演前徐徐开启。王举一会儿握起拳头，一会儿张开手臂，一会儿从窗台的左侧跑到右侧，一会哼唱起不知从哪儿学来的三两句民间小调儿。

王举过了一把表演瘾，可是心里总觉得还是缺少了点什么。直到有一天，王举内心的这个缺憾才彻底得到修补。妈妈给了王举五分钱，让王举去打一斤酱油，当王举来到小卖铺的时候，一眼就看到了摆放在货架子一角的胭粉，胭粉的旁边摆放着孩子们喜欢吃的小零食。王举像是被施了魔法，买酱油的事情早被王举忘得一干二净，那些零食就像是隐了身，丝毫没有被王举看在眼里。王举掏出买酱油的钱，买下了胭粉。回到家里，王举直接溜进了房间，锁上屋门，关上窗帘，打开小巧馨香的胭粉盒子，伸出稚嫩的小手，把白色的胭粉胡乱铺开在自己还渗着汗滴的脸颊上，胸腔像汹涌的海潮急速地起伏着。找不到先前那块红布，王举随便从床上抓起一件衣服，系在头上，就沉浸在一种表演的童趣里。

王举不知道自己在做什么，也不知道自己这个爱好会对自己将来的人生产生什么样的影响，但是他就是喜欢，发自心底地喜欢。这种喜欢像是一种本能，不需要经过大脑的思考，也不需要在艺术的知识体系下浸泡，仿佛从王举来到这个世界上，就带来了一种对表演无法言说的喜爱。王举有一架喜欢舞动的身体，还有一颗对表演敏感的灵魂。二者唯美地结合于一体，注定会给这个世界带来一场又一场新鲜、深刻、强烈、酣畅的感动。

王举除了喜欢唱戏，还喜欢看天上晨起暮落的太阳。每天早上，王举睁开惺忪的睡眼，第一件事就是跑到屋外，扬起小脑袋，眯缝起眼睛，看看今天的太阳是否照常升起来了。如果看到太阳在天上明亮地挂着，王举就乐颠颠地开始做其他的事情。而当太阳一落山，王举的心就开始收缩，好像黑暗要吞噬掉自己的灵魂。

每天放学回家，王举需要走十几里山路，为了赶在太阳落山之前到家，王举挎着帆布书包，绕着深如眉黛的山一路狂跑着，向着太阳落下去的方向狂跑着，像是在抓取太阳的光亮，又像是在躲避黑暗的魔爪。太阳的光芒每减弱一分，王举的心就揪紧一分，王举多么希望太阳能永远出现在天空中，这样自己就能像摇篮中酣睡的婴儿，时刻安宁。

等王举气喘吁吁、满头大汗地跑到家，才发现包里的作业本不见了，那可是自己攒了好久才买到的一个作业本啊，尽管正面反面都写满了字，可是王举还是舍不得丢。第二天一大早，王举胡乱地扒拉了两口饭，就抓起书包，向学校的方向跑去。王举一定要找到作业本，只要作业本没有被路人捡去，没有被风刮跑，没有被车碾破，只要作业本还在这条山道上，王举就一定要把它找回来。王举呼哧呼哧地跑着，要找到作业本的念头就像是铆足了劲的发条，给王举的两条腿注入了强大的动力。

在一道狭窄的山路拐弯处，作业本狼狈地躺在路面上，除了灰尘，没有车辄辘或者鞋子压过的痕迹。王举拍了拍本子上的尘土，带着胜利的笑容，把它装进了书包里。

20世纪50年代，新中国刚刚成立，全国上下都处于一穷二白的困难时期，物质生活极其清苦，但因为太阳每天都会照常升起，还有对咿呀哼唱和手舞足蹈的喜爱，王举的童年依然璀璨得像那春天里的花朵，亮丽而芬芳，欢喜而安乐。

如果命运就此一成不变，幸福是否也会保持原色？如果伤痛不期而遇，心灵是否可以安然沉沦？王举还没有到思考这个问题的年龄，就被命运扭拽着，野蛮地拖到了血淋淋的刀刃上。

王举的父亲是煤矿工人，在一次下井工作中，被滚落的石块砸成脑震荡，两年后因当兵时的旧伤复发、伤口感染离开了人世。母亲不堪失去丈夫的悲痛，终日郁郁寡欢，两年后带着对四个儿女的不舍，含泪闭上了那双无限留恋的眼睛。父亲去世时，王举才7岁，还不太明白死亡的真正含义，而当妈妈离开时，王举已经9岁了，当"死"这个字传到王举的耳朵里时，王举却异常地麻木，仿佛残破的夕阳摔到了山的那一边，碎成了粉末，再也不会从地平线上升起来。

妈妈已经换上了寿衣，僵直地躺在棺木里，任由周围的人们声嘶力竭地呼唤，妈妈再也没有一丝一毫的反应。这个世界已经和妈妈没有了任何的关联，如果非要有关联，那就是妈妈印刻在王举记忆里的那抹无限包容的微笑。悲恸的哀乐在院子的空气里缭绕着，一波一波钻过王举的耳膜，攫住了他的喉咙，然后穿过王举还不够壮实的锁骨和肋骨，紧紧缠绕住了王举的心。当王举把妈妈的棺木钉上时，王举的心突然空了，一种无限的懊悔涌上王举的心头。王举恨自己把妈妈钉在了棺木里，如果妈妈没有死，如果妈妈只是睡着了，等妈妈醒过来的时候怎么出来呢？一想到再也看不到妈妈了，王举张开豁着牙齿的嘴，哭了起来，可是王举只感觉到自己的嘴唇在一张一合，肩膀在一高一低地颤抖，但却丝毫发不出任何的声音，难道极度的悲痛真的会让人失声吗。王举的心在收缩，在战栗，仿佛再多加一点点力，自己的心就会被勒断，湮灭在4月26日猝不及防的伤痛里。

王举多想扑到妈妈僵硬而冷却的身体上，用自己所有的力气把妈妈摇醒，王举多想告诉妈妈，他已经没有了爸爸，不能再没有妈妈。没有了妈妈，自己就像那荒山上的一株细弱的秋草，何以抵挡风霜雨雪的侵袭，更像是一棵无根无依的浮萍，在这个尘世间孤独地飘零着、流放着。

"妈妈，你走了，我被人欺负了，谁来保护我？我生病了，谁会把我搂进她的怀里？我和妹妹饿了，谁给我们端来热乎乎的大饼？我衣服上的扣子掉了，谁来给我缝？"王举的心底有一千、一万个不解，可是，妈妈再也无法作出回应。只有那呼呼的东北风在耳边用力地嘶鸣着，是在回答王举的问题吗，可是，王举听不懂这些用气流堆积起来的冰凉的风语。

王举是家里唯一的男孩，按照当地的传统风俗，为离世的双亲摔丧盆、举灵幡，自然落在了王举的肩膀上。王举，还没有一举成名天下知，就早早地先后为父母举起了灵幡、摔起了丧盆。

爸爸走了，妈妈也走了，留给王举的，除了两位姐姐桂霞和桂敏、一座残破漏雨的土坯房，一个刚满两岁的妹妹王岩，还有就是他对未来生活的恐惧和不确定，以及内心对母爱的极度渴望。琴弦断了，还能续上；鸟儿离巢了，还能再飞回。可是，如果自己想妈妈了，妈妈还能出现吗？该到哪个地方去看妈妈呢，哪怕就看一眼，一眼就足够了呀。

父亲母亲幻化成了一帘苦涩的梦，在王举的记忆里如芦苇般随风摇荡着，那么近，又那么远。

## 孤儿院的日子

办完妈妈的丧事,夜里,天空突然下起了大雨,像是妈妈在心碎地哭泣,即使魂飞九天,依然放不下世间流着自己骨血的这四个小儿女。

"小举,跟大姐走吧。日子是艰苦了些,可好歹咱们都在一起。"已经出嫁的大姐桂霞边用衣袖抹着眼泪,边强撑着拿出一个大姐的坚强,这个家无论如何也不能倒了。

王举摇了摇裹卷着太多哀伤的脑袋。他知道姐姐一家已经挣扎在生存的边缘,自己不能再给大姐施加一丁点的重量。

"那让小妹跟着我吧。"二姐桂敏接着提议,没有了小妹的牵绊,弟弟活下来的希望就能多一些。

在那样一个生活艰难的年代,饿死,就像干旱一样,成为标志鲜明的天灾烙印。在天真无邪的童年,正是活蹦乱跳的岁月,可是,多少孩子骨瘦如柴,无力地倚躺在门槛上,饿得眼冒金星,苟延残喘地听任上天的生死定夺。活下来的,继续着或喜或悲的人生;躲不过的,生命便急急收场,灵魂钻入泥土,贪婪地吸食着还未被人刨掘和抢夺的营养。

如何能让弟弟存活下来,好让远在天堂的父母安息,是两位姐姐首要考虑的。

王举再次摇了摇头,把正在熟睡的妹妹抱得更紧了。贴着妹妹温热的小身体,望着妹妹还带着隐隐微笑的脸蛋,王举觉得自己拥抱的不仅仅是自己唯一的妹妹,更是父母生命延续的寄托,这是父母遗留给自己的最重要的财产,自己要尽力保护好这个小生命,不让妹妹受到任何伤害,哪怕付出自己的生命,王举也要把妹妹留在身边。有妹妹在,再漆黑的日子,也能看到光亮。

"要不去孤儿院吧,那儿跟家一样,"煤矿领导刚吐出这句话,就充满怜悯地叹了口气,"哎,可怜的娃。"

## 第一章 黑土地

家是什么？王举回答不上来，但是王举知道，妹妹在，家就在。

父母的相继离世，让王举过早地学会了面对和担当，也让王举开始有了接近成人的想法，会站在对方的角度考虑问题。尽管，王举非常需要一个温暖的家，可是，王举不想成为任何人的负担，哪怕是自己的亲姐姐。

王举抱着妹妹，走向了那个被煤矿领导界定为家的孤儿院，那里也许是王举和妹妹能活下去的唯一的地方。

推开孤儿院那扇断裂变形的篱笆门，王举的手触电似地颤抖了一下。矿上的伯伯说，这里和家一样好。既然是家，那就会有热腾腾的汤水，有亮堂堂的煤油灯，有可以看到太阳的窗户，还有会笑的妈妈。当"妈妈"这个词在王举的脑海里弹跳的时候，他瘦削的嘴角清晰地抽动了几下。王举仿佛听到了妈妈熟悉的脚步声，仿佛下一秒妈妈就会出现在自己的视线里，站立在门槛里，挥动起手臂，慈爱地高喊："小举，快点抱妹妹进来。"

王举就这样定定地站立在篱笆门口，望着院子里一直紧闭着的屋门，年仅9岁的小王举尝到了眼泪流在心里的滋味，酸涩，潮湿，还夹杂着隐隐的疼。

妹妹趴在王举的肩头，两只小手紧紧地勾着哥哥的脖子，仿佛自己一松手，一种很安全的感觉就会消失。尽管这一幕不会在王岩的记忆里留下零星的痕迹，但眼前全然陌生的环境，让王岩像一只受到惊吓的小猫一样，蜷缩在哥哥的怀里。王举把一个瘪瘪的包裹放在地上，学着妈妈的动作，轻轻拍了拍妹妹，安抚着妹妹："岩岩不怕，有哥哥在。"

这是一间低矮昏暗的房子，一张大炕盘踞了房间大部分面积。纸糊的窗户上已经被捅破了好几个奇形怪状的洞，地面上散落着纸屑和鞋子，同样凌乱的还有正在追逐打闹的二十多个孩子。

一个鼻涕流到嘴边，又立即被吸回去的男孩，瞥了王举一眼，就又伸出细长的舌头，继续舔舐着手里捧着的稀薄的糖纸。煤矿上的孤儿院里又多了两个孩子，就像是塔克拉玛干沙漠里又多了两粒沙，不会引起超过一秒钟的好奇和围观。

"哇！"一个瘦得像干柴的女孩，被一个比她高一头的男孩子推倒，坐在地上，委屈得大哭了起来。即使是这样撕心裂肺的哭喊，也没有减弱其他孩子嬉闹的兴致。

"小兔崽子，反了你们了！看我不打断你们的腿。"一个嗓门大大的女人出现在房间里，抓起一把扫帚见人就抽。孩子们像是看见了野兽，纷纷惊恐地四散逃开，坐在地上的女孩也以最快的速度躲到了房间的一角。

"她头上有虱子，夜里睡觉的时候，会跳到我的头上来。"高个子男孩一脸的气愤，仿佛已经隐忍了很久。

"去，把盆里泡好的衣服洗了，洗不干净，不许吃饭。"高个子男孩从身边走过的时候，女人还用扫帚在男孩子的屁股上抽了一下。

女人准备出去，看见了怀里抱着妹妹的王举。并不友好地问道："你就是王举吧，以后就睡最西头吧。"说完，漠然地离开了。

王举的孤儿院生活就这样在冷漠和忽视里，凉凉地开始了。看到那位一点也不像妈妈的女人，王举就知道，自己的妈妈是再也不会出现了，永远不会出现了。王举把目光投向了屋里仅有的一扇小窗户上，眼里掠过一丝安慰，王举知道，明天，太阳将会把这里照亮。

半夜，起风了，风声汩汩地在窗外流过。王举本来就没有睡着，一是刚来到这个陌生的地方，很不适应；二是晚饭没有吃饱，肚子一直咕噜噜叫。当风声响起时，王举把相依为命的妹妹抱得更紧了。

漆黑的房间里，不时响起各种声音，呼吸声、磨牙声、翻身声，还有说梦话的声音。在这个冷清又孤独的夜晚，王举默默地流出了眼泪，王举想妈妈了，像所有离开妈妈的孩子一样，思念妈妈了。

姐姐说妈妈去了天堂，天堂应该很美吧，有小鸟在枝头跳舞，有蜜蜂在花蕊里采蜜，还有欢快的鱼儿在清澈的小溪里游动。那里的人不会再挨饿，不会再受冻。爸爸也去了天堂，那爸爸妈妈应该就可以在一起了吧。希望爸爸妈妈再也不会分离。想着想着，王举就睡着了。王举做了一个很美的梦，在梦里，他真的看见了爸爸妈妈幸福地依偎在一起，周围有好多好多的阳光，那么明亮。王举在梦里露出了一个孩子开心的笑容。

"起来，起来。"雷一般的女人声音把王举惊醒了，王举一骨碌爬起来，才发现原来是妹妹尿床了。妹妹也被这突如其来的嗓门吓住了，哇的一声大哭了起来，立即扑到了王举的怀里。

女人喝令妹妹把尿湿的被子顶在头上，不许睡觉。

"妹妹还小，不懂事，我顶。"王举抓起妹妹尿湿的褥子，盖在了自己的头上。

孤儿院的日子，恐惧又委屈。王举就像是生长在墙角下的任人践踏的苔藓，风吹疼了自己，雨淋痛了自己，可是王举依然在疼痛的缝隙里，捡拾着自己童年的快乐。

王举非常喜欢看电影。可是对于一个孤儿院的孩子来说，是不可能买票观看的。但是，想看电影的念头像是野草一样，疯狂在自己的心底滋长着。王举看到电影院的棚顶是用高粱秆覆盖的，一条妙计在王举的心底悄悄生成。电影开演前，王举偷偷爬到棚顶，从密密的高粱秆中间扯开一条缝隙，这样自己就可以免费看电影了，而且还可以连场看。

最后一场电影散场了，当王举准备从影棚上下来的时候，发现到处都是人，于是王举又悄悄回到影棚上，一边回想着电影的镜头，一边竟沉沉地睡着了。王举手里紧紧握着扒开的高粱秆，这是一个孤儿院的孩子在凄苦的生活里，唯一抓取到的快乐。

如果不是因为一件事彻底伤透了王举的心，也许孤儿院的生活还会在王举的生命里继续下去。

王举抱着妹妹来孤儿院时，大姐桂霞把五元钱塞到了王举的手里。这可是王举和妹妹所有的家当。王举舍不得花掉它们，一直把钱存放在褥子底下，万一妹妹或者自己病了，好用它救急。可是，有一天早上，王举突然发现那五元钱不翼而飞了。王举开始以为自己放错地方了，可是翻遍了所有的角落，依然没有钱的影子。王举刷地一下出了一身的冷汗，那可是王举和妹妹的救命钱啊。

无奈之下，王举告诉了孤儿院里的阿姨。

"阿姨，我有五块钱，一直放在褥子下面，找不到了。"王举疑惑又着急。

女人的眼神有些躲闪，清了清嗓子，故作镇静地说："你一个孤儿，怎么会有那么多钱呢？这钱是你的吗？八成是偷来的吧？"

王举的脑袋嗡地一响。莫大的委屈让王举气得说不出话来。自己明明丢了钱，反而被阿姨怀疑自己的钱是偷来的。人，可以被饿死、被冻死、被打死，但是绝对不可以被侮辱和诬陷。孤儿院，不仅没有亲情般的温暖，连最起码的尊严都没有。王举一刻也待不下去了。

# 困苦中生长

王举在村头的田埂上一屁股坐了下来。汗水、泪水顺着王举的脸颊流下来。想着在孤儿院这两年里遭受的种种委屈，王举扑倒在荒凉的泥土上，抓起一把黑土，放声大哭了起来："爸爸妈妈，你们在哪里？为什么你们要丢下我？你们走了，我再也没有家了，没有家了呀！"

南飞的大雁在高空发出几声凄厉的悲鸣，瑟瑟的秋风不知道从哪里卷过来几片枯黄的树叶，可是，比这落叶更加枯黄的，是王举那颗孤苦无依的心。如果这个时候歌曲《我想有个家》已经创作出来了，应该最符合王举此刻的心情吧："我想要有个家，一个不需要华丽的地方。在我疲倦的时候，我会想到它。我想要有个家，一个不需要多大的地方。在我受惊吓的时候，我才不会害怕……"

不知道哭了多久，王举渐渐止住了哭声，吐出吸到嘴里的尘土，抱着单薄的膝盖，定定地望着西天的夕阳。在那红红的太阳里，应该会有一个温暖的家吧。

天色越发惨淡了，对黑暗的恐惧再次在王举的心里翻腾起来，王举站起来，向大姐家的方向大步跑去。

六十年代，举国上下物品奇缺。给周总理的一套白色西装订几颗白色的扣子，翻遍了偌大的北京城，硬是找不到。国家领导人的生活尚且清苦如此，更何况寻常百姓家。大姐家的日子也是有一顿没一顿地勉强维持着，王举既要吃饭，还要上学，这对大姐的家庭来说，是一项不小的负担。可是除了大姐家，王举不知道自己还能去哪里。为了能在大姐家里继续待下去，王举懂事地做着一切力所能及的事情。

不去学校的时候，王举就跟随大人们上乌龙山刨药材，卖了钱都交给大姐。刚开始的时候，王举对山上的东西，完全分辨不出来。但是，他非常用心，只要身边有人，王举就一遍又一遍地去请教，渐渐的，王举认识

## 第一章 黑土地

了好多山货，什么天来星、地龙谷、山苞米、山杏子、野核桃，王举如数家珍。有一次，王举跟随小孩子去山里打核桃，有一棵核桃树长在一个土堆上，王举站在土堆上，使劲儿往上一跃，就用双手攀住了核桃树枝。王举并不知道，自己刚才弹跳的土堆下面其实是一座旧坟。王举那用力一跳，坟堆就塌空了，突然从坟堆里蹿出两条吐着信子的大蛇，王举大叫了一声，吓晕了过去。当王举清醒过来的时候，躺在一位看山老人的茅屋里。由于过度惊吓，王举生出了一身的黄疸。老人给王举全身贴满了树皮，又给王举喝了熬制的中药，王举身上的黄疸才慢慢退去。

生活的磨难往往光顾那些蓄积光芒的灵魂。一个初冬的下午，家里没有人，而王举饿了。正在王举把裤腰带又勒紧了一些的时候，一股清香飘到了王举的鼻子里。王举像是被勾了魂，跟着这股香味来到了邻居张婶家，原来张婶刚刚蒸好一锅白馒头，馒头的热气还在锅台上冉冉缭绕着。

"不能再看下去了，再看自己会更加饿的。"王举缓缓转过身，准备离开。

"别走。吃吧，吃了就不饿了。"王举像是听到有谁在耳边说了这句话，王举的脚步就再也迈不动了。

"我不吃，我只闻一闻馒头的香味儿，只闻一闻就好。"王举仿佛找到了让自己留下来的理由，快速转过身，跌跌撞撞地扑到馒头边。王举往前探出身子，闭上眼睛，贪婪地嗅着那迷人的馒头香。可是，就是这么一嗅，那股馒头的热气里仿佛张开了无数双大手，一齐把王举的双手拉了过去，按压在馒头上面，王举抓起了两个白馒头，然后这无数双大手又一齐把王举抓着馒头的手塞进了那张淌着很多口水的嘴巴里。

当王举意识到自己偷吃了张婶的馒头，一丝羞愧浮上心头。但是，馒头的香气已经俘虏了自己的躯体和意识，并且馒头已经被自己咬了好几口，想挽回已经是不可能的了。王举灵机一动，掏出口袋里的五分钱，这可是王举攒了好久才存起来的。王举把五分钱轻轻放在锅台上，然后大口啃着剩下的馒头，轻松地走出了张婶家的厨房。在王举的心底，一种浑浊的感觉变得清澈了起来。

食物是人基本的需求，越是基本的需求，其内驱力越大。在这个时候，想填饱肚子的念头把意识占据得满满的，很少有人还会体验到羞愧感，更不会说把身上仅有的钱全部拿出来。王举宁愿自己受点损失，也不愿让别人遭受伤害。损人利己的事情就像是彼岸的毒花，王举不会沾染一枝一蔓。即使和着泪水咽下所有的委屈，王举也绝不会以牺牲别人的利益，来换取自己的快乐。这种简单和纯粹，伴随了王举一生。

学校要召开运动会，要求统一穿白球鞋，可是王举的鞋子都是露着脚趾头的，哪里有什么白球鞋。姐姐已经负担了自己的吃饭和读书，绝对不能再向姐姐开口索要白球鞋。王举着急地思来想去，用什么方法可以解决眼前这个难题。王举想到了捡废铁卖钱。看到王举小小的身体弯在垃圾堆上捡拾废铁，同学们就都过来帮忙，加入到捡铁的队伍中来。但是并不是所有的铁，王举都能捡。比如车上的铁轱辘，盖房子用的铁钢条，是断然不能碰的，即使自己拿着去卖，收废铁的人也是不敢收的。因为私人拥有这些东西，在当时是犯法的。王举灵思一动，对帮忙捡废铁的同学们说："同学们，谢谢大家的帮助。但是有些铁咱们千万不能捡。一是从机械上拆卸下来的，二是长度超过30公分的。否则咱们就都是小偷了。"同学们恍然大悟地纷纷应诺着，一群捡废铁的小身影在黑土地上四处搜寻着。

挨饿和干活的日子虽然辛苦，但最让王举难过的是还留在孤儿院的妹妹王岩。当初自己急迫地想要离开孤儿院，由于没有想好去处，没有把妹妹带出来。孤儿院没有温暖，没有尊严，但是起码还能有一口饭吃，小妹不至于被饿死。可是，妹妹在孤儿院里会不会饿着，有没有再尿床，那个女人有没有再吼妹妹。王举对妹妹的思念和惦记日益加剧，忍不住了，王举就偷偷跑到孤儿院看望妹妹。大姐家住在平岗矿四井，距离孤儿院五十多里地，大姐和二姐知道王举这样跑去看望妹妹，实在是放心不下。二姐桂敏就把妹妹接了出来，王举为了和妹妹在一起，也搬到了二姐家里。从此，孤儿院的生活成为了王举生命里一抹百味杂陈的记忆。不过，王举和孤儿院的故事并没有终止，而是在30年后，以另外一种版本的形式继续讲述着。30年前的故事，凄楚、心酸。30年后的故事，温馨、光辉。

二姐家距离四井只有几百米，不远处有一间检量房，每当有运煤的敞篷车经过，检量人检查过后，手里的红旗一抡，车子才可以顺利通过。由于附近是煤矿，家家户户烧火做饭都是用煤，这些煤有的是煤矿发下来的，有的则是偷回来的。二姐如果在家，偷煤的事情就有了着落。可偏偏

## 第一章 黑土地

有一次，二姐不知道去哪里了，好几天不见人影。眼看着家里烧火的煤块用完了，王举着急得直跺脚。

总不能不吃饭啊。算了，豁出去了，像二姐一样偷煤去。

王举挎着二姐偷煤时用的土篮子，悄悄潜伏在检量房前面的水沟里。这是一条长几十米，水流经过时自然冲开的河沟，两侧高，中间低，正好用来藏身。

在王举的记忆里，检量房的人就像是一条猛虎，一旦被逮个正着，不是拳打脚踢，就是游街示众。王举心里暗暗盘算着，千万不能鲁莽行事，必须万无一失，才能下手。可是，王举左等右等，检量房的人就是不出来，眼看天就要黑了，河沟里的水冰凉刺骨，再这么待下去，自己非生病不可。正当王举心里犯嘀咕时，几辆运煤车从矿上的方向驶来，漆黑的煤块像是一座座小山，堆放在敞开的车篷里，王举的心一下子紧张了起来，王举知道下手的时机到了。

运煤车陆续在检量房前停止了下来，检量房里走出一位步履矫健、手握红旗的大伯。王举目不转睛地瞅着大伯走到了煤车前，放下土篮子，像是一支离弦的箭，嗖的一下蹿到了检量房后面。大伯检查完毕，返回检量房。正值这个空当，王举猫着腰，像飓风一样，跑到了煤车旁，快速抱起一大块煤，几步跃到河沟边，奋不顾身地跳了下去。王举捂着突突乱跳的胸腔，倒吸了一口冷气，稍作喘息后，王举把怀里的煤块放进了篮子里。看着还没有装满的土篮子，王举心里又萌发了一个大胆的想法："放一块煤，篮子会晃荡，放两块煤，篮子就稳当了。反正也是偷，不如一次偷个彻底，这样也没有白走这一遭。"

王举转过身，一点点把脑袋探出河沟的堤沿，那位冷面的大伯还在检量房里，运煤车还没有启动。这个时候出手是再合适不过了。机不可失，失不再来。王举爬出河沟，蹲着，瞄准一块大煤，如饿狼扑食一般冲了过去。王举抱起煤块就急速转身，刚刚转过一个直角，运煤车就启动了。王举的大脑一片空白，闭上眼睛，使出浑身的力气，往河沟边跑。像偷第一块煤那样，王举抱着煤块，纵身跳进了河沟里。顾不得喘息，王举把舍命偷来的第二块煤块装进篮子里，挎起篮子，顺着河沟就往二姐家的方向跑去。冰冷的河水浸湿了王举的鞋子，王举的脚刺骨般地痛，可是王举知

15

道，自己一秒钟也不能停，必须马上离开这里，才能摆脱被发现和被追赶的危险。王举仿佛感觉到检量大伯正高举大棒，朝自己嘶喊着追来。

　　还有20多米就到二姐家了，王举身上的力气又似乎增大了许多。可就在王举侥幸自己偷煤成功的时候，一头水牛像是从天而降，突然出现在王举的眼前。王举躲避不及，硬生生地撞在了牛头上。老牛像是受到了袭击，愤怒地低下头，把两只牛角直刺向王举的身体。王举还没有反应过来，就被牛角顶了起来，抛到了空中，又重重摔在了地上。不知道过了多久，王举在极度惊吓之中清醒了过来，胸部疼痛无比，肋骨像是要断裂开了。在王举的周围，土篮子翻倒在一边，两块煤已经碎成了一大片黑色的颗粒。

　　王举慢慢挣扎着站起来，望着碎裂的煤块，叹了一口气："这伤天害理的事可千万做不得，不管别人的东西有多么好，自己都不能碰。"

　　不仅是矿上的煤块，包括后来舞蹈的编排，哪怕是别人的创作动机，王举也不会照搬复制，自己的作品一定是原创的，这样，王举的心才能踏实。

# 火烧作业本

1966年,"文化大革命"爆发,全国上下开始盛行忠字舞,这是60年代的舞蹈。《大海航行靠舵手》、《敬爱的毛主席》、《在北京的金山上》、《满怀豪情迎九大》是那个时候的典型代表,极短的时间便风靡中国。这个时候,王举已经在辽源第二中学读书了。

王举有着坎坷多舛的童年,但是王举也有一种同龄孩子无可比拟的喜好,那就是对舞蹈的敏感。只要耳边有音乐声响起,无论是熟悉的旋律,还是陌生的节奏,王举都可以舞动身体,像一只美丽的蝴蝶,在音乐声的变幻里翩跹起舞。学校成立了文艺宣传队,王举自然被选入其中。也就是从这个时候开始,王举便和舞蹈融合在了一起。父母的离世,让王举成为了一个对爱无比渴望的人。王举喜欢一切极具包容力的东西,包容的眼神、包容的语言、包容的思想、包容的灵魂。舞蹈向王举展示了一个用包容构建起来的世界,舞蹈包容了王举的悲惨迷茫,包容了他的爱恨情愁,包容了他的刚强执着,也包容了他的激情和狂热。因为这份包容,王举甘愿为舞蹈献出自己的一生。也许,王举就是舞蹈这门艺术派生在世间的生命形态。

王举在辽源二中,不仅启动了自己的舞蹈生命,也遇到了一位让王举感恩一生的老师,吴文川。

吴文川是南方人,毕业于武汉大学物理系,二十七八岁,戴着一副眼镜,很是斯文和儒雅。但这位理科老师却对灵动的舞蹈非常钟爱,自然也对王举关注有加。也许王举那优美的舞姿,勾起了吴老师对南方秀丽故乡的遐想和回忆,也许是王举在肢体里挥洒的情感,触碰到了吴老师内心最柔软的地方,再加上吴老师知道王举坎坷的身世,心里对王举多了一份怜悯和疼爱。而这份关爱对于王举来说,就好像寒冬里的一轮骄阳,温暖着王举那苍凉的童年。

"吴老师，我没有地方住了。"王举小心抛出这个问题，希望吴老师能给自己安排一个住处，这样自己就不用每天奔跑在姐姐家和学校之间的那条狭窄不平的山路上了。

吴老师住在煤矿工人的工棚里，工棚里有火炉子，还有通长的大炕，比学校宿舍的条件要好一些。看到王举惹人怜爱的模样，吴老师让王举在工棚里住了下来。正是在吴老师身边的这些日子，成就了王举生命中关于父亲的记忆。

吴老师让王举睡在自己身边。半夜里，他常常感觉到吴老师在小心地给自己掖被子，他即使醒了，也会假装还在睡着，因为这种被人呵护到心肠里的感觉太幸福了！自己都不记得已经多久没有享受到这样的幸福了。自从妈妈离开后，王举以为再也不会有人半夜里醒来检查自己是否踢被子了。

岁月的画卷里，都是选择性的记忆。有人记住的是悲惨的线条，有人记住的是温暖的色彩。而王举就是一个喜欢把温暖和感动种植在自己记忆里的人。

有一次，学校文艺宣传队到当时以治疗聋哑闻名的赵普宇所在的3289部队演出，回来时王举被雨淋了个透，很快他就感冒发烧了。这可急坏了吴老师。吴老师请了假，寸步不离地守在王举身边，一会儿摸摸王举的额头，一会儿给王举熬点米粥，再一勺一勺地喂给王举吃下去。为了让王举早点好起来，吴老师不惜把自己仅有的几张粮票拿去换了鸡蛋，给王举补充营养。

可是，感冒细菌依然在王举的身体里肆虐侵袭着，他虚弱的身体无力抵挡，半夜里，王举再次发起了高烧。他的身体蜷缩在被子里，浑身发冷，嘴唇不停地发抖，本来就瘦小的脸显得更加苍白。

"小举，是不是很冷？"吴老师温和地问。

"嗯。"王举用力挤出这一个字，再也说不出话来。

吴老师掀开被子，把王举抱进自己的被窝。整整一夜，吴老师都把王举搂在怀里。尽管王举的意识不是很清醒，可是他知道自己躺在吴老师的怀里。如果抱着自己的是妈妈，那该多好啊！也许是父亲离去的较早，父亲这两个字并没有给王举留下什么记忆。王举的眼角流下了两股长长的泪水。尽管自己还在病着，可是，只要能被吴老师抱在怀里，王举宁愿自己就这么一直病下去。相对于一个健康的身体，王举内心对过早失去的父爱母爱更加渴望啊！

在人很小的时候，性格的框架就已经组建完毕。随后的生活事件，在很多情况下，只是让这种性格更为立体和丰满。王举之所以能在舞蹈的沙场上调兵遣将、出奇制胜，和王举从小的足智多谋、聪慧灵通是分不开的。

那是一个冬天的中午，王举坐在教室的煤炉旁烤土豆片吃。教室里只有王举一个人，空气里弥漫着一股土豆烤焦的香味。王举用铁钳子翻动着或大或小的土豆片，眼睛在教室里来回扫视着，最后，王举的目光停留在了物理课代表的位置上。上午最后一节课是物理课，王举有一道关于光的折射的问题没有弄明白。铁炉子上的土豆片还在不慌不忙地烘烤着，时间就这样白白溜走，太可惜。王举是个喜欢利用一切时间学习的人，更是一个喜欢把不懂的问题琢磨明白的人。王举站立起来，走了过去，找出物理课代表的作业本，回到铁炉子旁边，坐在凳子上，翻到上节课的笔记，聚精会神地看了起来。

教室里太冷了。王举不由得往铁炉子旁边凑近了一些，左手举着物理作业本，右手张开，伸到铁炉子上，不一会儿又拽住自己的耳朵，然后王举就不动了，像是一尊蜡像，完全被作业本里的世界所吸引。

忽然，轰的一声，王举手里的作业本被炉火烧着了，王举从凳子上本能地弹跳起来，一把扔掉了燃烧着的作业本。由于受到惊吓，王举的身体不停地颤抖。眼看着作业本很快烧成了灰烬，一股寒风从教室门的方向吹来，那些灰烬顷刻就四散开来，只在地面上留下一小片灼烧的痕迹。

"我把同学的作业本烧了，这可怎么办呀？我该怎么跟同学解释呢？"王举有些后悔拿同学的作业本来看，细密的冷汗渗透在王举的额头上。王举的思维像是洗衣机的甩干机高速旋转着，一个又一个点子犹如湿衣服上的水珠，被甩进王举的意识里。

"直接跟课代表道歉……不行，万一课代表不谅解，很生气怎么办？"

"我再给课代表买一个新的作业本……可是被烧掉的作业本上有今天的作业题，给课代表一个空的作业本，好像也不是那么回事。"

"把我的作业本送给课代表……今天的物理题自己还不会做,这样似乎也不好。"

"对了,我刚才看课代表的作业本,感觉有一道题,课代表好像做错了,"至于哪里错了,王举也说不上来,"有了,我找吴文川老师去,让他给我把这些题讲明白了,我再讲给课代表听。这样我就等于把课代表做错的题给纠正了过来,这样,课代表应该就不会生气了吧。"

王举想到这里,心里的恐慌像是一只脱了线的风筝,一下子飞远了。

"吴老师,我有几道物理题不会做,您能给我讲讲吗?"王举拿着自己的作业本,站立在吴老师面前。

"好啊,来,小举。"吴老师拉过来一条板凳,示意王举坐下,就开始给王举仔细地讲起了题。

王举非常用心地听着吴老师的每一句话,遇到稍微疑惑的地方,王举马上继续追问,直到把这些题完全理解清楚。

第二天上课前,王举拿着物理作业本,来到课代表面前,极其诚恳地道歉:"对不起,我昨天中午拿着你的物理作业本看,不小心被炉火烧着了。但是我发现你有一道题做错了,我告诉你正确的解法。"王举不等课代表反应,就立即把作业本打开,细致地把正确的解题思路讲给了课代表。

"哦,原来这道题应该这样做啊。王举,谢谢你给我讲解得这么仔细。"课代表一边心悦诚服地点头,一边充满感激地注视着王举。

一场火烧作业本的风波就这样被王举机智地平息下去了。

王举不仅足智多谋,同时还具有相当强的忍耐力。为了达到自己想要的目标,即使再难再累,王举也不说一个"苦"字。

煤矿工人白天做完工,晚上就扎成一堆,用喝酒和赌博来消磨时间。为了能安全地赌博,工人们需要安排一个人在帐篷外面站岗放哨。工人们想到了王举。

"王举,你晚上站在外面给我们放哨,一直到我们玩完。我们给你两块钱。干不干?"一个工人嘴里冒着呼呼的酒气,斜眼瞅着王举。

"干!"王举肯定地回答。一个晚上两块钱,这对于没有家的王举来说,是多么大的一笔钱啊。

于是，帐篷内灯火通明，熙攘声一声盖过一声。帐篷外，寒风呼啸，冰冷刺骨。王举站立在漆黑的雪地里，雪埋过了膝盖，每动一下，都是那么费力。身上的棉衣像是被风雪撕破，皮肤没有一点点热度。王举除了还能沉重地呼吸外，身体就像是一架被冻僵的机器，深深扎在犹如冰窖的雪地里。

帐篷里的工人，冷了可以端起大碗，咕咚咕咚喝两口辣酒。雪地里的王举，冷了只能发出一阵阵瑟瑟的颤抖，每一次颤抖都会让双腿站立的雪窝加宽一些。

一连好几个晚上，王举都会按时出现在赌博的工人们面前，用彻夜不眠和挨冷受冻换取自己想要的两元钱。

王举的身上似乎有一种神秘的能量，只要心中有了目标，总是能想到一个非常聪慧的达到目标的方法。

## 省艺校的涅槃

命运就像是一次跟团旅行，有的人会在抱怨中走完，有的人会在麻木中蹉跎，但有的人却会在被动中升华。当我们总是埋怨眼前的风景粗糙时，却没有发觉，真正让我们视线黯淡的，是那颗对待风景的心。

1967年10月14日，在新中国的教育史上，是一个值得记住的日子。这天，中共中央、国务院、中央军委、"中央文革"小组联合发出《关于大、中、小学校复课闹革命的通知》。此前一年有余，因为"文化大革命"的爆发，所有学校的招生和课程运行均陷于停顿状态，处在所谓"停课闹革命"时期。这个通知发布后，自11月起，大部分中小学生陆续回到课堂，新生也开始入学。

有一天，数学老师把王举叫到办公室，问王举是否可以代替老师给学生讲课，王举满口答应了。王举上的第一堂数学课是勾股定理，老师先把勾股定理的知识讲给王举，王举再讲述给同学。也许是年龄相同，王举那充满青春气息的语言很容易被同学们接受。第一堂数学课就这样在欢快、轻松的气氛中完成了。不久，一篇题为《小将上讲台》的报道在报纸上发表，学校的大喇叭里也公布了王举讲课的消息。第一次，王举开始被旁人关注，第一次，王举感受到了受重视的快乐，一颗饱经磨难的少年心开始被阳光照射。

1970年春，王举住在辽源煤矿第二招待所，作为讲用团成员给煤矿上的矿工进行活学活用讲演。王举的讲用和别的成员不一样，他不是单调地站立在讲台上，而是边讲边舞，将枯燥的理论和毛泽东语录结合起来，再加上王举灵活的肢体，给矿工们带来了一次风暴式的视觉和听觉盛宴。王举的嗓音干净、清脆、穿透力强，当矿工们还没有听够时，讲用已经接近尾声。大家议论着、赞扬着、期盼着，希望能再次听王举这位小老师别开生面的课。

在这个招待所里,还有几个人被王举颇有新意的表现所吸引,他们一起来到王举住的房间。

"你就是王举吗?"一位领头的阿姨面带微笑,温和地问。

"是。"王举轻轻地回答,对于这几位陌生人的到访,王举有些不解。

"你能为我们跳一支舞吗?"另外一位留着两条麻花辫的阿姨询问王举。

"好。"王举几乎不假思索地回答。别的不好说,但是让王举跳舞,就像是在盛夏的荷塘里荡起一阵清风,满心的莲香。

一行人来到招待所的走廊里,王举即兴舒展开自己的身体,在三位阿姨的欣赏下,忘我地旋转着、弹跳着、沉醉着。王举完全进入一个新奇的世界,那里有闪闪发光的五角星,有伟大的领袖毛主席,有宽敞整洁的天安门广场,有随风飘扬的五星红旗。

"太棒了!"当王举缓缓收回自己的动作时,三位阿姨热烈地为王举鼓起掌来。王举动作的协调性和舞动的节奏感,都让她们欣喜不已。

"王举,我们是吉林省艺术学校的老师,这次来辽源招收舞蹈学员,你的经历我们都听说了。我们想让你去艺校学习舞蹈,你愿意去吗?"领头的阿姨叫朱珠,是吉林省艺术学校负责招生的舞蹈老师。

"我愿意!"王举激动地爆发出一声呐喊。王举不知道舞蹈是什么,也不知道自己去了要做什么,但是王举太需要一个能收留他的地方了,太需要了!

"可是,王举年龄有些大,一般开始学舞蹈的孩子只有十一、二岁,但王举已经十六岁了。"同行的杨云英和鲁春敏老师不由得有些顾虑。

"王举身上有舞蹈的天赋,如果埋没了,就太可惜了。至于年龄,王举,你报名的时候,小报两岁,记住,一定要瞒两岁。"朱珠老师再三交代完,就和其余两位老师一起离开了王举的房间。

就这样,在三位老师的极力推荐和发自肺腑的美言下,王举顺利参加了省艺校的招生考试。

转眼,考试已经过去了一个多月,负责考核的老师说,王举一定能考上。可是,时间过去了这么久,为什么还是没有录取通知呢?莫非,学校知道了自己的真实年龄,而把自己从录取名单里删除了;或者学校觉得自己的外在形象不够好,根本就没有打算录取自己。想到这里,王举突然感觉到一阵强烈的不安，仿佛有什么力量，一下子把自己推入了焦虑的深渊，再在深渊的顶端罩上了一口无边的梵钟。

"文化大革命"期间，中国有个词叫"开门办学"，即学生走出校门进行学工、学农、学军劳动。所以，如果不能进舞蹈学校，那自己很有可能就要打着背包去生产队，插秧种田。或者下放到农村，犁、耙、耕、种，将成为自己无可逃脱的命运。

对未知未来的害怕，让王举成为了一只突遭暴雨的孤雁，惶恐，无措，迷茫。毕竟自己是个无家可归的人，能有一个地方让自己去，真的是天大的幸福。等待录取的日子比撒哈拉沙漠还要严酷难耐，每一分钟都像是面馆里拉面师傅手中的面团，一呼一吸之间，就被押长了。为了让自己稍微安定些，王举不停地找事做，打猪草、修篱笆、刨山药、背煤块、劈柴火、查信箱。仿佛只有自己的身体动起来，那郁结在意识里的焦虑才能被淡化一点。

每天，王举早早地起床，站立在屋后的高坡上，目不转睛地盯着东方，看着天边渐渐泛白。不知是内心对去舞蹈学校太渴望了，还是真的有所预感，王举觉得这些天的太阳升起得越来越晚。也许，真的有什么东西要改变了。

终于，在一个周四的上午，邮递员把一封大大的录取通知书信件交到了王举手上，王举被吉林省艺术学校录取了。三个多月的等待，王举感觉像是等待了三十年。

心灵的成长需要酸、甜、苦、辣、咸各种感受的滋养，当某种心理感受超越当下的年龄时，心理结构会急速发生重排，从稚嫩转向成熟，从低级攀到高级，从动荡迈入稳定。这漫长而悠远的等待啊，让王举像是雨后的春笋，骤然长大了很多。

走进省艺术学校的大门，王举并没有寻找到一处安乐窝的放纵，而是坚定了一个长长久久的信念，这四年里，自己一定要好好练功，绝对不能辜负这来之不易的学习机会。

当真正跃入舞蹈专业知识的海洋，王举才发现，这是怎样一个神奇的专业啊。《诗经·大序》中有载："情动于中而形于言，言之不足，故嗟叹之；嗟叹之不足，故咏歌之；咏歌之不足，不知手之舞之，足之蹈之也。"

## 第一章 黑土地

舞蹈，就像是一束神奇的艺术之光，在黑土地上明晃晃地照射着，带给舞蹈者以及观赏舞蹈的人以心灵的震撼和深沉的思索。舞蹈，又像是一面澄澈的魔镜，释放着人类所有的情感。当王举的脚丫碰触到第一朵舞蹈的浪花时，他就知道：舞蹈，就是自己甘愿为之燃烧一生的追求。

开始接受舞蹈的专业训练，王举才明白，自己先前的那种即兴跳舞，只是一种灵魂牵引躯体的自然扭动，而专业的舞蹈是一种经过提炼、组织和美化了的人体动作的艺术。根据艺术史学家的考证，人类最早产生的艺术就是舞蹈。在远古人类尚未产生语言以前，人们就用动作、姿态的表情来传达各种信息和进行情感、思想的交流。以后由各种声音发展成为语言和音调以后，才相继产生了诗歌和音乐。在劳动中，由于制造工具，人的手逐渐变得灵巧起来，又诞生了绘画和雕刻。随着人类的进化，思维能力和认识事物水平的提高，曲艺、小说、戏剧等艺术才相继被创造出来。舞蹈是最古老的艺术。

要想在舞台上若精灵般飞舞，那必须有一套专业、扎实的基本功。压腿、压肩、劈腿、把杆、下腰，每一个动作都要重复了再重复，学舞蹈之前要做好吃苦受疼的准备。王举早上起得最早，宿舍不开门，王举就在床上劈腿，在走廊里跑步；晚上，别的同学都休息了，王举又悄悄返回练功房，从窗户里翻进去，一个人偷偷练功。当值宿老师来检查的时候，王举就溜进厕所，等老师离开了，王举再打开练功房里的灯，一招一式都不敢懈怠。有的时候，练功房的门窗都锁住了，王举就先跑到二楼，像一只灵活的小猴，顺着水管子滑落到一楼的练功房里，脱掉外衣，打开《苏联芭蕾教学法》认真比画了起来。这时躲藏在练功房一角的值宿老师走了出来，王举惊吓住了，手里的书掉在了地上。原来值宿老师早就发现练功房的灯经常在深夜莫名其妙地亮起来，今晚值宿老师就是来捉贼的。但是看到王举瘦弱的身体和执着的眼神，值宿老师把书捡起来，递到王举手里，就默默离开了练功房。

那个时候，吉林省艺术学校以样板戏为基本教材，主要是反映中国共产党政治立场的戏剧和作品。《红灯记》、《红色娘子军》、《智取威虎山》、《白毛女》是典型代表作。为了多方位提升自己的舞蹈素养，王举从王福玲老师那里借来《芭蕾教学法》，一点一点啃透。王举的手里，并不是一本晦涩的教材，而是比饿极时吃的馒头还要香甜的美味。在那样一个把样板戏奉为经典的年代，王举的这个举动让很多人惊讶不已。一条路，没有人敢去走，并不代表这条路上一定是险象环生。当有足够的勇气抬起第一只脚时，也许你踩踏出的是一道精彩绝伦的风景。王举涉足芭蕾舞，不仅丰厚了他的舞蹈训练素养，同时也预示着王举在今后的人生道路上，还将会作出前无古人的壮举。

舞台上的表演，就像是昙花速绽，但在花儿盛开的背后，却酝酿了花瓣绽放的阵痛。就在王举拼命练功的关键时刻，王举的双腿患上了风湿性关节炎，这对于靠双腿支撑的舞蹈来说，无疑是致命的重创。

"老师，我再也不能跳舞了，是吗？"王举已经嗅到了绝望的气息。

"别灰心，又不是什么不治之症。"著名京剧表演艺术家袁世海的哥哥袁世勇老师暖言安慰着王举。袁老师不想如此优秀的艺术苗子就这样被疾病击垮，于是，袁老师找来艾蒿，卷成卷儿，点燃，放在王举的脚底，熏王举的脚心，不间断地熏了两个多月。疼痛让王举下不了床，每走一步，都仿佛有一把钢刀在刮自己的骨头。对于练习舞蹈的人来说，对疼痛的忍耐力是超乎常人的，但是类风湿的疼痛还是让王举无法忍受。人人都无奈着摇头，王举这辈子，算是完了。

王举可怜的身世让艺校的老师们心疼不已，惋惜不已。但是，他们也希望能给王举找条出路，总不能眼睁睁看着王举就这样废了。学校提出让王举学习化妆，这样将来毕业后也可以有口饭吃。王举答应了。每天，当别的同学即将上舞台表演的时候，王举拖着疼痛的双腿，在狭窄的化妆间里给那些靓丽的演员们化妆。站在舞台一侧，看着同学们激情而优雅地舞动在舞台上，王举的心里充满了伤感和羡慕，自己本该和他们一起飞舞，可是现在，只能落寞地静止在一个不被人关注的昏暗角落。

自己的一生就这样消磨在化妆工具上吗？不，这不是王举想要的生活，这样的生活就像是一位行将就木的老人，虽然还有生命的体征，但已没有了热血澎湃的激情。没有激情的日子，王举接受不了。

既然无法接受，那就试图改变。想重回舞台，就必须有一双健康的腿。王举决定采取强制锻炼法来拯救自己的命运。每天，王举都要绕着操场，练习跑步。刚开始，每走一步，王举都要承受一次疼痛的啃咬，汗水像雨水一样，哗哗地往下淌。王举痛得几乎要窒息，可是王举明白，如果自己在这些疼痛面前停滞了，那等待自己的就是那一方寂寞的化妆间。王举咬着嘴唇、弯曲着腰、目视前方、颤颤巍巍地一步一步走去。

一年之后，当王举回到练功房的时候，全体老师和同学都惊呆了。王举，这个在许多人心里，已经被舞蹈遗弃的人，居然又重返舞台，而且王举的基本功没有一点荒废，反而愈加坚实了。

当我们身陷惨境时，总以为命运是一副破败的嘴脸，可是，当我们敢于正视，并且积极做出一些事情时，才发现：命运其实是很谦卑的。很多现象，看上去是奇迹，实际上是真实的努力。这是王举对自己走过那段关节炎日子的切实感受。

在王举的眼里，世界是温暖的；在王举的心里，生活是仁慈的。打完猪草，李嫂给王举一个馒头，王举边嚼边流下了感动的泪水。吴老师有了两块糖，都是悄悄塞到他的手里。学校距离家很远，同学们就轮流把他接到家里过夜，以免无家可归的他被山道上的黑暗吞噬。生活中的成长倒映在王举心湖里的，是一片澄澈和美好。

红土、黄土、黑土，王举最喜欢的是黑土，因为那曾经的风、曾经的雨、曾经的人、曾经的事、曾经的土坯房、曾经的黑煤矿都在黑土地的怀抱里。黑土地的寒冷和沉默，让王举在十几年的苦难中形成了深沉的性格和情感。黑土地上的真情和温暖，给了王举勇于面对一切困难的力量。王举说恨不能虔诚地与黑土地永生结缘，每时每刻都融进他的一份真情。此后，王举把自己对黑土地的爱渗透进了他在1989年创作的大型组舞《黑土地》里。

雪诉说着王举命运里的寒苦，太阳却给了王举不尽的温暖。无论是雪的冷，还是太阳的暖，都具有生长的营养，这让王举的性格里具有了坚韧、乐观、沉稳、顽强的特质，这些性格特质为王举取得日后的成就奠定了决定性的基础。

# 第二章　前郭县的巴特尔

奉献的印象（45×57cm）　创作者：于启祥

# 组建第一支舞蹈队

光阴荏苒,转眼四年过去了,王举要从艺术学校毕业了。入学时,王举个子最高。可四年过去了,刚过一米六的个头,让王举不得不以仰视的目光看着周围的同学。王举也非常不解,为什么自己这四年里没有长个儿呢?也许是自己练功太激烈了,补充的营养都随着舞蹈动作,挥发了出去。又或者是自己小时候偷煤,遭到了上天的报应,被牛狠狠地顶过之后,就停止了身高的发育。无论王举如何揣测,身高不再增加,确实是一个不争的残酷事实。

身材对于舞蹈演员来说,是非常重要的先决条件。舞蹈演员的身高比例一般是按照从颈椎第 3 节到臀线算上身,从臀线到跟腱处算下身,下身比上身至少长 12 厘米以上。而王举距离这个标准,还相差很多。

既然没有俊朗的外形,那就修炼自己的内心吧。舞蹈原本就是心灵世界的外化,是灵魂的皈依。没有甘甜润喉的米粥,再漂亮的瓷碗,也只能让人把玩一下就悻悻地离去。人就是这样,躯体或者灵魂里总会带有自卑的痕迹,而能超越这些自卑,正是人类不断发展的动力。

学校打算让王举留校,因为像王举这样专业功底如此过硬的人并不多。但在毕业的最后关头,王举留校的名额却被别人顶替了。面对这种不公,王举不仅没有气愤,反而如释重负。因为王举知道,自己不应该只是驻守在传递理论知识的泥坯讲台上。在艺校顽强生长了四年,现在羽翼渐丰,自己应该飞入另一方更为广阔的天空,去和鲜活的生活进行一次有力地碰撞,这样的生命才更加坚强、更加厚实、更加璀璨。经过慎重考虑,王举向学校递交了申请书,要求到吉林省偏远的前郭尔罗斯蒙古族自治县民族文工团。

前郭尔罗斯蒙古族自治县,简称前郭县,位于吉林省西北部,松嫩平原南部,近三分之一的面积都覆盖着葱茏的草原,素有马头琴之乡的雅称。著名的蒙古族女中音歌唱家德德玛，曾演唱过一首极富有蒙古族特色的歌曲《前郭尔罗斯》，将前郭迷人的风情传递到大江南北："在松花嫩江汇流的前方，霍林河下查干湖微波荡漾。汹涌江河的波涛，诉说着昔日的沧桑。伴着一代神弓的箭响，仿佛听到塔虎城里铁骑浩浩荡荡。啊，前郭尔罗斯！古老神奇的地方。啊，郭尔罗斯！我可爱的家乡……"

蒙古民族自古以来就以能歌善舞享誉四方，尤以丰富的民间文化遗产著称于欧亚大陆桥的中段。前郭尔罗斯作为一个以马背民族为主体组建的吉林省唯一蒙古族自治县，自古以来就有大量的民间故事、传说、史诗、谚语、歌谣等储藏民间。正是在这种歌声与琴声的浸泡中，美丽富饶的草原上，终于摇曳生姿地绽放出了一枝火红的萨日朗花，这就是声名远播的前郭尔罗斯蒙古族自治县民族歌舞团，这个名字还是周恩来总理特批的。前郭县流传的故事和独特的风貌深深吸引了王举。同时，前郭县文工团，一个县级文工团，能得到中央领导人的亲自批名，更加坚定了王举前往前郭县的决心。

1974年的八月，当中国的中原和江南还是骄阳流火时，前郭县已经吹拂起裹挟着青草气息的凉风。王举背着简单的行囊，和两位同学一起来到了前郭县。

当王举意气风发地出现在前郭县烟尘弥漫的狭窄小巷里时，对未来的美好憧憬像是一只幼鸟，刚刚探出新奇的小脑袋，就被什么硬物给重重地猛击了一下。这就是那些美丽的传说诞生的地方吗？这就是一个又一个故事纷飞缭绕的地方吗？王举不由得感觉到了一股萧凉。压制住内心的失落，王举来到了文工团所在的位置，一栋破旧、漆黑的小房子潦倒地寄身于县城的一角，灰尘落满了斑驳的台阶，两旁还长着东倒西歪的野草，最夸张的是，门口连文工团的牌子也没有挂。这哪里像一个文工团的样子啊。王举和同学们的心再次沉了下去。

文工团团长吕朝英向王举他们介绍，前郭县歌舞团也有过光辉的历史，但"文革"开始后，歌舞团转变成了什么都干的文工团，后来基本上处于瘫痪状态，现在正准备恢复组建民族歌舞团。听到"恢复"、"组建"这两个百废待兴的词语，王举的心再次涨起了潮，除了跃跃欲试的豪情，还多了一份义不容辞的责任感。富饶的环境固然能令人安逸，但创造的激情更能填补生命的苍白。拂去了失落和抱怨，才能给快乐和安宁以更广阔的空间。王举决定用自己在省艺校的所学，把前郭县的舞蹈牌子真正树立起来。

来到前郭，首先要解决的是住的问题。没有更好的住宿条件，王举和其他同事一样，被分在了工农兵旅社，两个人一间，睡的是火炕，日子依然清苦。生活方面的艰苦对王举没有太大的妨碍，毕竟自己是从磨难的重重包围圈里冲出来的孩子，无论是身体还是心理，都对苦难有了相当强的防御能力。磨难以及对磨难的思考，让王举褪去了脆弱的蝉翼，新生出了一对强韧的翅膀，可以拍击更为汹涌的生命风浪。

王举乐呵呵地背起行李，走进了工农兵旅社。

那个时候，前郭县文工团里只有五个演员。整个文工团里只有一个舞蹈队和一个评剧队。演员是舞蹈的根基，也是舞蹈的载体，没有一支优秀的演员阵容，再好的舞蹈创意又何从体现呢。就像是一片池塘，没有水，再欢快的鱼儿，再美丽的荷花也无处生存；又像是一间服装店，仅仅有摆出各种造型的塑胶模特，没有琳琅满目的服装，是根本无法继续经营下去的。

从舞蹈专业里走来的王举明白，要想带领文工团走出发展的沼泽，首先必须有一支合格的舞蹈团队。于是，在王举的建议下，文工团开始在集体户里公开招收学员。

一般招收舞蹈演员，先看体型是否标准，再看跳舞的协调感和韵味。王举自身的外形不是很出众，但是他的舞蹈专业技术却是顶尖的。所以，先天的条件固然重要，但后天的努力也是极其关键的。这就好比弹钢琴，只有一双修长有力的手，而没有狠下心的练习，是不会弹出一手绝妙琴艺的。所以在招收舞蹈演员时，王举先看报考者跳舞的感觉，感觉出来了，即使外在条件不是非常标准，王举也会招收进来。王举的这个招生标准，让很多想当舞蹈演员，但先天条件不是非常突出的姑娘小伙儿们增强了信心。

一支由12个人组成的舞蹈队正式成立了，从这一天开始，前郭县文工团改为前郭县民族歌舞团。

# 在坚持中训练

舞蹈演员有了,但是却没有宽敞的练功场。十几个人只能挤在一间土房子里练习基本功。练功房的正中间放着一个煤炉子,西面墙上挂着一块大镜子,其余三面都用木头钉成了练功时用的把杆。

练功房附近是一个大的菜市场,每当练功的时候,都会有过路的行人趴在窗户上,好奇地朝练功房里张望着。新鲜的事物总是能引起人类的好奇心。在众多张望的面孔里,有一张英俊而刚毅的清秀面孔,也在津津有味地瞧着练功房里的一举一动,尤其是王举专业的舞蹈动作,在少年的眼睛里是那么优美。这位少年刚满十七岁,是前郭县一中的一位高中学生。人生的缘分就是这样不可言说,有的相遇浅尝辄止,有的相遇深邃悠长,有的相遇对坐默然,有的相遇海角牵肠。王举也不会意识到,窗外的这位少年多年之后将带给自己一生的感动。

练功的时候,所穿的服装一定要轻盈灵便,便于肢体的舒展。那个时候还没有像样的练功服,演员们练功时穿的都是戏曲演员穿的那种长腿的跑裤,或者叫灯笼裤。这样笨拙又拖沓的装束怎么能来练功呢。王举把这些衣服改造成了露出大腿的大裤衩,让演员们穿上练功。可是这样裸露肌肤的衣着在那样一个闭塞的年代,歌舞团的领导们是无论如何也不能理解的。王举的这一做法在领导们的眼里简直是太大胆、太出格、太荒谬了。

权衡之下,王举只好按照领导的指示,让演员穿上笨重的灯笼裤。肥大的裤腿让演员们无法自由伸展身体,王举就让演员把裤腿挽起来。可是,演员们跳着跳着,宽松的裤腿就"唰"地滑落了下来。当演员们白皙的腿裸露在空气中时,领导再次表示了抗议,立即下令用大木板把所有的窗户都钉上,以防路人看到这样大不雅的行为。王举第一次强烈感受到了艺术和现实的冲突。

为了让演员们顺利练功,也为了歌舞团的领导们不再紧咬着不放。王举安排一个打杂活儿的工作人员在练功房外面盯着,一旦歌舞团的领导来巡视,立即向王举汇报。

在生活中,王举是一个温和、亲切的人,但在练功房里,王举却像是变了一个人,手持一根小教棍,一脸的严肃。哪个演员的脚背没有绷紧,哪个演员的腿罗圈了,哪个演员的膝盖没有感觉,哪个演员的动作过于僵硬,王举都不会坐视不理,一定要及时纠正。每当王举点某个演员的名字时,演员们或不好意思地吐吐舌头,或内心焦急地加紧排练。有时演员们也会不解,练功房内外的王举怎么差别那么大,排练时候的王举简直苛刻到了极致。

王举没有过多的解释,只是告诉演员们,要想跳舞,基本功一定要打好,也就是练好身体各个部位的力度和软开度。身体具有了力度,肌肉收缩舒张时克服阻力的能力就强。身体具有了软开度,演员身体各关节的活动幅度就大。具有了力度和软开度,演员才能更加灵活自如地去表现作品中人物的情感和塑造人物的形象。舞蹈作品追求自然、流畅,有了力度和软开度这些基本功作保障,演员才有可能进一步上升到舞蹈技巧世界中去,翻、转、跳、舞姿才会炉火纯青,再融入演员自己的风韵和意境,表演的作品才能让观众感同身受。

但基本功的训练是一个日复一日、疼痛交加的艰辛过程,只有耐得住训练的单调和寂寞,才有可能破茧成蝶,用优美的舞姿向观众们展示一个又一个生动鲜明的人物形象。不过基本功的训练是一个讲究方法、循序渐进的过程,如果没有科学的理论做指导,舞蹈演员在练习中所要承受的苦痛不知道要加重多少倍。强迫压腿、强制下腰、过强练习都会对演员的身体造成损伤。所以,遇到不按照舞蹈教学的科学方法来指导的老师,演员们就要叫苦不迭、痛苦不堪了。但是王举接受的是省艺校专业的学习训练,教芭蕾舞课的老师告诉王举,舞蹈演员的生命非常短暂,所以一定要好好学习教学法,将来不能跳了,还可以做舞蹈老师。老师一有时间就给王举讲芭蕾舞教学法,从教学法里,王举学习到了如何解决环动问题、膝盖、脚的力量、后背、软开度的问题等等。芭蕾训练非常科学,腰关节、膝关节、踝关节都可以得到有效的保护,包括落地、爆发力,不能硬来,而是经过科学的训练方式,使肌肉、线条、运动关节都可以逐渐地训练出来。王举前后学了 9 年的俄罗斯芭蕾教学法,又学了 6 年的匈牙利芭蕾教学法。

所以王举不仅让自己的舞蹈动作优美,在训练演员时也是完全按照科学的规律和程式。要想让事情变得简单,最好的捷径就是依照科学规律办事。

面对一无所有的工作环境,面对人们对舞蹈艺术的不甚了解,王举的工作可以说步步维艰。王举就像是一艘孤单的木筏,经历了黑夜海上风浪的轮番袭击,好不容易盼来了黎明,却又被浓浓的迷雾遮住了眼睛。

演员队伍里,有一个叫朱莉的女演员。由于没有从小接受舞蹈基本功的训练,始终无法下胯。朱莉很着急,可是越是着急,胯越是开不了。王举告诉朱莉,不要心急,凡事都有个过程。听到王举这么说,朱莉更想能在短时间内把胯打开。别的演员的胯都打开了,只有自己的胯开不了,那不是拖演出的后腿吗?

练功房里放着一架立式的钢琴,朱莉就借助钢琴练习。双手拽着钢琴,两条腿叉开,慢慢下降身体。突然,朱莉失去了平衡,一屁股坐在了地上,钢琴也倒了下来,不偏不倚地砸在了朱莉的身上,随着一声惨烈的叫喊声,朱莉的胯开了。

第二天,王举正在带领演员们练功,突然一位肥胖的阿姨一脚踹开了院子的大门,手里攥着一根粗壮的木棍,一脸愤怒地出现在练功房外面的院子里。

"谁是王举?"胖阿姨气愤地大喊。

"我就是王举。"已经走出练功房的王举回答,却没有料到那根结实的木棍就是为他准备的。

"哪有这样练芭蕾的?上课就上课吧,开什么胯。好好的孩子都让你给弄坏了。我饶不了你。"胖阿姨说完,抡起手里的木棍就朝王举劈过来。王举拔腿就跑,这才明白这位胖阿姨是朱莉的妈妈,女儿开胯受了伤,妈妈是来找王举报仇的。

王举跑进了练功房里,因为王举知道,在练功房的内墙上,有两个洞,王举慌乱地扒拉开堵住洞口的高粱秆,两膝着地,一低头,一探脖,王举就钻出了洞口。而胖阿姨的体重足足有 200 斤,别说钻出去了,哪怕是蹲下来估摸一下洞口和腰围的尺寸大小,也是很难完成。就在胖阿姨望着洞口叹息的时候,王举早已逃之夭夭了。

如果说黑暗是一种无形的恐惧的话,那胖阿姨手里的棍棒就是实实在在的危险。在胖阿姨身上的脂肪激烈的震颤中,王举感受到了,舞蹈要想真正走入人们的心里,还有好漫长的一条路要走。

尽管胖阿姨这一闹,给练功房带来了一场不小的惊扰。但是这并不能阻止王举带领演员们练功的进程。舞蹈的优美是在千锤百炼的汗水中绽放出来的,没有忍受疼痛的勇气,怎么可能成为一名优秀的舞蹈演员呢。既然选择了这条路,那就要义无反顾地走到底。决不能因为这点小伤小痛,就打退堂鼓。王举是这样要求自己的,他也是这样要求演员们的。

所以,朱莉谈起对王举的印象,最经常说的一句话就是:"王举是个难得的人才,我服了!"而朱莉的妈妈,那位要教训王举的胖阿姨,后来也把王举当作自己的儿子一样来看待,逢年过节就把王举请到家里来吃饭,因为朱莉的妈妈也终于明白了,王举并没有做错什么事,正是因为有了王举,前郭县才有了百姓喜欢看的舞蹈,歌舞团也才有史以来第一次拿了舞蹈大奖。想起自己先前要教训王举的可笑行为,胖阿姨不好意思地握住了王举的手。

歌舞团领导和胖阿姨的不理解,仅仅是王举在舞蹈事业上遇到的第一批障碍。在接下来的岁月里,王举面对的阻碍更大、更多、更险恶。这其中的滋味,只有他本人最明了。

## 自制舞蹈练功鞋

王举喜欢用"初次创业"这四个字来形容他在前郭县歌舞团的经历。一个歌舞团，没有条件适宜的练功场地，没有专业素质过硬的舞蹈演员，没有思想开阔的英明领导，要想发展舞蹈事业，谈何容易。不仅如此，歌舞团连一双像样的练功鞋也没有。练功鞋是排练和演出时必须具备的首要条件。这个问题无论如何也得解决。在这个时候，王举想到了自己的母校——吉林省艺术学校。

在省艺校期间，学校每个月给学生发一双练功鞋，但总有青黄不接的时候，上一双练功鞋磨破了，下一双练功鞋还没有及时发下来。于是，学校里增设了修鞋处，把省芭蕾歌舞团废弃的鞋子收集过来，经过维修和加工，就可以让这些鞋子再次派上用场。那个时候，王举以自己的名字成立了学雷锋修鞋小组，号召了几个动手能力比较强的同学加入，经常把穿坏的鞋子修补成可以继续使用的鞋子。

生活就像是一部伏笔连篇的小说，无论多么精彩的情节，其实都在之前的文字里早已铺设了其发生的基础。王举读书的时候会修补练功鞋，来到前郭歌舞团工作时，居然有了用武之地。

王举回到了省艺校，跟校方说明了来意。于是，王举带回了一大堆被学校准备丢掉的破旧练功鞋。鞋子是取回来了，但这些鞋子都是被学员穿坏的，他首先得把它们修理好。

修鞋的工作开始了。像是在学校读书时那样，王举需要先把修鞋的方法和要领告诉给修鞋的工作人员。不同的是，在学校时，只召集几个修鞋的同学就可以了，而在这里，面对这么庞大的维修工程，几个人来修补肯定是不够的，必须全体舞蹈演员一起动手。

王举带回来的主要是猫爪鞋和足尖鞋。猫爪鞋的前方底部是由像猫爪的褶皱构成的，脚底有两块皮子，一块靠近脚趾，一块位于脚跟，其余部位都是由布制作而成。猫爪鞋主要是在练习基本功的时候穿的，也叫软底练功鞋。由于练功的时候，要经常做擦地的动作，所以脚底前方的那块皮子极易磨破，或者大脚拇指、小脚拇指的地方会顶透，使脚趾头露在外面。足尖鞋主要是练习芭蕾舞中的站立时穿的，和猫爪鞋不同，猫爪鞋脚趾的部位是软的，足尖鞋的鞋头经过了特殊的处理，使演员可以立起来。它的前部由特殊的胶水把布一层一层的粘起来并打实，形成一个硬硬的头，并且在最前端有一个小小的平面。鞋底内有一块橡胶鞋板，鞋底外面有一块皮质底。芭蕾舞女演员就是靠鞋板的帮助立起来，并利用鞋头的小平面固定重心的。猫爪鞋和足尖鞋都是练习舞蹈时必须具有的舞蹈装备。

修补练功鞋的方法其实很简单。

猫爪鞋的修补就像是修补袜子，哪个地方磨破了，就在哪个地方糊上皮子，然后用胶水粘牢。但足尖鞋的修补就稍微复杂些，因为足尖鞋的鞋头是由胶水把布粘连、压实的。足尖鞋不能穿了，一般不是因为磨破了，而是因为鞋头的胶变软了。王举就指导大家用胶水把鞋头粘好，再拿到太阳下面去晾晒，这样足尖鞋的鞋头又会恢复到硬硬的感觉。

就这样，王举利用自己在学校时的修鞋经验，解决了歌舞团里没有练功鞋的问题。

有了练功鞋，演员们就可以安心练功了，练功房里到处是演员热身和练习的身影。演员开始练习基本功时，都是先扶着把杆练习，擦地、脚蹲、脚画圈、小踢腿、转腰，等适应了把杆练习后，再脱离把杆，进行独立练习。有的演员天生具有较好的协调性和灵活性，每当王举说完一个动作要领后，演员不费太多力气，就可以规范掌握该动作。但有的演员先天协调性较差，再加上大部分演员都是没有一点舞蹈基础，一个动作无论练习多少遍，依然会出现各种差错。王举看在眼里，急在心上。于是，王举在团里下了死命令，演员们无论到了哪里，都不能放弃基本功的练习，一天都不能停！

所以，王举所在的前郭县歌舞团出现了一种独特的习惯，每当演员们到农村演出时，在行李背包最外层，还捆着一块大大的胶合板。

前郭县是蒙古族自治县，农村也是一望无际的大草原，有的地方连一块平坦的土地都看不到，这样的地形给练功带来了很大的麻烦。但是王举的思维里总有一种创造性的意识，上天不给我们准备练功的场所，那我们就自己来创造。王举吩咐演员们卸下胶合板，每块胶合板之间隔开两米左右的距离，依次在草地上铺开。演员们像是练习木桩功的武林高手，身姿矫捷地跳上各自的胶合板，就像在练功房里一样，开始了已经重复了无数遍的基本功练习。

悠悠的蓝天上白云在跑，青青的土地上演员在跳。每一次的努力都是在通往成功的道路上铺垫了一块基石，日积月累，积少成多，当王举带领歌舞团的演员们取得一个又一个节目的大获全胜时，也就不足为奇了。

王举之所以如此重视基本功的训练，是因为王举自己就是靠着扎实的基本功完成学业，走进前郭县歌舞团的。旁腿转是男芭蕾舞演员要练习的基本功之一，也是技能性非常强的舞蹈动作，如果没有良好的平衡能力和支撑能力，很多舞蹈演员一辈子也练不好。倘若谁能练好旁腿转的本领，谁就可以在舞蹈世界里恣意纵横。艺校的毕业生最多也就做30个左右，但是王举毕业的时候，一口气能转62个。刚开始同学们都不相信，于是就想出各种方法来考验王举的旁腿转。同学们用拖布沾上水，像是孙悟空为了防止妖怪的靠近，用金箍棒在唐僧的四周画出一个保护圈一样，在王举周围也画了一个圈，但这个圈不是为了保护王举，而是为了检验王举，用王举做完旁腿转后的位置来测试王举旁腿转的技能。再后来，同学们又增加了检验的难度，在距离王举很近的地方摆上一圈凳子，王举稍微偏离一些，就会踢到凳子，腿也会被狠狠地撞疼。但是王举相信自己的实力，就大胆"迎战"了。

和往常一样，王举连转了60个旁腿转，全体出难题的同学都哑口无言了。王举为什么能完成如此高难度的技能？因为他为了练习旁腿转，把脚下的厚木地板转出了一个坑。

# 一曲生命之舞

当失去一个东西，你会感觉灵魂就像是一条干涸的溪流，再也奔涌不起哪怕一丝的激情。当你得到这个东西，你顿时拥有一种百川汇海的壮观和感动，那么，你爱上这个东西，也就不足为奇了。

王举带领舞蹈团队到草原上巡回演出，如果是去附近的农村，就直接坐马车，如果是去路途遥远的地方，就要搭乘汽车。每次汽车刚刚开出去不到一百米，王举的胃里就翻江倒海，一阵接一阵的恶心。王举立即示意司机停车，打开车门，蹲在路边就大口大口地呕吐了起来。原来王举晕车，而且晕得极其厉害。急速奔驰的汽车，对别人来说是享受，但对王举来说却是痛苦的折磨。

当大家询问王举有没有好点，可不可以上车时，王举头也没抬地摆了摆手，那辆充满汽油味的汽车，他是再也不想钻进去了，一分钟都不行。甚至是想到汽车两个字，王举的头都会立即眩晕起来。

那怎么办呢？队伍还要出发，演出的时间是万万不能耽搁的。有人想出了一个办法，让王举坐到装道具的敞篷车上。敞篷车不是封闭的，空气流通性好，比待在憋闷的汽车里面，舒服多了。王举在众人的搀扶下，和演出道具一起，躺在了敞篷车的车斗里。王举已经没有力气坐在车里了，好像刚才那么一阵疯狂地呕吐已经把他的体力耗干了。

演出的队伍行进在乡间的小道上，汽车驶过时扬起的尘沙铺天盖地地弥漫在空气里，扬起一股呛人的沙土味儿。坐在汽车内的人陆续摇上了车窗玻璃，任凭外面怎样沙尘肆虐，车内的人可以像是欣赏一部身临其境的电影一样，笑谈不自量力的沙土。

王举静静地躺在车斗里，完全不知道自己正处在怎样恶劣的环境里。敞篷车没有任何的遮挡物，势如狼烟般的尘土一波接一波地朝着王举袭来，覆盖在王举的躯干、四肢、脸上、头发上、鼻孔里、耳朵里、嘴巴里。

到了演出的目的地,工作人员跳上敞篷车的车斗,结果发现王举不见了。大家立即着了慌,一个大活人怎么会突然不见了呢。

"王举不见了,车子转回头,跟我原路返回,找人!"这句话一出口,整个演出队伍变得人心惶惶,好端端的一个人怎么会凭空消失了。惊奇之余,大家纷纷做着各种猜测。有的说王举可能半道上想上厕所,喊了很多声,司机师傅没有听见,王举就扒着车斗的扶手跳了下来。有的说王举可能吐晕了,以为在自家的床铺上,不小心被车子颠了出去。更有人大胆想象,是不是路上遇到了劫匪,以为车斗上装着的是值钱的东西,结果费了九牛二虎的力气,发现只有一个王举和不值钱的道具,一怒之下就把王举挟持了去,以泄心头之恨。大家越想越奇怪,越想越害怕,几乎是整个演出团队都要原路去寻王举。正在这个时候,敞篷车里忽然发出了微弱的声音:"到了吗?"所有人像是被触电,迅速围拢在了敞篷车四周。一个浑身是土的人坐在车斗里,要不是这个人的眼睛还在眨巴,嘴里还在呼吸,真的很难看出这是一个人。

"是王举!"不知是谁喊出这句话后,人群像是炸沸了的锅,爆发出雷鸣般的笑声。

王举不是不见了,而是被尘土埋到了下面。也难怪,在土路上颠簸了好几个小时,车斗里的道具也全部被掩盖。只是当时人们的注意力都在王举身上,所以没有人发现道具也"不见了"。

工作人员把王举搀扶了下来。王举一身的尘土,像是一位在沙漠里漂流了几十年的流浪者。现在是在乡下,根本没有热水洗澡,再说这个时候距离演出的时间已经非常近了,根本来不及洗去满身的泥土。情急之下,有人拿起一条毛巾,就在王举的身上拍打了起来,扬起的灰尘让周围的人都止不住地咳嗽了起来。正在拍打中,王举突然往前一栽,晕了过去。

"王举……"大家纷纷涌了上去,不知道到底发生了什么事。

"王举,该你上场了。"负责报幕的人来找王举,大声宣告。

"给王举打一针强心剂。"有人果断地提议。一针强心剂注射进去,王举慢慢睁开了眼睛。其实,没有人知道,包括王举本人在内,这个时候的王举已经患上了严重的心脏病。

王举恢复了活力四射的状态，立即登台演出去了。

王举知道，像这样巡回演出的次数会非常多，如果自己克服不了晕车的毛病，那么将来会非常麻烦。王举决定必须找到一种战胜晕车的方法，决不能向一个小小的晕车妥协。王举找来一条手绢，沾上汽油，捂住鼻子，强迫自己闻汽油的味道。闻过之后，王举就拼命地呕吐，一天一夜不能下床，更不能吃东西。也许这种满灌疗法起了作用，坚持了一段时间之后，王举对汽油的味道就渐渐适应了，也就再也不晕车了。当然，今后再外出表演，王举也可以安稳地坐进汽车里了，也再也没有发生过王举突然失踪的情况了。

有一次，王举带领舞蹈团队来到王府屯演出，周围数以千计的牧民骑马驾车前来观看，艺术就像是久旱后的甘霖，令牧民们有一种难以抑制的欣喜。看到台下攒动的人头，兴奋的表情，甩摆的马尾，套马的车杆，王举的心仿佛被一种极其柔软的东西包裹起来，自己有什么理由不爱这个民族，有什么理由不去为这个民族舞动。

音乐声响起，王举闻音起舞，他优美的动作、饱满的情感、炙热的灵魂深深打动了这个刚烈的民族。

"巴特尔、巴特尔……"牧民们忍不住用民族礼赞来称呼眼前这个并不强壮的英雄。这一刻，王举感觉自己仿佛就出生在这片辽阔的大草原上，牵着铁蹄大马，挥着嘹亮的皮鞭，唱着粗犷的歌曲，饮着香酥的奶茶。

演出结束，一位白发如雪的老人佝偻着腰，端着一碗白酒，颤颤巍巍地顶到头上，赠送给他心目中的英雄，皱纹围拢起来的嘴不停地喊着"布日格德，布日格德"。布日格德在蒙语里是雄鹰的意思。王举接过老人的酒一饮而尽。当一碗烈酒下肚后，王举知道自己已经和这个民族融合在了一起，自己的情感已经完完全全属于这个民族。

不知是酒精的作用，还是王举内心的激情被牧民们的热情所点燃，王举示意手风琴老师拉琴，自己则即兴跳了起来。刚开始，王举是站在两辆车拼凑成的临时舞台上跳，后来王举从舞台上跳了下来，跳到了观众身边，观众中间立即出现一个小舞台，大家被王举的激情所感染，甚至有很多牧民，跟着王举一起跳动了起来。王举跳什么，牧民们就跳什么。比葫芦画瓢也好，即兴发挥也好，王举和质朴的牧民完全沉浸在了一种忘我的激情里。手风琴老师拉完了一曲，王举不让音乐老师停，他自己就这样连续半个多小时，跟着音乐即兴地跳动。后来，王举跳着跳着就晕倒了过去，不过这次不是因为心脏病发作，而是酒劲儿上来了。

　　这个舞台令王举永生难忘，这个舞台给了王举一种涌动着的激情，他从来没有这样宣泄过，从来没有发现自己还可以这样不停地即兴跳，他更没有发现原来种族与种族之间，民族与民族之间，人类与人类之间，是可以如此地血浓于水。舞蹈的魅力太大了，舞蹈的功能太神奇了，舞蹈的魔力太不可抗拒了。

　　在表演现场，不仅有不计其数的牧民，还有一位撰写新闻的记者。王举用激情跳舞的画面，在记者的脑海里留下了深刻的印象，也强烈触动了记者职业敏感的神经。记者回去后写了一篇稿子《王举的一曲生命之舞》在广播里播出了，引起了非常大的轰动。

　　但有好长一段时间，王举一闻到白酒就恶心。

# 乌兰图嘎的逃生

成长不仅仅指的是从一个成功走向另一个成功，也包含从一个迷茫走向另一个迷茫。草原巡演回来，王举虽然知道自己的作品在群众当中会产生一些不错的反响，但还是感觉少了点什么东西，一种厚重的、坚实的、亲和的东西。王举知道这些东西没有任何人能够给自己，只有这片被茫茫青色覆盖的草原可以启发自己。王举决定亲自去寻找答案，他选择的第一个地方是乌兰图嘎。

王举背着背包，像是一个孤独的行者，穿行在无际的大草原上。

草原的风很粗犷，有一种穿透身体的威力。王举真想放下背包，迎着柔和的夕阳，随着风的声音，即兴一舞。可是，天色越发地暗了，如果在天黑透之前找不到歇脚的地方，那可不是闹着玩的。这里是完全陌生的无际草地，荒路时隐时现，除了呼呼的风声，青草摆动的簌簌声、身体碰触草叶的窸窣声，再也没有别的动静，好像人类从来都不曾在地球上生存过。最令人害怕的是有人告诉王举，草原上还有野狼的出没。孤独和恐惧就像是这天边的夜色一样，向王举袭来。

随着黑暗降临的，还有身体内越发强烈的疲惫。王举觉得自己仿佛走在泥泞的沼泽地上，一种无形的力量在把自己往下拽。每抬起一次小腿，都需要使出全身的力气，并且，腿抬起的高度越来越小，越来越小。

"得快点走，也许不久就可以看到人家了。"这么想着，一缕跳跃的灯光出现在王举的脑海里，这股灯光那么温暖，那么明亮，身体内的力气也仿佛增多了一些。

不知道就这样走了多久，内心存留的希望在一点点耗尽。脚触摸到的是不尽的荒草，鼻子嗅到的是荒草的味道，耳朵里听到的也是荒草随风摇晃的声音。除了这漫无边际的荒草，王举所有的感觉都退化了。

一片无垠的大草原上，没有月亮，一个瘦弱的身影在草间摸索着、晃动着、缓慢前进着。

"糟糕，没有水了。"王举感觉到了口渴，从背包里取出水壶，来之前不知道自己要走这么远的路，所以，水已经被喝完了。王举高举起水壶，扬起头，把水壶里残余的水滴往自己嘴巴里倒。一滴、两滴、三滴……王举一共倒出了六滴水。王举含住这六滴水，不舍得把它们马上咽下去。但是，可能是太渴了，这六滴水很快就被口腔吸收。有了这六滴水的润滑，王举反而觉得更口渴了。王举抿了抿已经起皮的嘴唇，仿佛唾液也停止了分泌，王举只舔到干燥的嘴唇，没感觉到一种湿润的东西在嘴唇上停留哪怕一秒钟。

王举把水壶塞进背包，继续低着头，虚弱地往前走。没有吃的，没有喝的，没有灯光，没有方向，王举不知道自己还能坚持多久，但是王举知道自己不能停下来，因为停下来，可能就再也走不动了。

一声恐怖的狼嚎声在草原上空响起，王举一个趔趄趴倒在地上。高度的紧张让王举都不敢大口呼吸，害怕自己的呼吸声把狼给引来。也许是太累了，也许是太渴了，也许是太饿了，也许是太害怕了，王举感觉自己没有力气再站起来。也许就这样睡过去，自己就不会这么饥渴了，也不会这么害怕了。

这个时候，王举想起了自己的妹妹王岩，泪珠从眼角滑落。

王举和妹妹相依为命，小时候妹妹特别爱哭，有一次不知道因为什么原因，妹妹大哭了起来，而且越哄越是哭得厉害。王举一气之下打了妹妹一个耳光，妹妹的哭声止住了，但是王举自己的心却要碎了。王举一把抱住了妹妹，跪在房门前。天上，皎洁的月亮在以人类觉察不到的速度西移着，地上，王举在心底一遍又一遍发誓：不能让妹妹像自己一样享受不到父爱母爱。这么多年以来，王举悉心地照顾妹妹，冬天为妹妹亲手缝制棉衣，夏天半夜起来给妹妹掖好蚊帐。王岩上学时，王举就天天紧紧拉着妹妹的手，牵着妹妹过马路。

妹妹也是非常懂事。王举和妹妹住在二姐家里的时候，到了冬天，地面上到处结满了冰块，人们基本上都窝在屋里。王举却提起水桶，要到井边打水。光秃秃的水井上没有辘轳，水井四周都是堆成小山的冰溜子。王举人小，但是胆量很大，要想提水，必须踩到冰溜子上，王举毫不犹豫地踩上了冰溜子，把水桶沉到水井中，用力往水井里探着身体，好让自己能

## 第二章 前郭县的巴特尔

够到井里的水。突然，水井里像是有什么力量在猛然往下拽王举，自己的脚仿佛脱离了冰溜子，要想靠自己的力量往井外缩，已经是不太可能了。正在王举心扑扑乱跳的时候，又感觉冰溜子上有什么力量在往外拉自己的一条腿。王举的身体停止了下坠，胸部死死卡在了井沿上，这个时候，王举慢慢回头，才发现妹妹王岩跪在冰面上，紧紧抱着王举的一条腿，冻得通红的小嘴不停地呼出大口大口的哈气。王举的水还没有提上来，就又继续回过头去，把水桶再次沉到了井里。妹妹站立起来，两只手紧紧抱住王举的腰，一条腿向前弓起，另外一条腿往后蹬。在妹妹的帮助下，王举平安地把水提了上来。

"我不在了，妹妹该怎么办？我不能扔下妹妹不管，妹妹能依靠的亲人只有我了。还有我的舞蹈，我的舞台。"想起舞蹈的时候，王举的身上又神奇地恢复了气力。为了舞蹈，自己连关节炎都战胜了，只要自己走出这片草原，自己就可以好好去跳舞，好好去演出，自己一定会成为一个好演员的。

这么想着，王举摇摇晃晃地站了起来。不知道自己是睡着，还是醒着，王举闭着眼睛，往前一步步挪去。

终于，王举看到了一团摇曳的灯光，王举内心一阵狂喜，拖着快要散架的骨头，扑到了毡房前。可是，当开门的蒙古汉子看到王举蓬头垢面的狼狈样，砰的一声关死了房门。也许蒙古兄弟是把王举当成了乞讨的流浪汉。

无奈，王举只有继续往前跋涉。这位外表瘦弱、内心刚强的寻梦者就像是被沉溺到了汪洋的海底，背包的肩带死死地勒进了王举肩膀的肌肉，干渴的喉咙像要撕裂，无边的黑暗让王举再次感觉到了死亡的临近。王举觉得自己随时都会轰然倒下。

当王举跟跟跄跄地来到第二座毡房门口时，一位枯瘦的老额吉刚刚打开房门，王举就一头栽了下去。

当王举清醒过来时，才知道自己走错了方向，自己在朝着查干湖的方向走，乌兰图嘎在反方向。王举浑身冒起了凉气，如果不是遇到了这位老额吉，自己的生命就要终止在这片荒原上了。

当我们沉醉于花儿的芬芳和美丽时，也不要忘记，这一刻的生动，是用无数的疼痛作为养分的。花开时越娇艳，其成长中所咀嚼的苦痛可能越深。

47

# 到大庆去

乌兰图噶之行虽然短暂，但在王举的记忆里，却成为一段惊悚又感动的记忆。荒草地里的饥渴和恐惧，蒙古兄弟的误解和冷漠，老额吉的善良和淳朴，以及牧区人民的热情和博大，都转化为一种民族信任感，流淌在王举的血脉里。王举虽不是蒙古人，但却有斩不断的蒙古情。

在乌兰图噶的几天里，王举完全被草原上这个游牧民族所感动。婀娜的云朵浮游在瓦蓝的天空，远处群山连绵，如墨如黛，像一道道坚挺的脊梁。白色的毡房点缀在绿色的大草原上，成群的蝴蝶在花丛间欢快飞舞，清澈的小河蜿蜒向远方。富有民族风味的好来宝说唱，悠扬圆润的马头琴，侧身骑马的娴熟和彪悍，大碗酒大块肉的豪放，都让王举有一种酣畅淋漓的痛快。

在草原上，有一种花叫萨日朗，翻译成汉语，就是草原上的山丹花。萨日朗花是草原上热情的女神，火红的花冠向上弯曲，像一盏盏玲珑的红灯笼，随风摇曳在无垠的大草原上，用美丽的身姿诉说着生命的高贵，用耀眼的红色映射着生命的激情。这些红火的萨日朗多么像一群美丽、多情、奔放的妙龄女郎。王举已经是一个20多岁的年轻小伙子，抚摸着萨日朗精致的花瓣，就像抚摸着一位温柔可爱的姑娘，王举多么想把对萨日朗的喜爱尽情表达出来啊。

从此，萨日朗花就像是一只红色的蝴蝶，几年里，一直翻飞在王举的梦中。

扶余县（现已改为扶余市）位于松嫩平原东北部边缘，与前郭县隔江相望。从长白山上奔流而下的松花江水在三江平原上逶迤而下，江水为下游人民带来了富足安康生活的同时，也为两岸人民制造了一道天堑。从前郭县到扶余县，只能摆渡过去。咿咿噜噜的木桨声，在两个县之间的水面上催开了一层层涟漪。

1973年，一座大桥在松花江上架起，前郭县和扶余县之间的交通发生了彻底的改变。这座桥叫松花江大桥，也叫前扶松花江大桥。1980年6月，全国石油工作大会在这里举办，这场晚会所有的节目都是王举编导的。

再微小的事情都具有改变命运的巨大威力。蝴蝶飞不过沧海，但是蝴蝶却可以让沧海卷起翻天覆地的浪潮。当王举的名字出现在所有节目的后面时，一个求贤若渴的身影出现在晚会的后台。他就是大庆市文工团团长李兴起。

"小伙子，你就叫王举啊？你出来一下，我和你说点事。"李兴起和王举一前一后走出了后台。

"跟我到大庆去吧。"李兴起很是兴奋。

"大庆？为什么要去大庆？"王举有些疑惑。

"大庆刚刚成立文工团，就是为你成立的。"李兴起一副万事俱备、只欠东风的表情。

"好。"王举在前郭县工作了六年，取得了一个又一个成绩，但总觉得自己的作品还是缺乏一种原生态的东西，一种能让自己激情膨胀的力量。但王举以为眼前的李团长只是随便这么一提，也就没有太把这件事放在心上。

三天之后，王举收到一封电报："速来大庆。"发电报的人正是李兴起团长。

这个时候，王举才意识到李团长不是在开玩笑，自己的命运真的有可能要发生大转折了。

1963年底，中国开发了大庆油田，大庆成为了全国最大的石油生产基地和重要的石化工业基地，每年保持原油5000万吨以上的高产稳产，创造了世界同类油田开发史上的奇迹。1979年12月14日，大庆建市。一股新生的气息在大庆破土而出，再加上李团长那句"大庆成立了文工团，就是为你成立的"，让王举的心开始蠢蠢欲动。大庆像是一根无法估量其长度的风筝线，也许会把自己送到更加高远的天空。

王举和另外两位同事一起来到了大庆，参加大庆市歌舞团业务素质的考核，王举轻而易举地通过了测试，而另外两位同事则没有被录取。当王举看到歌舞团里28位舞蹈演员时，一种即将大展拳脚的豪情在王举心底燃起。这支舞蹈队伍多么优秀啊，都是从省艺校刚毕业的大学生，已经具有了相当专业的舞蹈功底，再稍加引领，就可以立即排练作品，这和在前郭训练没有任何基本功的演员，不知道要节省多少的时间和心力。王举动心了，要来大庆落根的想法已经攀缘在自己的每一个意识枝叶上。

那个时候，王举刚刚恋爱，女孩叫郭颖，在长春市黑嘴子监狱工作。世间之事，常常以出人意料的形态发生。王举和郭颖刚刚擦出爱的火花，就要立即决定一生的去向。郭颖，一个凡事以王举为出发点的女孩，除了支持，除了理解，似乎也不会再做其他的考虑。郭颖不会去过多的表达自己的想法，但郭颖是一个把智慧深藏在心底的人，静观世事，淡然处之。王举选择大庆，就如郭颖选择王举，经过了实践的检验，都是最恰当的抉择。

王举站立在大庆的土地上，望着脚下的盐碱地和无垠的荒芜，王举知道，自己再一次走上了一条"一切需要重新开始"的道路。这条路有多么艰难，自己也不清楚，可是王举知道，自己必须一步步向前走。再苦再难，自己也绝对不能停下。

## 第三章　大荒的太阳

动力（45×57cm） 创作者：靳程伟

# 油田大会师

春意渐浓，大地回暖，一列绿色的铁皮火车平稳地行驶在通往大庆的原野上。此刻，王举正坐在靠窗的位置，双手交叉支撑着下巴，一种莫名的忐忑在心底如稻浪翻滚。抑郁指向过去，焦虑指向未来。当人即将面对一个全新的环境时，无论这个环境是糟糕还是美好，内心都会有一些不适感。更何况，王举已经知道：自己即将看到的，还是一片贫瘠的盐碱地。

车窗外，荒凉的大地泛起了微微的青绿色。粗壮的树干从山坡上斜生出来，似乎是在欢迎远方的来客，彰显着北方天地的热情和豪爽。

两年前，大庆对王举发出了诚挚的邀请，不得王举，誓不罢休。对于这样的信任和重视，王举感觉到一种最质朴的温暖。在前郭这六年，王举付出了很多，感动了很多，也经历了很多，但是，生活不仅仅是靠波澜不惊的重复就可以延续下去的。有的时候，改变正是为了某种不变。

前郭的草原，前郭的查干湖，前郭的乌兰图嘎，前郭的萨日朗花，丰厚了王举的生命和情感，也让王举真切感受到了蒙古族人民那种原始的淳朴和博大。王举也用自己的方式表达了他对前郭这座民族自治县的热爱。王举的舞蹈就像是一朵朵缤纷的花朵，渐次盛开在前郭的草原中央，给前郭的空气里，释放了一阵又一阵醉人的芬芳。大庆，无垠的草甸，贫瘠的土地，荒寂的原野。大庆的艺术，宛如一潭浑浊的死水，没有奔流的活力，没有丰富的水草，更没有经久不散的花香。大庆需要一位专业的育花人，需要一位可以让这座城市从灵魂里高雅起来的艺术家。王举，似乎责无旁贷。

可是，得知王举要离开前郭，歌舞团领导痛心疾首，无论如何也不放王举走。王举给前郭的舞蹈带来了燎原的火力，现在要把这熊熊的艺术之火扑灭，任何一位领导都下不去手。大庆的领导看前郭迟迟不肯放人，就设计了一计，让王举和郭颖结婚，把郭颖的关系先调到大庆，那么前郭放人就合情合理了。于是,王举和郭颖在相识两个月之后,就登记结婚了。谁知,前郭依旧紧抓着王举不放。无奈,王举只好推脱有病在身,僵持了两年,前郭的领导才在深深的叹息中,松开了王举。

火车驶进了大庆的边界,放眼望去,一架架土黄色的磕头机屹立在薄薄的夕阳里,像极了一位位美丽的妙龄女子,在娴熟而优雅地叩拜着这片柔情的土地。蓦然,一种钢铁般的豪情在王举的心底升腾,把先前的忐忑一扫而光。磕头机,大庆的城市标志,铁人精神的见证者,国家命脉的疏通者,60年代初期,一场浩浩荡荡的石油大会战在这里吹响了震天的号角。铁人王进喜的故事也像一部黑白电影在王举的脑海里滚滚上演。

1960年2月,东北松辽石油大会战打响。王进喜带领1205钻井队于3月25日到达萨尔图火车站,下了火车,他一不问吃、二不问住,先问钻机到了没有、井位在哪里、这里的钻井纪录是多少,恨不得一拳头砸出一口油井来,把"贫油落后"的帽子甩到太平洋里去。1205队的钻机到了,没有吊车和拖拉机,汽车也不足。王进喜带领全队工人用撬杠撬、滚杠滚、大绳拉的办法,"人拉肩扛"把钻机卸下来,运到萨55井井场,仅用4天时间,把40米高的井架竖立在茫茫荒原上。井架立起来后,没有打井用的水,王进喜咨询完当地的老百姓后,组织工人到附近的水泡子破冰取水,带领大家用脸盆端、水桶挑,硬是靠人力端水50多吨,保证了按时开钻。萨55井于4月19日胜利完钻,进尺1200米,首创5天零4小时打一口深井的纪录。

4月29日,1205钻井队准备往第二口井搬家时,王进喜右腿被砸伤,他在井场坚持工作。由于地层压力太大,第二口井打到700米时发生了井喷。危急关头,王进喜不顾腿伤,扔掉拐杖,带头跳进泥浆池,用身体搅拌泥浆,最终制服了井喷。

火车和轨道咣当碰撞了一下,王举从沉思中回过神来,眼角竟挂着激动的泪花。22年前,铁人王进喜带着满腔热忱和壮志挺进了大庆,今天,自己也带着一身的激情和真诚走进了大庆。王进喜,王举,注定要在大庆的历史上,留下坚深的足迹。

人的一生经历过的事件会对人的性格产生很大的影响,尤其是早年的经历。王举生活在一个物质条件艰苦的年代,小小年纪就没有了父母双亲，没有了一个完整的家，面对命运的魔爪，王举没有逆来顺受，而是竭尽所能地为自己寻找一方存身的天空，从孤儿院到大姐家，再从大姐家转到二姐家，考入中学后住在学校，为了能有个去处，中学毕业后，又选择了去省艺校，直至参加工作。王举一路颠簸，一路流离，承受了许多那个年龄阶段不该有的压力。但也正是这样看起来残酷的命运，给了王举绝处逢生、敢于向命运宣战的血气。原来每一件事都有它发生的意义。

王举喜欢黑土地，喜欢永远恩泽人间的大太阳。天空中有太阳，苍茫的大地不再寒凉；心里有个太阳，所有潮湿的情绪都无法躲藏。太阳对于王举，有一种独特的象征意义。每次去有山的城市，王举一定会登山看日出。伫立在巍峨雄壮的山巅，王举的内心充满了虔诚、激动和紧张，仿佛即将目睹一场天神与恶魔血雨腥风的殊死较量。

太阳在碧蓝幽静的海平面上，探出了头，仿佛一双机灵的眼睛在刺探凶险的敌情。确认没有危险后，太阳渐渐地抛开了地平线的掩护，带着必胜的信心，澎湃着燃烧的热血，义无反顾地往上冲。太阳的身躯越来越伟岸，像是一位极具号召力的领袖，手中的红旗轻轻一抡，千万面高擎的红旗瞬间聚拢在领袖的四周，红旗连成了溪、聚成了河、汇成了海，激昂的呐喊声此起彼伏，抖动着这个蔚蓝色的星球。海面倒映着鲜艳的红色，似乎在进行一场没有厮杀声的战争，只见血迹，不闻兵戈。随着战争的推移，海水像是幻化成了黏度极高的胶水，粘连着太阳的衣尾，做着垂死前的最后一丝挣扎。太阳拼尽全力地尝试着、弹跳着、反抗着，像是一位即将分娩的孕妇，隐忍着无比的疼痛，挣脱海水的钳制。终于，嘣地一下，太阳跃出了广袤的海平面，天空顿时霞光万丈，金灿辉煌。太阳冲破了黑暗的藩篱，打破了命运的桎梏，在水天之间自由而轻快地飞舞着，享受着抗争胜利的喜悦。

日升的整个过程让王举血液沸腾、惊叹不已。心灵在这一刻完成了超越，命运在这一刻实现了蜕变。山河变色，天地同歌，何其壮哉！

王举爱太阳，爱太阳的勇敢，爱太阳的坚强，爱太阳的温暖，爱太阳的明亮。因为有了太阳，万物才可以在春日里萌发滋长，因为有了太阳，再怯懦的灵魂都会变得如铁如钢，因为有了太阳，命运的苦水只不过是用上了咖啡的包装，细品过后会发觉，苦涩是命运和信念合力奏出的交响曲。

　　王举提着简单的行李，行走在大庆的盐碱地上。虽然陌生，但却分外地踏实。

　　"王举，我们终于把你盼过来了，好不容易啊！"李兴起团长紧紧握住了王举的手。

　　是啊，从松花江大桥第一次邂逅，到今天的油田胜利会师，已经过去了整整两年的时间。大庆前后五次去前郭要人，都以失败而告终。现在，王举终于以大庆人的身份站立在自己的眼前，如何不让李团长感慨良多呢。

　　"谢谢领导对我的信任，希望自己可以尽快投入工作状态，给大庆的舞蹈艺术做出一点自己的贡献。"王举从李团长热切的眼睛里，再次感觉到了一种深厚的感动。这样的感动，王举不止一次地体验过，这样的感觉像甘洌的山泉，舒爽的感觉弥漫了王举的整个心田。

　　身处黑暗的人，更加期望明媚的阳光，被寒冷袭击的人，更为眷恋冬日里摇曳的炭火。正是因为体验过"无"，所以对于每一份"有"，王举都倍加珍惜。因为王举明白，别人可以给你一个温馨的笑容，同样也可以给你一个昏暗的背影，如果自己得到了别人的友善，那就应该心存感恩，用更加厚重的爱去回报别人。

　　生命是一种回声，你如何对待别人，别人才有可能如何来对待你。你希冀一句贴心的问候，那么就在别人需要的时候，给对方一个结实的拥抱，这样，所有的心灵都将不再孤寂，所有的生命都将不再苍白。

　　王举内心有许多柔韧的信念，像一束束温暖的太阳光，陪伴着王举度过了一个又一个命运的荆棘和沼泽。爱太阳的王举，内心如何不刚强。

# 我爱萨日朗

1980年12月,黑龙江举行第一届舞蹈大赛。

"王举,咱们大庆创作一个什么舞蹈来参赛呢?"王举的关系还没有正式从前郭县转过来,大庆的领导已经把王举作为舞蹈事业的艺术源泉了。

对王举来说,他最熟悉的还是那一片绿色的大草原。青峰吐翠,天蓝如洗,迎着春风鼓起的风向打马疾驰,翻过山梁,越过山湾,一望无际的绿色铺展成了海洋。来到如白蘑菇般的毡房前,勒马止步,悠扬的马头琴在耳畔流淌,还有一位美丽如晚霞的姑娘,穿着红色的蒙古族服饰,送上一碗下马酒,再递上一条圣洁的哈达,嫣然的笑容像极了草原深处的萨日朗花,清新、秀美、质朴、静雅。

萨日朗花是草原上最美丽的花,红色的花瓣,细小的茎叶,白色像蒜一样的鳞茎,火红的花冠向上卷起,所以也叫卷莲花或野百合。萨日朗花没有浓烈的芬芳,只有柔柔的青草香。萨日朗花不会和别的花扎堆,像身居幽谷的兰花,盛开在连野花都不会光顾的地方,静静守候着头上的一方蓝天。王举爱萨日朗,不仅因为它天籁般的美丽,更因为它顽强刚烈的生命力,无论风吹雨打,纵使烈日炙烤,依然挺立在茫茫的大草原上,绽放着自己华美的生命。

萨日朗花是一种生命之花,在春寒料峭的时刻,就已经开始为草原吐露着淡淡的花香。一切有生命力的东西,都会深深触动王举的心灵,因为王举也是一株历尽磨难傲然挺立的萨日朗花,不求牡丹之富贵,不图玫瑰之诱人,只想做草原上的萨日朗,把一种本色的美奉献给自然万物。纵使凋零入泥,心却无怨无悔。

美丽的萨日朗花还有一个凄楚的动人传说。

在很早很早以前,北方蒙古草原上最富有的是白音王爷。他的王爷府建造得金碧辉煌,他的财源就像奔腾不息的松嫩大江。他的家里有永远穿不尽的绫罗绸缎，草原上有数不尽的骡马牛羊。作为草原的一代霸主，白音王爷虽有终生享不尽的荣华富贵，但也有不尽如人意之处，那就是他膝下无子，唯一使他能感到欣慰和幸运的是他还有一位如花似玉的爱女，名叫乌兰琪琪格。她的模样像萨日朗花儿那样美，她的歌声像天上的百灵鸟一样甜，她的肌肤像美玉一样的洁白，她的心像菩萨一般的善良，而她的性情却像火一般的刚烈。王爷决定把她嫁给有钱有势的诺颜（官员）的儿子，乌兰琪琪格誓死不答应，因为她早已爱上了从小和她一起长大的牧马奴隶图力古尔。后来乌兰琪琪格以解难为名，和图力古尔一起逃出王府，可是又被王府里黑马队抓回来，把图力古尔用火酒活活地灌死，乌兰琪琪格因此也疯了。乌兰琪琪病好后，穿上鲜艳的服装，戴上珍贵的宝珠首饰，挎上腰刀，骑上牧马来到图力古尔的坟前。图力古尔的坟上已开满了洁白的萨日朗花上。乌兰琪琪格采了两朵萨日朗花捧在胸前，拔刀自刎，殷红的鲜血洒在洁白的萨日朗花上。从此，草原上的萨日朗花，就变成了人人喜爱的红色。

　　这个美丽的传说深深打动了王举，同样打动王举的，还有大庆市歌舞团那些美丽的舞蹈姑娘。她们青春的脸庞像一朵朵春日里刚刚盛开的花朵，婀娜的身姿洋溢着如太阳般的朝气和力量，她们不分昼夜辛勤地练功，像萨日朗花一样，为这个世界释放着一缕缕生命的芬芳。

　　对，我爱萨日朗，就用这个创意来参加省舞蹈大赛。王举眉头一展，宛如一朵水莲在仲夏全然绽放。我爱萨日朗，一语双关，既代表王举喜爱草原上的女神之花萨日朗，也表示王举对舞蹈团里这些年轻姑娘们的热爱。王举把这个创意汇报给了舞蹈团的领导，领导们立即给予了肯定。

　　每当春天来临的时候，萨日朗花就会开放，一朵朵、一缕缕、一簇簇，只需要几天的时间，红色的花瓣就可以将整片草原染红，仿佛天女把西斜的太阳幻化成了花瓣，洒落在草原的各个角落。一只只彩蝶便闻香飞来，栖落在馨香的花蕊中，沉醉于其间。风起时，萨日朗花便齐齐地随风舞动，像是一群身着红色罗裙的美丽姑娘，迎风起舞。忽左忽右，时上时下，既热情奔放，又乖巧可人，庄重中透露着温婉，宁静中蕴含着大气，真是美极了！王举无数次静静地伫立在萨日朗花前，仔细感受萨日朗的每一个舞姿，于是，那个萦绕了王举六年的红色的幻梦终于变成了现实。

王举从歌舞团里挑选出了16位美丽的女演员，又从前郭县歌舞团里邀请来两位朋友赶来助阵。一位是从吉林省艺术学校毕业的作曲人，一位是女中音歌唱家，演唱歌曲《我爱萨日朗》。为了能使整个舞蹈给人一种全面的美感，王举用交响乐演奏，给整个作品一种别具一格的韵味。

我爱萨日朗，萨日朗有了，就是那16位美丽的女舞蹈演员，那么爱萨日朗的人儿在哪里呢？这个热爱萨日朗的人自然是王举，可是王举身高比较小，如果由自己上阵，也许达不到那种极致的完美。于是，王举从歌舞团的男演员里精心挑选出一位非常高大、帅气的男演员，代表王举出演。这样，一个男演员领舞、16位女演员群舞的歌伴舞作品《我爱萨日朗》，经过两个月的创作修改，诞生在了大庆的天空下。

比赛开始了，16位女演员穿着红色的蒙古袍，一种天然的美丽从每一位姑娘的身上散发出来，优雅的舞蹈动作，让人感觉到不是16位姑娘在舞蹈，而是16朵萨日朗花在草原上迎风摆动。领舞的男演员把一位蒙古壮汉的热恋之情传递给眼前的姑娘，这种情感含蓄又热烈，庄重又奔放，再加上整齐划一的舞蹈动作，深深感染了在座的每一位观众，当然也包括全国著名的舞蹈表演艺术家贾作光。整场演出中，观众七次爆发出激烈的掌声。

自然而然，王举的舞蹈《我爱萨日朗》获得了比赛的一等奖，大庆舞蹈团像是一只雏凤，展翅飞向了浩渺的苍穹。这次大赛，奠定了大庆舞蹈团的专业根基。

比赛落幕后，在哈尔滨召开大赛座谈会。那个时候称为讲课，由贾作光主持。王举也满怀喜悦之情，坐在下面。

"《我爱萨日朗》的编导在哪里？过来过来。"贾作光抑制不住内心的兴奋。能让伯乐开怀的，非千里马莫属。

王举从人群中站立了起来，坐在了贾作光身旁。一种被专家赏识的快乐，像是一条春天里的小河，在王举的心底淙淙流淌着。

"大家知道萨日朗是什么意思吗？"贾作光突然抛出这个问题，像是在提示什么，又像是在验证着什么。

大家面面相觑，不知如何回答。

"萨日朗是一种草原上花的名字，从这个名字，可以看出来，编导是一个有生活根基的人。能把草原上的东西提炼进舞蹈,并且还能表演得这么精致,这么漂亮,这么好,非常难得。"贾作光作为舞蹈界的专家,深谙这其中的道理。

  舞蹈是必须用生活作为根基的,任何脱离生活的作品都不会长久。而王举就是一个从黑土地上生长起来的人,更加懂得土地的作用和意义。王举还是一个从草原上行走过来的人,自己在前郭的全部作品都是草原的清香催发出来的。这些作品里或飘逸着醇醇的奶酒香,或荡漾着四胡或马头琴的悠扬,或奔放得如一匹骏驰的烈马,或轻快得像一头低头嚼草的小羊。

  树木,只要一直延续着抽枝拔叶的状态,就可以完成播撒阴凉的使命。但是舞蹈却是一个持续超越,不断打碎,从否定中寻找创新的领域。再完美的作品,演出结束后,就要摒弃曾经的光辉,推开喧嚣,沉下心思,继续探索更为新颖、更为触动观众心灵深处的舞蹈语汇。不打破、不创新、不前行,再绚丽的荣耀,都会成为繁华落尽的萧条。

  王举合上对萨日朗的热爱,在一个月光如水的夜晚,伫立在办公室的窗前,静静地思索自己下一道驿站的方向。

  两年后,王举的关系正式调入大庆市,随着关系转入的,还有一份强烈的责任感。自己应该对得起大庆对自己的重视,应该为大庆创作出具有生命力的作品。自己就像是一盆刚刚被移植进大庆的外来花种,要想在大庆这片土壤上绚丽地开花,就要首先了解大庆这片土壤的情况,用大庆的土地作为自己扎根的营养。

  到前线去。王举坚定地对自己说。一如自己刚到前郭,为了从民族精神的深层了解前郭,王举选择了乌兰图嘎。这次,王举选择了大庆的石油基地。

# 海拉尔前线

王举调到大庆,总想着能为大庆创作出一些结实的作品。作品来自于哪里?王举立即给了自己一个坚定又正确的决定——下油田。这样,王举在油田生活了两年多。在这两年多的油田日子里,海拉尔前线的生活给了王举一生抹不去的感动和震撼。

海拉尔是呼伦贝尔市政府所在地,因城市北部的海拉尔河而得名。海拉尔是由蒙古语"哈利亚尔"音转而来,意为"野韭菜",因海拉尔河两岸过去长满野韭菜,故取名为"海拉尔",素有"草原之都"的美称。海拉尔春季多大风而少雨,蒸发量大;夏季温凉而短促,降水集中;秋季降温快,霜冻早;冬季严寒漫长,地面积雪时间长。

大庆油田有一支石油勘探打井队就驻扎在海拉尔草原上。

有人把石油工人比喻为散落天涯的蒲公英,一点也不为过。东北的草原和黑土地、西北的荒漠和戈壁、中原的秦岭淮河以北、江南的青山花海水畔,到处都有石油工人向大地抽取油液的挥汗如雨的身影。

那是一个炎热的六月下旬,王举坐着一架直升机,降落在了海拉尔大草原上。

六月的草原,正是繁花似锦的季节,各种野花在草原上盛开。毛茛、珠牙蓼、卷耳、风铃草、苦豆子尽展风姿,将眼前的这片人烟罕至的草原点缀得十分亮丽。天蓝草绿,是王举走进海拉尔的第一印象。

步行了二十多分钟,穿过一条崎岖的草路,眼前的景象明显荒凉了很多。下飞机时看到的那些美丽的花朵不见了,可能是经常被工人行走,这里的草也稀疏了不少,泥泞的地皮裸露在空气中,很多地方都是无法下脚的沼泽地。不一会儿,王举来到了石油工人工作的地方。一座高高的铁塔在一片空旷的土地上挺立着,工人们穿着脏得有些变色的制服,戴着铝盔,在井台附近忙碌着,他们的鞋子、裤子、袖子上沾满了泥水,脸上也溅上了很多泥点，这里简直就是一片泥浆横流的世界。

在工人的指示下，王举找到了队长，简要说明了自己的来历和此行的目的。队长摘掉手套，热情地和这位远道而来的艺术家握手。然后扯开大嗓门，把王举介绍给工人们："兄弟们，这位是从大庆来的王举，有没有人认识他？"

"我认识，搞舞蹈的。"一个工人手里握着弯头由壬，抢先高声回答。接着一阵哄笑声响起，还有人吹起了嘹亮的口哨。

"好了，继续干活。"队长胳膊一抡，工人们就都各归各位，继续在泥水和汗水中忙碌。

"艺术家，我们这里太脏，你就到前边不远的板房里歇息去吧。中午吃饭的时候，喊你。"常年在荒原上奔波的钻井队长，怎么会理解王举体验生活的意义呢。也许在队长和工人们的眼里，王举只是闲着没事，过来玩玩的。

"好。"王举向不远处的白色板房走去。野外工人的生活里，只有井架、井塔、油管、吊铅、钻头，舞蹈对于他们而言，仿佛是八竿子打不着的事情。这一点，王举非常理解。所以，面对工人们的嬉笑和起哄，王举的心里没有泛起一丝的不悦。

在距离工地二三百米的平地上，并排有几座简易的板房。王举推开其中一间，走了进来，一股浓重的脚臭味扑鼻而来，还夹杂着汗液味、香烟味、白酒味、阴潮味。板房里有四张上下铺的铁床，灰白色的墙壁上，有三扇窗户，一个暗黄的灯泡斜垂在板房中间，桌子上凌乱地放着茶缸子、褪色的毛巾、酒瓶子。裤衩、衣服、袜子胡乱地扔在床上、枕头边和桌子底下。

王举在靠窗的一张床上坐了下来，望着眼前脏乱的房间，王举的鼻头有些发酸，工人们就是生活在这样的环境里。

王举抬起手腕，看了一眼时间，已经下午近三点了，怎么还没有人来喊自己吃午饭呢？难道队长他们忘记了自己。王举的肚子早就饿了，可是自己主动去询问吃饭的事情，好像不太好。王举想找一本书，或者一张报纸来看，以消磨这饥肠辘辘的时间，可是，把板房的每一个角落都翻遍了，愣是没有找到一张有文字的纸片。王举不由得发出了一声叹息，工人们的文化生活该是多么贫瘠啊。

正在这时,板房外响起了一阵越来越近的脚步声,咣当一声,板房的门被踹开了,队长走了进来,后面跟着两位工人。

"舞蹈家,实在对不住,让您挨饿了。野外作业的时候,错过吃饭的时间,就像这草原上的风沙,是再寻常不过了。走,吃饭去。"队长说完,领头走出了板房。王举紧跟了上去,两位工人走在最后面。

这段路确实难走,到处都是泥浆,上午自己过来的时候,好几次都陷了进去。王举小心翼翼地走着,可还是捉摸不透,这草原的泥土里,究竟潜藏了多少个不知深浅的陷阱。突然,王举的身体往下一塌,一只脚紧紧陷入了泥泞里,像是有无数根藤条交叉着纠缠住自己的脚脖子。由于过度的紧张,王举的头上冒出了汗珠,衣服也被汗液粘连在了身体上。看着王举小心又狼狈的样子,队长和两位工人都哈哈大笑了起来。

"艺术家,这就是草原的路。没有办法,一到了夏天,雨水就特别多,雨水蒸发不掉,都被泥土吸附了进去,久而久之,就成了这样的路。工人们来到这里工作,首先就得适应草原的路。"队长说完,伸出一双粗糙的、骨节都有些变形的大手,把王举拉了出来。

四个人继续深一脚浅一脚地往前走着,王举的脚还是会被泥水吞没,有时队长在前面拉王举一把,有时后面的工人推王举一下。在这条泥泞的路上,同时也在王举的心里,留下了友爱的种子,选择的种子,坚持的种子,忍耐的种子。

终于来到了吃饭的地点。工人们排起了长队,手里都端着一个搪瓷缸子,来到锅台前,直接用黝黑黑的手抓起两个馒头。做饭的师傅用一个长长的勺,把搁了点盐的黄豆汤盛在工人递过来的搪瓷缸子里。

王举没有搪瓷缸子,只拿了两个馒头。

"用我的吧。"一个工人从后面捅了捅王举,把自己的搪瓷缸子递给了王举。

"不用,我吃馒头就可以了。"王举不能让辛苦了大半天的工人喝不上汤。

工人们领了饭,就找一块空地,蹲了下来,一口馒头一口汤,狼吞虎咽地吃了起来。有的工人吃急了,会噎得不停地咳嗽,脸和脖子憋得像是刚从炉火里取出的烙铁。

"你们平时只吃这些?"王举去过市里的油田,没有想到,荒原上工人的饮食这么艰苦。

"现在还算好的,到了春天,风沙大,吃着吃着,一阵风刮起,都得闭上眼睛。风停之后,睁眼一看,汤里全是沙子,可是大家都舍不得倒掉,就那样一股脑地喝下去。"说完,工人喝了一大口黄豆汤,仿佛自己喝的是世界上最美味的肉汤。

草原上方烈日炎炎、无所遮挡,草原地上,泥水成河,蹲着一大群衣衫脏旧的工人。他们有着黝黑的脸庞、生满茧子的手掌、咧着嘴巴的笑容和累得有些佝偻的脊梁。生活在这样恶劣环境下的工人,按说应该消沉到了极点,不是沉默不语,就是目光呆滞,失去了光彩,可是,王举看到的工人,不仅在就着风沙吃饭、掺着泥水喝汤,而且还在开着各种玩笑。

有的人先吃完了饭,闲着没事做,就放开了东北汉子粗犷的嗓门,无论着调不着调,肆无忌惮地高唱了起来:"青天一顶星星亮,荒原一片篝火红。石油工人心向党,满怀深情望北京……天寒地冻不觉冷,热血能把冰雪融,石油工人英雄汉,乐在天涯战恶风……"

就是这样一群——吃饭的时候,跑得比狼都快,干活的时候,比老虎都勇猛,开玩笑的时候比匪盗都坏的野性男人,让王举止不住地感动。在这些看似粗糙的外表下,究竟有着怎样的一颗灵魂?干涸的?鲜活的?孤独的?狂野的?这些问题像是一个强势的磁场,吸引着王举迫切地想要一探究竟。

可是,工人们并不接受王举,在工人的眼里,王举就是一个高高在上的艺术家,说什么来体验生活,实际上还不就是拿着国家的工资,到这里来寻开心的。新鲜一阵,也就走了。所以,工人完全不拿王举当回事,他们的世界凭什么对一个过着优越生活的人敞开。

王举走进他们的板房,他们不理会;王举和他们说话,他们不回应。但是,凭着对生活的敏感和对舞蹈的感知,王举深信,这些工人背后的故事一定有着与众不同的精彩。王举要走下去,王举要走进去,这个,是毫无疑问的。

# 天　雨

工人交接完班，回到了板房。每一个工人进来后，首先做的动作就是立即把房门紧紧关上。湿漉漉的青草地是蚊子的王国，现在进入了夏天，是一年当中蚊子最多的时候。工人们不怕风沙，不怕油泥，但是却怕被成群的蚊子贪婪地吸食自己的血液。

王举坐在一张堆满了杂乱东西的床上，想着用什么方法能让这些兄弟们开口。

"舞蹈家，给我们跳支舞吧。"一个工人百无聊赖地从床上坐了起来，突然提议到。

"好啊，但是有一条，跳完舞得喝酒。我来的时候，特意带来了两瓶好酒。"王举兴奋地从床上站立了起来，从行李包里掏出白酒。从草原上走来的王举，非常明白，酒在很多时候，可以把人与人之间的距离拉近。

一听说有酒，工人们的眼睛像是寻觅到猎物的豹子，散发着锐利的光芒。

王举随性跳了起来，当王举那奔放、率性的舞姿在板房里如骏马奔驰起来的时候，工人们的兴致突然高昂了起来，一边吹口哨，一边把手掌拍得啪啪作响。这样的娱乐，这样的画面，这样的情怀，在这远离人间的荒原上，他们从来都没有看到过。

就从这一刻开始，工人们真正接纳了这个——原来并不高高在上的王举。

一曲舞毕，王举把酒瓶子撬开，咕咚咕咚的白酒就流进了工人们的瓷缸子里，说是喝水的瓷缸子，其实也是刷牙杯子，在这个从直升机空运蔬菜和水的草原上，真的讲究不了这么多。

"喝！干！"瓷缸子碰撞的声音在板房里一次又一次响起，工人们和王举的心灵也越来越贴近。有人从床底下拿起一把破旧的吉他，悠扬低沉的歌声在板房里荡漾起来。

不知道是酒精的作用，还是大家被王举热烈的舞蹈所感染，所有的人都脱光了衣服，围坐在桌子四周，大口地喝着、大声地唱着、恣意地扭着、互相推搡着。只有一个人，落寞地坐在自己的床上，对着酒瓶子，一口又一口地喝着闷酒。脸上的忧愁让人觉得全世界的烦恼都集中在了他一个人身上。王举端着瓷缸子，径直走了过去。

"兄弟，是不是有什么不开心的事？说出来，也许会痛快些。"王举试图给这个比自己高大许多的汉子一点安慰。

忧伤的男人像是没有听见，依然在孤独中自斟自饮。

一连三天，这个男人只要不工作，就坐在板房里喝酒。好像他的世界就是由工作和喝酒组成的，其余，与他无关。别的工人好像对他的这种寂寞饮酒的方式早已习惯，没有人主动去打破这道用酒垒砌成的无形高墙。因为这个男人的酒，任何人都不许碰。

"兄弟，这世界上就没有咱东北爷们儿迈不过去的坎儿。"王举说完，转身准备离开。

"我的女朋友走了，我的孩子也没有了。"男人放下酒瓶子，双手捂起脸，竟呜呜哭了起来，不像是一个三十岁左右的汉子，倒像是一个受了委屈的孩子。

王举拉过来一条板凳，在男人对面轻轻坐了下来。

"我有过一个女朋友，我很爱她，她也很爱我。所有人都知道，我们石油工人娶到一个媳妇，比上天摘星星还难。可是，我女朋友不介意我是石油工人，也把一个女孩子最珍贵的东西给了我。不久，她就怀孕了。这个时候，我父亲知道了我和她的事情，本来打算托关系把我调离钻井前线，后来就不提给我调动工作了，除非我和她一刀两断。无论我怎么劝说，我父亲都不同意。我女朋友伤心地离我而去，把孩子也打掉了。我对不起她，我对不起我那没有出世的孩子，我不是男人，我是混蛋！"男人说完，狠狠抽了自己一个耳光。

"人可以活在一个'小我'里，也可以活在一个'大我'里。'小我'会局限于个人的荣辱得失，'大我'则可以跳出个人的视角，更多地为这个社会做点有意义的事情。从'小我'到'大我'，才可以真正解脱自己。"

## 第三章 大荒的太阳

王举说完这番话,紧紧握住了这位多情男儿散发着酒精味的手。

转眼过去了六天,王举七天的海拉尔前线体验生活明天就要结束了。工人们一个不少地坐在了板房里。

"咱们来做个游戏吧,"王举提议,既是为了冲淡离别的伤感,也是为了更深入地了解这些荒原地上的男人,"每个人拿出一张纸和一支笔,五分钟的时间,在纸上写出你此时此刻最想要的东西。"

工人们呼啦啦地翻找起了纸张,有的坐回到原位置,有的哧溜钻进了被子里。草原上温差非常大,白天烘烤得皮肤都会晒伤,晚上却要盖上被子防寒。

"来,我看看你们都写了些什么。"王举走过去,把工人手里的纸张收集了起来。当王举回到自己的凳子上,展开这些纸张时,王举的心疼了一下。这些纸张上有的画着一个梳着长辫子的漂亮女人的画像,有的画着一对丰满的乳房。

对女人的饥渴像是澎湃的洪水,漫过了这些长年累月在野外工作的男人。

原来,这些找油郎最害怕的不是沙尘暴,不是大雨滂沱,不是饥饿劳累,而是没有女人的孤独和寂寞。就在这一刻,王举仿佛读懂了这些男人。

突然,呼呼的风声席卷着草根、土坷垃砸在了板房的门上,屋内的晾衣绳急速弹跳了起来,像是一群调皮的孩子,肩搭着肩,一起在钢丝床上,飞速地蹦跳着。很快,犀利的闪电划破了苍穹,顷刻,天空下起了大雨。草原上的夏天就是这样,雨说来就来,就像是一个任性的娇娇女,没有丝毫商讨的余地。

"哇,下雨了!"不知道是谁喊了一声,工人们像是接收到了十万火急的指令,全体从床上蹦了下来,以最快的速度从板房里冲了出去,这个架势真像是发生了十级强烈地震。这样的呐喊声、跑跳声、口哨声从其余几个板房里也冲击进了王举的耳膜里。

王举感觉很奇怪,外面不是下着倾盆大雨吗?怎么工人们全部都跑了出去,难道是要抢救石油管道?王举站立在了板房门口,隔着刷刷的雨帘,王举惊呆了!二十几个工人,裸露着身体,站在大雨中,兴奋地蹦跳着。有的张开双臂，扬起脸，任由如注的雨水浇灌着自己满身油污的身体；有的工人把地面上瞬间蓄积起来的雨水一把一把地往身上泼，像是一个饿极了的野兽，在疯狂地撩拨着。一个男人身上只穿着一条短裤，另外一个男人一把就把它扯了下来，被扯的男人并不恼，故意摆露出一副少女般的羞涩，惹得所有人哈哈大笑起来。

他们笑着、跳着、喊着、叫着，冲洗着身上的油污，冲洗着身上的汗液，冲洗着长久的孤寂，也冲洗着心里的苦涩。这一刻，天与地是属于他们的，风与雨是属于他们的，这种来自灵魂的呐喊也是属于他们的。

"啊，雨水啊，你要是我可爱的姑娘，那该多好啊！"一个男人虔诚地接住一捧雨水，亲昵地贴在自己的脸庞，那种沉醉的姿态，恰似一位热恋中的少年郎。所有的人围成一个大圈，肩勾着肩，旋转了起来。仿佛他们围着的并不是倾盆的大雨，而是一堆燃烧的篝火，一堆在冬日里熊熊燃烧的篝火。在这片喝水都成问题的荒原上，洗澡是多么奢侈的事情啊！

二十多个石油工人，在艰苦荒凉的草原上用雨水洗澡，王举被深深震撼了！苦不堪言的环境里，居然生存着这样一群欢乐奔放的灵魂，这该是一种多么具有力量的人性啊。望着雨中的男人，王举的心底仿佛有什么东西也被释放了出来，拯救了出来，燃烧了起来，王举冲进了大雨中……

七天的海拉尔生活，让王举看到了生命的顽强和人性的光芒，也让王举的人性得到彻底的复苏。命运的苦难到底有多么深重，谁也无法预料，但是面对苦难时，保持一颗怎样的心灵，脆弱还是刚强，流泪还是微笑，沮丧还是超越，选择权只在一个人手里，这个人就是自己。

哲学家培根说过这样一句话："天性好比种子，它既能长成香花，也能生成毒草，所以人应当时时检查，以培养前者而拔除后者。"石油工人在极度的劳累和情感空虚中，还能保持一种本色的快乐，这一切都是因为有人性这朵花，在灵魂的土壤里时时释放着柔柔的花香。

王举坐上了回大庆的直升机，当飞机穿越云层的时候，王举看到飞机的窗玻璃上，似乎有一点点雨的痕迹，可是天空并没有下雨，王举的眼泪流了下来。七天的相处，在王举的心里，那些身上脏兮兮、情感干涸、灵魂里却闪烁着玫瑰色光芒的野外钻井工人，已经成为了王举血脉相连的骨肉兄弟。

## 第三章 大荒的太阳

王举知道，自己是再也忘不掉他们了。

海拉尔就像是一坛烈性的老酒，日夜刺激着王举的神经；海拉尔就像是一株极具风情的异域花，独特的芬芳久久弥漫在王举的记忆里；海拉尔更像是一团永生不息的大火，把王举的思维托举成了激情迸发的海洋。那些艰苦劳作、忍受寂寞、游走天涯、野性奔放的钻井工人像是一轮冬日里的太阳，将北大荒的土地照耀得温暖铮亮。

王举就是这样，心中一旦产生某种创作激情，就一定要给它提供肥沃的营养，让激情如那秋天的果实，在艺术这片土壤里释放实实在在的甘甜。

在王举的心里，每一部小作品就是一颗晶莹透亮的珍珠，珍珠积攒地多了，就可以把它们串联成一条光华绝伦的项链，大作品就这样诞生了。王举知道，是时候创作大作品了。

泛蓝的月光下，王举静坐在办公室的桌角，房门紧紧地闭着，一条长条木椅默默地倚靠在王举的左侧，木椅上已经堆满了王举揉碎的纸团，王举不知道已经撕毁了多少张文稿。艺术就是这样，可以在想象里恣意奔腾，但是一旦要用文字把它们具体地描述出来，似乎总是难以找到那种干脆利落的力度。

王举从椅子上烦躁地起身，抱着手臂，站立在窗前。当晚风穿过窗棂，吹拂着王举血脉偾张的脸上时，王举的心慢慢安静了下来。大庆是石油的发源地，是铁人精神的故土，正是因为有了石油工人的无私奉献和艰苦奋斗，大庆才有了今天的兴旺和荣耀。有了流血流汗的工人，大荒变成了大仓；有了贫瘠待垦的大荒，工人的生命和人性才折射出不朽的光芒。石油会战的往事、石油基地的触摸、海拉尔前线的经历像是一江春水一样，缓缓流淌在王举的心里。一部凝结了王举对生命对人性对社会对历史深沉思考的工业舞剧《大荒的太阳》，印刻在了舞蹈的岁月长河里。

## 第四章　关东女人

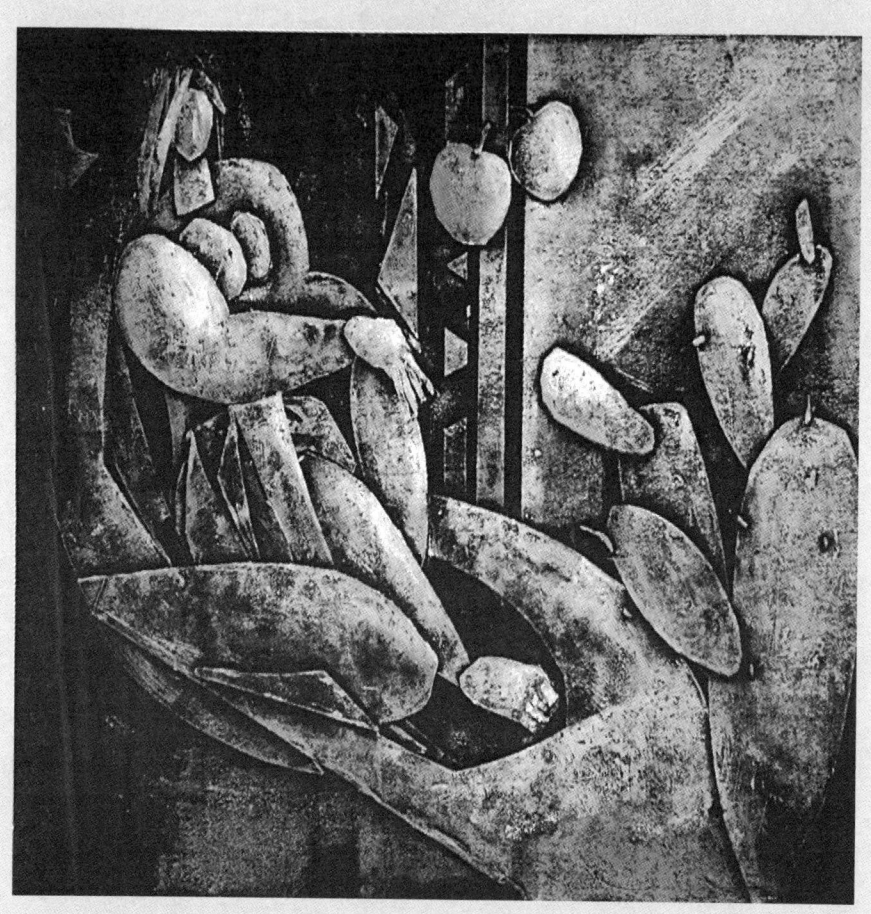

超度的石油灵（45×57cm）　创作者：刘刚

# 暖 冬

一泓清清浅浅的碧水上,一朵洁白的水莲花在温柔地开放。轻巧的鱼儿跃出水面,吐出一个彩色的水泡,又遁入水莲花的根底。小小的蜻蜓在水莲花上须臾的停留后,就展开羽翅,点水飞去,留给这片水塘一缕静美悠远的回忆。

1965年秋天,王举离开了孤儿院,躲开了一段苦涩,邂逅了一份清澈。一个叫石冰的女孩,扎着两条整齐的麻花辫,带着如栀子花般纯真的微笑,走进了王举原本凄冷的生命。

窗外,鹅毛大雪洋洋洒洒,阴沉的天气让寒冷更加地肆无忌惮。王举搓着冻僵的耳朵,跺着露着脚趾头的双脚,在教室里来回地跑着,这样,身体里的热气会多一些,自己就不至于被冻僵了。冬寒带着一种蚀骨的冷,残酷地弥散在每一个角落。

别的同学穿得明显比王举厚实一些。在这间低矮的教室里,只有王举是一个没有家的孩子。没有父母的王举,不仅像一棵荒野里的草,更像是一只在暴风雨中找不到窝的鸟,只能临时躲避在屋檐下,期盼雨能越来越小。

"王举,你出来一下。"一个脸蛋粉嫩的女孩站立在教室门口,吐着如烟似雾的哈气,轻轻叫着王举。衣服上、头发上、鞋子上,落满了白雪。王举仔细一看,原来是石冰。石冰比王举小一级,有着一副甜美的嗓子,唱歌很动听。而王举喜欢跳舞,他们两个都加入了学校文艺宣传队。

"石冰,你怎么来了?"王举迎上去关切地问,毕竟,外面冰天雪地的。

"给你。"石冰把手从背后伸过来,快速塞给王举一个东西,就转身跑掉了。很快,石冰甩着麻花辫的小小身影隐没在飘舞的雪花中。

王举低头一看,是一副毛线织成的耳包,绒绒的,厚厚的,暖暖的。王举抬起头,望着石冰离去的方向,眼睛潮湿了起来。虽然大雪依然肆虐，可是王举突然感觉身子不冷了，仿佛有一股暖流在血液里扩散着，扩散着。

又是一个大雪飞扬的日子，由于路太远，王举没有回姐姐家。中午，教室里只有王举一个人。人是铁，饭是钢，一顿不吃饿得慌。更何况，王举正是长身体的时候，不吃午饭，怎么会感觉不到饿呢？可是，自己身上没有钱，又不能回家，只能忍受饥饿的折磨。

不知道时间过去了多久，王举身上的力气仿佛被抽干了，像是一根枯柴，疲软地倒在了课桌上。也许睡着了，自己就不会感觉到饿了，也不会感觉到冷了，这么想着，王举竟真的迷迷糊糊地睡着了。梦里，王举梦见自己坐在一个大火炉旁边，熊熊燃烧的炉火让每个毛孔都舒张开，在火炉上，放着好多烤熟的红薯，冒着腾腾的热气，黄灿灿的，像是一块块硕大的金子。王举忍不住咬了一口，浓浓的红薯香溢满了嘴巴，滑滑的红薯油顺着嘴角往下流。啊，真香啊！

"王举，醒醒。"一个甜美的声音在耳边响起，王举抬起头，揉了揉惺忪的睡眼，是石冰。

"饿了吧？快吃吧。"石冰把一块还冒着热气的红薯，从怀里掏出来，放在王举手里，就又立即甩着两条好看的麻花辫跑掉了。

"石冰，你真好！"王举揩了一下湿润的眼角，就狼吞虎咽地吃了起来。王举的耳朵上戴着石冰亲手织的耳包，嘴里吃着石冰亲自送来的红薯，脑海里浮现的是石冰温暖的笑容。

从此，王举和石冰的感情就像那春天里的桃花，红艳艳地芬芳着彼此童真的年华。尤其对于王举来说，石冰的关怀让王举感觉到了家的温暖。有了石冰，王举的内心多了许多抚慰，少了几许孤寂。

后来，王举和石冰分到了一个文艺宣传队，两人的关系也日渐升温。石冰唱歌的时候，王举就跳舞；王举跳舞的时候，石冰就唱歌。老师也会竖起手风琴，高喊："王举，跳一个。石冰，唱一个。"于是，王举就跟着手风琴宏大优美的声音，快乐地飞舞了起来，石冰则站立在老师身旁，大方地唱起了《我们是共产主义事业接班人》。每次演出结束，王举都会牵起石冰的手，一起走到舞台前沿，鞠躬向观众们谢幕。然后他们望着彼此的眼睛，甜甜地笑了。

## 第四章 关东女人

在老师和同学的心里，王举和石冰就像是一对金童玉女，成为校园里一道亮丽的风景，成为艰苦的年代一抹温馨的记忆。

岁月在无声中延伸着懵懂的情愫，那份青涩、纯洁的感觉栽满了王举和石冰的心田，伴随着两个人青梅竹马般长大。

转眼到了1970年，王举十七岁，石冰十六岁，正是情窦初开、两小无猜的年纪，尽管谁都不曾说过一个"喜欢"。可那份心照不宣的情意像那清波湖上的明月，澄澈，洁净，没有一丝杂质。

就在这一年夏天，王举考上了省艺术学校，王举要离开了。别离的愁绪弥漫了两个人的心头，欲语还休，欲语还休。

在王举马上就要离开的一个淡淡的黄昏，石冰踩着一地的伤感，来找王举。

"王举，咱俩聊一聊吧。"石冰咬着樱桃般的嘴唇，强忍着在眼眶里打转的泪水，打破了沉默。

"聊什么呢？"王举分明能感觉到自己的心底很凌乱，仿佛一池被晚风吹皱了的荷塘。

两个人并肩向学校外面走去，没有了一起上台演出时的欢快和激情，一种深深的愁绪包裹住了青春岁月里的两个人。

学校外面有一条长长的运煤轨道，从学校的那头延伸而来，经过学校门口，又向学校的另外一头延伸而去。

轨道上很安静，没有一个人，只有运煤车经过时，丢落下来的黑色煤块，细细碎碎地填充在轨道的间隙里。王举和石冰的心情就像这些煤块，碎成了数不清的颗粒。

两个人就这样，像是深秋里的两株菊花，披着浓浓的寒霜，并肩行走在轨道上。谁都不说一句话，除了离别的忧愁，就是对未来的担忧。其实，两个人都明白，王举这一走，命运还会不会把他们连接在一起，王举不知道，石冰也不知道。也许，沉默，就是最好的发泄吧。

起风了，一股凉凉的感觉在四周升起，王举下意识地抱了抱双臂。石冰立即脱下了自己的外套，给王举小心披在肩上。虽然石冰比王举小，但在王举的心里，石冰却比自己大，总是像姐姐一样照顾着自己，陪伴着自己，关心着自己。

石冰停下了脚步，王举也静止了下来。

望着石冰那双澄净如水的眼睛，王举的心底蹿起一束小小的火苗，王举多么想大步走上前，紧紧拉住石冰那双柔嫩光滑的小手，就像他们表演谢幕时那样，手牵着手，心连着心。可是，王举始终都没有伸出自己的手，因为王举害怕牵住石冰的手之后，石冰就会怀孕。在那样一个无论物质还是精神都很落后的年代，王举的这个幼嫩的顾虑，让王举和石冰宛如两棵隔岸遥望的水草，只能借着风的力度，挥一挥手，却无缘比翼双飞、琴瑟和鸣。

"我们以后可以通信，保持联系。"王举说出这句话，像是在安慰石冰，又像是在安慰自己。似乎是一个承诺，又似乎是一种期盼。

"你走吧。你妹妹还在这里，我会好好照顾她的，你放心。"石冰说完，又迈着缓慢的步子，继续往前走。王举跟了上去，和石冰站立在轨道的两侧，迎着越来越黯淡的夕阳，默默地往前走，往前走，却再也说不出一句话。

王举走了，带走了石冰的牵挂，带走了石冰的想念，也带走了石冰的回忆。

四年多的艺校生活里，王举和石冰的书信像是一只只洁白的鸽子，在辽源煤矿和长春市之间浅蓝色的天空里飞翔着。

"王举，你在那里怎么样？还适应吗？"

"我在这里很好，不要担心我。你在那里怎么样？要好好照顾自己。"

"王举，练功一定很辛苦吧？一定要多吃些，这样才有力气。"

"练功是很辛苦，可是我很快乐，我真的很喜欢舞蹈。你呢，石冰，学习成绩又进步了吗？"

"王举，你马上要毕业了，有什么打算吗？我下乡了几天，现在正在复习，准备考大学。"

当这最后一封信寄给王举后，王举沉默了。王举自己的未来还不知道在哪里，又如何给石冰一个幸福的未来，自己拿什么来娶石冰。王举把信重新折叠好，装入信封，悄悄压在了抽屉里。

没有了王举的信件，石冰内心无比地焦急，每天邮递员从家门口过，石冰都是跑出去，满怀希望地大声问邮递员，有没有从长春寄来的信。每

## 第四章 关东女人

次邮递员都是摇摇头，然后蹬上自行车，走了。

望着邮递员自行车两侧鼓鼓的绿色信袋，石冰伤心地流下了眼泪。多少个日夜，石冰站立在村口，遥望着从省城回来的方向，总幻想着有一天，王举能从这条小路上，微笑着向自己跑来。可是，日复一日，年复一年，石冰始终没有等来王举，也许，王举已经是舞蹈家了，不可能再回到山沟里来了。也许，王举把自己忘掉了。也许，曾经的一切，都只是自己的一厢情愿，毕竟，王举从来都没有说过一句喜欢自己。

寒来暑往，世事变迁。弹指间，20年的岁月如水匆匆流过。

王举回到了辽源，想看一看自己曾经生活的地方。可是，斗转星移，物非人也非。当年自己和小伙伴们一起奔跑的地方早已生成了繁茂的荒草，再也找不到曾经的模样。

王举不由得满腹悲伤。

行走在辽源亲切的黑土地上，当年的往事一桩桩浮现在王举的脑海。

"你是王举吧？哟，还真是王举。啥时候回来的？"王举转过头，循着声音望去，原来是高自己一年级的张金枝姐姐。

"王举，走，我带你去见一位老同学。"张金枝找来一辆车，就带着王举去了市里。

车子在一家牙科门诊前停了下来，张金枝和王举走了进去。

"忙着呢？看看，我带谁来了？"张金枝冲着一位身穿白大褂、带着大口罩的人激动地喊着。

听到张金枝的声音，那位穿白大褂的人转过了身，看到了站立在面前的王举。

穿白大褂的人一把扯下了口罩，还没有等王举看清楚此人的长相，"啪"，一声响亮的耳光重重甩在了王举的脸上，接着一阵撕心裂肺的哭声响彻在门诊里。

王举定睛一看，原来这个打自己的人正是石冰。看着石冰伤心地落泪，王举觉得万分地惭愧。可是，如今，自己还能做什么呢？有些遗憾是无法补偿的。

时光总是如此无情，20年前的石冰还是一副羞涩的少女模样，20年后的石冰已经变成了一位历尽沧桑的牙科医生。20年前的王举还是一位懵懂的少年，20年后的王举已经人到中年。

"为什么不给我回信？我当初对你那么好，可你早把我忘得干干净净。"石冰依然一脸泪水。这20年里，没有人知道，石冰经历过怎样的等待、希望、挣扎、煎熬、失望、绝望。

有些人一旦错过，就是永远。好在，时光还是柔软的，两个人即使隔着时空，也依然可以彼此道一声珍重、报一声平安。如此，足矣。

在王举的心里，石冰完美得就像是那一朵在水波上摇曳的莲花，沐月清辉，临水照影，花香幽幽，独享安然。那份温情，那份记忆，那份美好，让王举存留一生。

印刻在王举记忆里关于石冰的画面，就是两个人并肩走在运煤的轨道上，不说一句话，只是那么静静地朝着红润的夕阳走去，走向远方，走向纯真，走向生命最深处。石冰就像是那条运煤轨道，给王举铺就了纯纯的温暖，给了王举一生的支撑。

# 样板戏短训班

如果说石冰像一朵淡雅出尘的荷花，带给王举一生的纯真和美好。那蒙淑英就像是一团喷薄的火焰，灼热着王举萌动的情怀，同时也让王举有种不敢触碰的恐惧。然而，那些如烟的往事，经过了岁月的浸泡，发酵成了一坛醇香的女儿红，带给王举甘甜的回味和久远的感动。

1973年的冬天，"文化大革命"的热潮还没有退去。王举所在的省艺术学校准备招收一个样板戏短训班，将全省各地的舞蹈人才和精英聚集在一起，学习《白毛女》、《红色娘子军》等经典样板戏片段，回去之后，将红色革命精神推广普及。热火朝天的筹划后，一支由40个人组建的样板戏短训班成立了。

阳光穿过树叶，总要洒下斑驳的碎影，流水漫过泥沙，总要蜿蜒下成群的坑洼。短训班的组建，在王举的记忆里，沉淀下的只有一位有着杨柳腰肢的美丽姑娘。

姑娘叫蒙淑英，来自于吉林市铁路宣传队。淑英和王举同岁，从小接受舞蹈的熏陶，姐姐是吉林省舞蹈界的一枝花，淑英也是标准的舞蹈演员的身材，纤细的蛮腰，修长的双腿，一颗小巧的虎牙镶嵌在牙齿上方，让人顿生喜爱之意。

二十岁，正是一个对爱情敏感的季节，尽管王举专注着自己的舞蹈，可那颗年轻驿动的心灵，依然无法摒弃爱情女神散发出来的诱人的芬芳。更何况，淑英有着火热的激情和泼辣的性格。当女孩把爱情的绣球抛过来的时候，男孩都会不由地沉醉在这玫瑰色的情愫里。

短训班成立后，拥有着一身扎实舞蹈理论和实践功底的王举，成为了短训班老师的助教，负责给短训班的学生复习功课、整理作品、排练样板戏。面对这样一位充满艺术气息的朝气青年，短训班里好几个女孩子都对王举表示好感。淑英看在眼里，急在心上。不行，不能再等了，否则王举就很有可能成为别人的了。一种隐性的威胁感让身上流着蒙古族血液的淑英再也无法按捺。

一个下着大雪的夜晚，样板戏排练结束后，别的同学都陆续离开了排练房，只有淑英还在位置上磨蹭着什么。准备锁门的王举走了过去。

"你怎么还不走呢？"王举温和地问。

"王举小老师。"淑英黛眉一低，白皙的脸颊上浮现着丝丝俏皮。

"别开玩笑了，叫我王举就行。"别人称呼自己老师，王举有些不好意思。

"王举，我不敢回去，你送我回去呗。"淑英说完，从位置上站起来，仿佛她早已预测到，王举是肯定不会拒绝自己的。

"行，我送你。"王举锁上了练功房的门，就和淑英走在了通向她姨家的路上。面对同学的求助，王举没有理由回绝。

洁白的雪花像是天女撒向人间的花朵，闪烁着圣洁的光泽，安慰着这个动荡的人世间无数浮躁的灵魂。在雪花的世界里，只有纯洁和包容。

王举和淑英并排走在雪地上，咯吱咯吱的踩雪声像是手风琴在发出舒缓的音调。这样静逸的感觉，让回家的路似乎诗意了很多。

"就送到这里吧，你上去吧。"把淑英送到楼下，王举就准备往回走。

"楼道里特别黑，你送我上去吧。"淑英立即提议，生怕王举像是一尾滑溜溜的鱼，从自己的目光中逃掉。

"那好吧，我送你上去。"说完，王举跟着淑英上了楼。

这是一座装饰很讲究的房子，很是宽敞、豪华，每一个角落都彰显着掩饰不住的尊贵和品味。看得出来，淑英的家世不同一般。

"王举，你先坐沙发上，我给你找点吃的。你们学校的伙食也太差了。"丢下这句抱怨的总结，淑英就从抽屉里取出一个长方形的盒子，打开之后，又揭开一层薄薄的锡纸，用力一掰，一小块黑色的东西就递到了王举手里："王举，你尝尝，可好吃了。"

王举下意识地接了过来，像是吃花生豆一样，抛进了嘴里，那块黑色的东西就被王举的牙齿咬成了两半。还没有等王举的牙齿多嚼几下，那块黑色的东西就化开了，一股胡香胡香的味道顷刻弥漫了整个嘴巴，还带着一种新鲜的奶味。

"这是什么呀?"王举从来都没有吃过这么好吃的东西,在这个世界上,居然还有这么美妙和神奇的东西。

"这叫巧克力。你听说过吗?"淑英咯咯地笑了起来,她还是第一次见人把巧克力当糖吃的。

"听说过,原来这就是巧克力啊。"王举完全被巧克力的奇香给迷住了。

"来,再给你一块。巧克力不用嚼,含在嘴里就行。"淑英又掰下一小块巧克力,塞进了王举的兜里。

走在回家的路上,王举含着巧克力,不忍再嚼一下。王举多么希望巧克力就这样永远躺在自己的舌头上呀。含着巧克力的王举觉得自己快活得像逍遥的神仙。

回到宿舍,王举掏出兜里的巧克力,放在了枕头底下。这么好吃的东西怎么能马上吃了呢,等自己多看几天后再吃。

躺在床上,王举翻来覆去地睡不着。

"一个女孩子把自己领到家里去,还给自己吃巧克力,她是不是喜欢上了我。"想到这里,王举的心突突突地快速跳动了起来,一股热血涌到了脑门上。

第二天上午,在教室里点名,王举怎么也叫不出淑英的名字,自己吃了淑英的巧克力,该怎么办呢?一种做贼的感觉让王举尴尬到了极点。不过淑英倒是很大方,轻松自在的表情,好像完全忘记了昨天的事情。慢慢的,王举也就放下了这件事,和淑英恢复到了之前的关系。

过了几天,短训班进行样板戏汇报演出,演出结束后,淑英叫住了王举:"王举,你今天还得送我回去。"淑英的语气肯定、霸气,不像是在要求王举帮忙,倒像是在下一道必须遵守的命令。

"那我找一个同学送你吧,今天我还有点事。"

"不行,必须你送我。"淑英像是一个对爸爸撒娇的小女孩,噘着薄薄的嘴唇。

望着淑英火热的眼睛,王举先前的那种奇特的感觉,像野草一样,又葳蕤地复苏了。

把淑英送回家,王举准备走的时候,淑英拿出一条崭新的浴巾,塞到了王举怀里:"我去你宿舍看过了,你的被子太旧了,连个浴巾也没有。

这条浴巾是我专门从吉林市托人买回来的。"

淑英什么时候去过自己的宿舍，王举竟一点也不知道。

"淑英，我怎么好意思要你的浴巾呢？"在那个年代，浴巾是贵族的象征，自己是个无父无母的孩子，怎么可以用这么奢侈的东西呢？王举把浴巾又推给了淑英。

"王举，我已经知道了，你是一个孤儿，也没有人照顾你，生活很艰苦。王举，你就收下吧。"

回到宿舍，王举打开浴巾，一张布票、一张棉花票和一张信纸夹在浴巾的里面。王举展开了信纸，一行娟秀的字迹映入王举的眼睛："王举，你拿着布票和棉票做个棉裤吧，天太冷，要保暖。"

一股从来没过的强烈的幸福感在王举的胸膛里顿时掀起波涛。从来没有一个女孩子这么主动地给自己这种温暖，这种温暖让人感动，让人鼻头发酸，也让人有些眩晕。王举很确定，淑英是真的喜欢上自己了，而自己对淑英也真的心动了。

第二天上午，王举没有去教室上课，而是躺在宿舍的床上，翻来覆去地自我斗争着。接受淑英的东西吧，以后自己怎么面对她呢，把布票棉票退给淑英吧，好像太驳人情面了。以后可怎么见淑英？两人以什么关系相处呢？跟淑英怎么说话呢？王举的心里像是有十面小鼓，在铿锵铿锵地密集敲击着。

不行，自己不能接受淑英的情感，自己现在一无所有，拿什么来对一个女孩好呢？没有父母的阴影再一次让王举在爱情面前退缩了。王举不能容忍自己两手空空地和一个女孩在一起，更无法接受一个比自己条件优越千万倍的女孩。王举还没有强大到可以面对一份相差悬殊的爱情。

王举从床上坐了起来，理了理凌乱的思绪，给淑英写了一封诚恳的信。

"淑英，我现在还没有毕业，将来分到哪里还不知道，还不具备互相交朋友的条件。我非常感谢你，给我带来很多的温暖。我有一个发自内心的愿望，希望咱们这个朋友能交往下去。希望在这个短训班上，你的成绩是最好的。以后如果你有什么困难，我一定会帮助你的。"

下午来到教室，趁别的同学不注意，王举把信偷偷塞给了淑英。一份短如昙花的情感，就这样在王举的顾虑和淑英情感的滚烫里，陨落了。

第二年，王举分到了前郭县。

两年后，一部反映军民一家亲的舞蹈《雪映深情》在王举的构思里问世了。《雪映深情》被调到北京演出。演出结束后，王举的名字如一声春雷，炸响在无数人的心里。尾随着这声春雷而来的，是一阵急促的电话铃声。

"王举。我是蒙淑英啊。"

"你在哪里呢？"

"我就在你们前郭县呢。"

"在前郭？那怎么不到这里来呢？怎么还打电话呢？"

"哈哈，我骗你呢。我不在前郭，我在吉林市呢。过几天我去看你，给你带去一份惊喜。"

过了几天，淑英真的跑来前郭找王举了。但王举却很坚定，淑英绝对不是自己想要找的那种女人。于是，劝走淑英后，王举给淑英写了最后一封信："你在吉林，我在前郭。我不能去吉林市，你也不会愿意到县城来。咱俩不合适。"

从此，这份感情就像是被剪断线的风筝，飘落到天涯的尽头。

淑英的热烈，曾经令王举无法抗拒，但正是这份像烫手山芋似的爱情，让王举无力招架。情感就像是体温，有些人温度高一些，有些人温度低一些。就像那块被王举放在枕头底下的巧克力，过高的温度，不一会儿，就被消融掉了。

对于王举，37度的爱情，刚刚好。

## 遇见了幸福

郭颖,一个充满诗意的名字,像是一缕久盼的春风,刹那的相遇,就吹绿了王举的整个生命。是命中注定的缘分?是纯属巧合的邂逅?或许,二者兼而有之吧。

1979年的十月末。长春的寒冷像是一位性急的壮汉,还没有立冬,就迫不及待地露出它冷峻的面庞。行人每呼一口气,阴寒的空气里就似乎有冰凌凌的东西坠下来。

张松年是吉林省歌舞团的编导,也是王举志同道合的朋友。张松年的爱人王丽娟曾经在榆树县公社学校教书,喜欢唱样板戏。学校里有一个同样喜欢唱样板戏的女老师,这个女孩叫郭颖。两个人经常同台演出《红灯记》,郭颖演李铁梅,王丽娟演李奶奶。因为相同的爱好,二人成为了无话不谈的好姐妹。王丽娟因为要和张松年结婚,调离公社学校时,留给郭颖一句话:"小郭,你别着急,咱俩都喜欢文艺,我在歌舞团也给你寻觅一个。"

不知是郭颖在无意识地遵守着这一个未知的约定,还是月老的红线早已把郭颖和王举紧紧系在了一起。五年过去了,郭颖从公社学校考入了东北师范大学,毕业后又分到了长春黑嘴子监狱,但郭颖的爱情却像一朵含羞的花蕾,迟迟不肯绽放幸福的清香。

无缘不成亲,无巧不成书。一个空气中飘落着梧桐叶的下午,郭颖和丽娟在长春的街道上相遇了。二人相见甚欢,但最后的话题还是落在了郭颖的终身大事上。

"小郭,你现在有没有对象?"丽娟单刀直入。

"还没有呢,一直等着你给介绍呢。"郭颖半开玩笑地回答。

"我这里有一个现成的。小伙子叫王举,人非常聪明,和松年一样,是搞舞蹈的。从小没有父母,现在在前郭县歌舞团。他现在在我家里住着，在帮助松年创作一部舞蹈。你哪天有时间，就到家里来，你俩先认识认识。"丽娟言简意赅地把王举的情况传达给了郭颖。可是，对于从来没有碰触过爱情的郭颖，王举的情况是否符合自己，郭颖一时无法判断，只得羞涩地说了一句："好。"

几天之后，在张松年夫妇的安排下，一场虽没有风花雪月，但却温情脉脉的相亲，在张松年的家里温馨登场。

郭颖来到张松年家，看到一个个子不高的清瘦青年正坐在桌子边包饺子，他下身穿着一条裤腿已经磨破了的军裤，上身穿着一件深蓝色的旧棉袄，全身都透露着一种极其贫寒的气息。这个青年应该就是丽娟说的王举吧。郭颖的心不由得沉了一下。

"你好，是郭颖同志吧？我叫王举，1953年腊八出生。"看到郭颖，王举立即站了起来，微笑的表情里，夹带着一丝羞涩。

没有父母、年龄比自己小、在外地工作、个子又不高、生活条件也不好，郭颖有点想打退堂鼓。

热腾腾的饺子端上来了，四个人围坐在桌子前，开始吃了起来。

张松年和王举继续谈论舞蹈的创作，是一部关于雪花的舞蹈。谈起舞蹈，王举的眼睛里绽放着熠熠的光彩，一种男人的自信在王举的身上散发出来。王举的声音很好听，温和中透露着阳刚的底蕴，仿佛一湖无风的秋水，在郭颖的心底叮咚作响。郭颖的芳心像是春日泥土里的幼苗，一种生发的感觉在郭颖的心底涌动。

郭颖正抬起筷子，准备夹饺子，王举刚刚夹起的饺子掉到了桌子上，一小股热气在饺子上方蒸发着。

郭颖的筷子优美地转了个弯度，夹起王举掉落的饺子，放进了自己的碗里，然后又自然地送到了自己的嘴里。这个动作是那么迅捷，让人感受不到丝毫的犹豫，这个动作是那么温暖，温暖地让王举有种掉泪的感觉。郭颖的这个动作多么像妈妈的样子啊。小时候，每次自己夹掉了饺子，都是妈妈把它们吃掉。望了郭颖一眼，王举匆匆把目光收回。王举知道，郭颖就是自己要找的那个女孩，善良、包容、温和、顾家。

王举已经遗失了两份美好的情感，这次，无论如何自己必须去争取。幸福的获取，靠的不是沉默地等待，而是主动地出击。王举不想再错过郭颖。

吃完饺子，王举起身告辞："小郭，我有事要先走了。明天晚上五点钟，我在教育厅招待所门前等你。咱们再聊一聊。"

郭颖一下子慌乱了起来，从来没有男子约过自己，该怎么回答王举呢。郭颖变得局促、紧张。

"明天一定去。"丽娟立即打了圆场，也给王举和郭颖的爱情播撒了花开的营养。

第二天下午五点整，王举和郭颖坐在了教育厅招待所的房间里，柔和的黄昏给房间增添了温馨的气氛。如果是在21世纪，春心荡漾的男子和情窦初开的女子，该合力营造出一种怎样沉醉心扉的浪漫。但在20世纪70年代末，"爱"这个字仿佛有着千万吨的重量，无论如何也是说不出口的。

王举给郭颖讲了自己创作过什么满意的作品，又讲了自己即将创作的舞蹈《斧劈小王爷》的创意和结构。如果有人旁听的话，一定不会猜到王举和郭颖是在谈恋爱，反而觉得他们是在郑重其事地谈工作。但郭颖却听得津津有味。王举优雅的谈吐，清晰的思维，悦耳的声音，浓厚的文艺气质都深深撩拨着郭颖那颗芳心暗动的心灵。

同是天涯爱艺人，自当携手笑红尘。

王举和郭颖相识的时候，大庆歌舞团正在为调动王举的工作发愁。无论大庆如何做工作，前郭就是不肯放人。郭颖就像是一场及时雨，给大庆歌舞团的困境带来了蓬勃的希望和转机。大庆方面提议，王举和郭颖结婚，先把郭颖的关系调到大庆，再去前郭调王举的关系。就这样，王举和郭颖在1979年12月28日结婚了，这个时候，他们相识才两个多月。用现在的流行语来说，叫"闪婚"。

郭颖来到了一片盐碱地的大庆，被分到了大庆市歌舞团的图书馆。郭颖有些失落，自己大学学了三年的化学，如今都化作了风中的落叶，了无痕迹。

王举的一个好朋友语重心长地对郭颖说："小郭，即使你进学校当老师，也没有太大的发展。可王举是个人才，前途无量。全力以赴支持他的工作吧。你就牺牲了吧。"

## 第四章 关东女人

听完这几句话，郭颖放下了内心的失落和委屈，给王举一个温暖的家，让他全身心去搞作品，这比自己站在讲台上讲课，要重要得多。从此，"全力以赴"这四个字像是一棵茁壮的大树，在郭颖的心里越扎越深，也是郭颖践行了几十年的誓言和承诺。

为了保证王举全身心投入到舞蹈创作中，郭颖义无反顾地接过了整个家庭的重担，小到一把菜，大到煤气罐。无论住在哪里，郭颖都会让家里的每一个角落一尘不染。

刚结婚，王举常常会莫名其妙地失踪。饭做好了，王举丢下一句"我去上个厕所"，然后就不见了踪影。眼看饭都凉透了，郭颖只好出去找，站立在厕所外面，喊了好几声，都不见王举答应。郭颖疑惑了，莫非掉进厕所了。看看四周没有人，郭颖不放心地走进厕所，结果王举根本不在里面。到处都找不到人，郭颖只好回家去等。几个小时后，郭颖心里焦急万分，王举却满脸欢喜地回来了，像是在外面捡了一个大宝贝。郭颖故意生气地问王举去哪里了。王举开心地回答："外面有石油工人在打井，我去和工人聊天了，好为将来创作舞蹈积累素材。"

儿子王铎出世了，郭颖为了不影响工作，在王铎六个月大时，就把他送进了托儿所。儿子上小学了，郭颖天天风雨无阻地按时接送，而王举都不知道儿子的学校在哪里。儿子开家长会了，每次都是郭颖前去参加，始终不见王举的身影。老师生气地问王铎："每次都是你妈妈来，你爸爸咋不来呢？让你爸来。"王铎回答："我爸忙。"老师更加生气了："你爸忙，难道你爸比市长还忙？"王铎回答："我爸真的比市长还忙。"儿子夜里睡着了，王举披着深夜的月光，轻声推开了家里的门。天还没有亮透，王举就又一头扎进了为舞蹈奔波的晨雾中。以至于儿子误以为爸爸好多天都没有回家。每次从外面回来，王举像是一摊泥，歪倒在沙发上。郭颖会端上一杯温温的水，盛上一碗热热的饭。没有练功场地，王举就把舞蹈演员接到家里来。郭颖看到家里来人，转身就走进厨房，一日三餐、清洗衣服，一连几个月，郭颖把舞蹈演员当作自己的家人来对待，因为郭颖知道，没有舞蹈演员，王举的创意无法实现，而舞蹈是王举的根，是王举的爱，更是王举的命。

习惯了郭颖无微不至的伺候，再加上在外奔波了一天，回到家里的王举卧在沙发里，手里拿着遥控器，还没有来得及调换频道，就困得不行睡着了。

当一个人把所有精力都投注到一件事中去时，别的事情的智慧度会急剧下降。有一次，炒菜用的油瓶子倒了，王举坐在沙发上，大声喊郭颖："郭颖，快，油瓶子倒了。"而王举自己完全没有一般性生活思维，自己想不到立即跑过去把油瓶子扶起来。王举对郭颖的依赖程度，不言而喻。

王举自己说："我把整个家都交给了郭颖。"

郭颖却说："跟着王举稀里糊涂地生活了三十几年，可心里总是觉得对他很沉迷，总觉得看不够。每天他都能带给我新鲜的东西。"

转眼三十多年过去了，王举已经收获了创作上的累累硕果，而郭颖的青丝里已经滋生出了缕缕白发。当王举前行在风雨中，郭颖就挺立在王举的身影里。当王举微笑在掌声中，郭颖就幸福在王举的泪光里。

## 家长姐姐

乔良，是王举生命中的第四个重要的女性。巾帼不让须眉，天地平分秋色，在乔良的身上得到了最有力的印证。黑土地上生长起来的女人，强韧，果敢，火热，大义。这样独特鲜明的风韵，让王举忍不住去回溯那些等待被打捞的往事。

九十年代的一天，一场严肃、紧张的舞蹈招生考试在有条不紊地进行中。当评委喊出"下一个"后，一个身高略矮的男孩稳步走了进来，鞠躬示意、自我介绍后，就开始打开躯体，在舞蹈的世界中尽情地旋转弹跳。男孩优雅的舞步、投入的状态、精准的舞感以及对作品极其到位的诠释，深深打动了作为评委的王举，王举无比肯定，这个男孩一定能在舞蹈上有所成就。

男孩跳完后，评委中间就发出了否定的声音：个子有些矮、腿不够长、距离舞蹈演员的外形标准还差一些。

王举不由得开始着急了起来，这么优秀的苗子，如果仅仅因为身高就把他推出舞蹈的大门，真的令王举无比心痛。再说男孩才10岁，正是身高发育的年龄。也许过不了多久，男孩就可以长高。总之，不能用现在的标准来否定一个非常有舞蹈潜力的孩子。

正在王举担心的时候，一位女评委腾地从椅子上站起来，从桌子上抓起一把软尺，蹲在男孩身边，唰一下量了量男孩的腿，斩钉截铁地喊道："谁说他的腿短，这不正好吗？"

就从这一刻开始，乔良就像是一股威猛的塞外大风，在王举的心里吹下了果敢的影子。

乔良是黑龙江艺术职业学院的舞蹈老师，达斡尔族，比王举年长十几岁，是著名的东北民间舞专家。王举来大庆市舞蹈团时，第一批舞蹈演员就是乔良培养的，所以，王举和乔良很早就认识了，却没有什么深交，就像是两弯东流的小河，偶尔泛起相汇的涟漪，但不会卷起滔滔的浪波。直到《关东女人》第一稿去哈尔滨演出，王举和乔良的故事才正式切入主题。

有些花，只有近观，才能领略到最美丽的风华；有些景，只有细赏，才能捕捉到最珍贵的细节；有些人，只有走进他的灵魂，才能感受到最触动心灵的力量。

黑龙江地域辽阔，民族众多，除了汉族，还有满族、朝鲜族、蒙古族、回族、鄂伦春族、鄂温克族、赫哲族以及达斡尔族等。达斡尔族主要聚居在内蒙古自治区和黑龙江省，少数居住在新疆塔城市。"达斡尔"意即"开拓者"。17 世纪中叶，达斡尔族为维护祖国统一，打响了武装抗击沙俄入侵的第一枪。在浴血奋战了半个世纪之后，离开了世居的黑龙江北岸，南迁到大兴安岭、嫩江流域。

身上流动着达斡尔族血液的乔良，骨子里有一种天生的顽强和热量，就像是边关大漠里的一棵胡杨树，纵使风再狂，雨再烈，依然傲视日月，用铮铮的铁骨张扬着生命的奇迹。

2001 年，王举的舞剧《关东女人》第一稿去省里演出，那个时候，省里准备创作一部舞剧，名字叫《大雪歌》，通过歌颂北方的大雪，来礼赞黑龙江。省里任命王举为《大雪歌》的总导演，乔良以及其他几位专家也参与其中。《关东女人》演出结束后，当天晚上，王举带领《大雪歌》的创作团队连夜坐火车，去江苏无锡观看全国舞蹈比赛的剧目。就是在那辆稳速南行的火车上，王举才真正认识了火一般铁一般的乔良。

乔良曾经有一个卧病在床的丈夫。丈夫病了整整 10 年，乔良日夜不离身地伺候了他 10 年。丈夫动了好几次大手术，乔良都尽心尽力地陪护着。到了后来，丈夫吃不下东西，只能靠白蛋白维持着残余的生命。昂贵的白蛋白对于一个普通的家庭来说，无疑是山穷水尽的凄凉景象，但即使债台高筑，乔良不惜卖掉房产，也不会向任何一个人诉苦。丈夫的病情日益严重，无法排便，乔良就用手指去抠，为的只是让丈夫的痛苦能够得到稍微的缓解。

命运是最难逃避的安排，像是一场突如其来的龙卷风，瞬间就可以把人推入灭顶的深渊。又像是被暴雨摧残的落花，黯然的生活七零八落。意志脆弱的人也许会对命运缴枪投降，甘愿做命运的俘虏。但对于乔良这样的刚烈女人来说，即使身陷绝境，也要咬着牙齿，和命运抗衡到底。坚持和隐忍，是乔良不需要经过大脑思考的不二的选择。

一个秋风萧萧的早上，乔良急匆匆从家里走出来，两条胳膊像男人一样快速地前后摇摆着，像是在竞走，又像是在不离地面地轻飞，两旁的景物刷刷地倒退着。乔良要去学校，今天是学生的期末考试，非常重要，乔良是主考老师。

乔良双手紧握着自行车的车把，见缝插针地冲进了人群中。眼看着考试时间马上就要到了，乔良担心因为自己的迟到，而影响整个考试的进行。心焦的乔良瞄准着每一个可以通过的人群缝隙。这么多年，无论自己多忙多累，从来也没有耽误过一天的工作，在乔良的心里，有一杆秤，家庭和工作总是能保持得那么平衡。这样极富力量的协调能力，注定乔良要在自己荆棘丛生的生命里，还能盛开出一朵浓香的文艺之花。

突然，一辆黑色的小汽车逆行而来，把心急火燎的乔良撞飞了出去。乔良重重地倒在了地上，但是她的意识还是清醒的。乔良知道，这个时候，自己绝对不能倒下，否则谁来照顾重病的丈夫，谁来照顾年幼的女儿，谁来辅导学校的学生。或许是这份沉甸甸的责任感，架起了乔良求生的意志。乔良挣扎着从地上爬起来，忍受着手臂和锁骨传来的越来越强烈的剧痛，扶起倒在地上的自行车，找到最近的一家医院。经检查，乔良的锁骨粉碎性骨折，正常情况下，必须卧床休息。但是乔良无论如何也不能躺下去，学生还在等着自己的到来。简单包扎后，乔良骑着自行车，咬着已经破裂的嘴唇，继续向学校骑去。

听着乔良平静地讲述，看着乔良粗大变形的手指骨节，王举的心被乔良的生命散发出的热量震撼了。乔良身上有一种博大的包容力，她包容了丈夫的重病和离世，她包容了经济的困顿和无力，她包容了工作的艰难和繁重，她包容了环环相扣的苦涩和伤痛。是命运太过于残酷，还是命运本就如此，不同的应对态度和方式，才让生命显得有所差异和不同。

生命与生命相遇，有时等待千年，也只是菩提树下那无法破解的佛语。有时不需要片刻的寻觅，那个人就在恰好的时光深处，静静地等待着你。不知道在这个世界上是否真的存在着心有灵犀，但是王举相信，乔良也相信。不知道是先天体质较差，还是成长中的营养不良，或者是工作后的体力透支，王举一次又一次晕倒在排练和演出现场。进入21世纪，经过医院检查，王举患有室上速心脏病。每次心跳加快，王举都会虚汗满身，严重的时候会晕厥过去，医生建议进行心脏手术。王举两次到北京做心脏手术，为了不让乔良担心，王举没有透露一点自己动手术的信息。但每一次，王举准备做手术的时候，乔良的电话就打过来了，很快，远在东北的乔良带着满心的焦急出现在王举的病房里，甚至不惜冒着非典的危险。只要能看着王举做手术，乔良那颗悬着的心才能稍微安定些。

有一种情感叫作你的生命重于我的生命，有一种缘分可以在任何的时光里开花，哪怕这样的情感与爱情无关，只因一份深深的理解和不离不弃的陪伴。

丈夫去世后，唯一的女儿也移居美国，退休后的乔良成了一片孤苦无依的树叶，在生命的枝头孤独地飘摇。乔良原本以为办理了退休手续，学校会继续聘任自己，但没有想到自己得到的只是一句："你回去休息吧。"整整一夜，乔良黯然地坐在书房里，泪水无声地流了下来。乔良不明白，自己呕心沥血地为事业奋斗了几十年，到头来却落个被遣走的凄惨结局。天空泛白了，乔良擦干了眼泪。哭给谁看？没有任何人会同情自己，自己也根本不需要同情。

乔良为自己做了那么多的事情，哪怕冒着生命的危险，王举知道，自己不能不管乔良，乔良剩余的岁月，王举要负责到底。于是，王举把乔良返聘到自己成立的舞蹈学校里，给乔良的艺术生活继续提供一方阳光普照的天空。而乔良也把自己几十年的舞蹈心得，悉数传授给王举的学生们。一种和利益无关的合作，在王举的舞蹈学校里，绽放成了桃李芬芳的海洋。

两年后，省艺校换了领导，亲自给乔良打电话，无比诚恳地邀请乔良回去继续教学。乔良陷入了两难的境地。乔良在省艺校工作了一辈子，可是在自己人生最惨烈的时候，王举用一块天鹅绒毯子小心地接住了自己，自己这样离去，该如何跟王举交代。当乔良不得不把实情告诉王举时，王举只说了一句："你走吧，省艺校更加适合你。" 60多岁的乔良哭了，她没有想到，王举就这样轻松地放自己走，并且没有一句怨言。

回到省艺校，学校给乔良特批了一间宽大的办公室，摸着朱红色的办公桌和黑色的真皮沙发，乔良心里无比激动，自己一辈子也没有一间独立的办公室。站立在办公室里的练舞镜前，乔良拿起手绢，纵情舞动了起来。

过年吃团圆饭，乔良坐在王举一家人的中间，王举郑重地宣布："从今天开始，乔老师就是咱们家的大家长。"乔良在大庆的土地上，找到了一个家，在这个家里，永远有一扇门为自己打开，永远有一盏灯为自己点亮，永远有几颗善良的心灵在把自己牵念。

如今，75岁的乔良依然步履矫健，身穿潮流的服装，斜挎一个背包，声音铿锵洪亮，有时可爱得像是一个孩子，用一只手捂住自己的眼睛，再在手指间分开一条缝，偷偷地露出顽皮的笑容。

## 我的老哥

　　一个阳光毒辣的夏日午后，多情的美丽姑娘和心上人约好，在老地方青纱帐幽会。可是，姑娘赶到青纱帐的时候，却不见情郎的踪影。着急的姑娘拨开青纱帐的帷幔，东看看，西望望，但还是看不到情郎在哪里。生气的姑娘一撇嘴、一跺脚，转身准备离开，结果发现情哥哥正躲在青纱帐外面，傻乎乎、笑盈盈地看着心爱的姑娘。姑娘又好气又好笑，抡起拳头，朝着情郎飞奔过去。

　　热烈的音乐声响起，璀璨的舞台灯打亮，一个身穿红色二人转服装、梳着一根粗粗长长麻花辫的女孩，手里抓着两块鲜红的手绢，行云流水般地跑上了舞台。

　　高亢爽朗的歌声从舞台上传来："大姑娘美那个大姑娘浪，大姑娘走进那青纱帐。这边的高粱它正拔节儿，咔咔直响把歌儿唱。我东瞅瞅，西望望，咋就不见情哥我的郎。郎啊郎，你在哪疙瘩藏？找得我是好心慌。"

　　随着音乐的节拍，女孩率性地舞动了起来。一会儿扭动起细如杨柳的腰肢，踩出星星点点的小碎步；一会儿甩开肩膀，单手叉在腰上，昂首走在乡间的小路上；一会儿美目顾盼，东张西望，惟妙惟肖地撩拨着帐幔；一会儿娇嗔地盘腿坐在地上，撅起嘴巴，一拍大腿，怒目圆睁。女孩手中的那两块红色的手绢更是新鲜生动，有时像是两片燃烧的红云，在女孩的手指尖上匀速旋转着，有时像是两缕升腾的香烟，在女孩的身边绕来绕去，有时像是两只鸽子，从女孩身前飞到身后，有时又像是两朵开得正艳的大红花，随着女孩的手势，灵巧地摇曳着。女孩粉嫩的脸蛋洋溢着热辣辣的风情，尤其是那一双传神的大眼睛，一抛一垂中，就把人的魂魄，直勾勾地引了去。真是一位舞动着的风情小精灵。

　　这位娇小玲珑、百媚横生、令人痴醉的女孩就是舞动在北方黑土地上的小精灵王小燕。

《大姑娘美大姑娘浪》一经演出，王小燕真像是一只轻盈的燕子，在舞蹈的光晕里，飞进了千家万户，飞进了人们心灵的深处。

1970年，王举考入了吉林省艺术学校，王小燕和王举同班学习。四年后，二人同时被留校，又同时作出离开学校、到别处寻求发展的决定，王举去了前郭尔罗斯歌舞团，王小燕去了吉林省歌舞剧院。同样的选择，似乎预示着王举和王小燕的生命会有一种深度的交叉和共鸣。

谁的青春不迷茫，谁的梦想不酝酿。刚开始工作时，王小燕就像是一只迷途的小羊羔，找不到自己在舞台上的位置，无法运用自己苦练打下的基本功，更不知如何把自己和心爱的舞蹈融合起来。王小燕找到了王举："老哥，我想跳舞，我真的很想跳舞。"

四年的相处，王举深知小燕内心对舞蹈的那份灼热的爱，更加懂得小燕是一个肯于把生命奉献给舞蹈的女孩。侧空翻，一般是男演员练习的动作，但是小燕为了锻炼自己的腰力、速度和爆发力，天天雷打不动地练功。练功房拉闸断电后，小燕和舞伴们点上蜡烛，在昏黄的烛光中，积攒着舞蹈艺术的光辉。整整半年的时间，侧空翻这个高难度动作硬是在一个20岁的女孩王小燕身上产生了。

王举了解小燕，了解小燕的倔强，了解小燕的坚持，了解小燕的聪慧，了解小燕的顽强。王举知道，自己应该尽全力为小燕创作一部舞蹈，将小燕的韵致和美感完全释放出来。在王举的心里，小燕属于舞蹈，小燕是一只舞台燕。

王举给王小燕精心编创了一个双人舞，取名为《送情郎》。在《送情郎》里，有一个高难度动作，小燕跪在情郎的腰背上，瞬间双腿跳起站立在情郎的后背上，这个技术动作是整部舞蹈作品中最精彩的，让观众在悬念中得到惊险刺激和满足。经历了成百上千次的练习后，小燕的动作基本稳定。但在一次排练时，由于情郎后背上有汗水，小燕跪站背时，从"情郎"身上摔落了下来，重重跌在了地面上。到了医院，诊断为尾骨摔伤并有轻度骨裂。医生建议要卧床休养三个月到半年。这个消息无异于晴天霹雳，小燕断然拒绝了医生的建议，只休息了一周，就又回到了排练现场。小燕说："动作失败，说明练得少，欠练，跳舞就得玩命！"跪站技术不能练，那就练手绢技术。

小燕为了能把握好情妹这个角色，就去查阅那个年代的资料，从那个年代的情感模式去理解女子的情感行为。小燕演活了情妹，因为在小燕的骨子里，就有一种对情感的炽热。这个是东北女人的特点。小燕拥有了自己的作品，她终于可以在舞台上散发自己那抹艳丽的光芒了。

　　后来，王举又根据小燕的特点和功力，给小燕排了好多符合她自身气质的作品。小燕的作品就像是春天里的青草，在王举创意的催发下，从"草色遥看近却无"，蓬勃成了"绿荫冉冉遍天涯"。

　　生命里的每一个成分，家庭、事业、健康，都是一块块需要精心呵护的麦田。小燕和王举一样，为舞蹈而生，为舞蹈而焦，为舞蹈而忧，为舞蹈而喜，为舞蹈而美，为舞蹈而醉，为舞蹈而累，为舞蹈而无暇照料家的人。丈夫为了支持小燕的工作，从国家一级舞蹈演员转为了家庭的守护者，孩子在撕心的哭闹中依然无法挽留住妈妈离去的背影，小燕的身体健康也遭受了一次又一次红色警告。但小燕停不下来，因为离开了舞蹈的滋润，自己就成了一口干涸的枯井，了无生趣。

　　有一年冬天，小燕随"送欢乐、下基层"的队伍在北京房山为基层的百姓露天演出。那天天气异常寒冷，但看到那么多观众期盼的眼神，小燕在后台就甩掉了大衣。一位好心的工作人员提醒小燕，还是在里面穿件毛裤再出去吧。可身着毛裤怎么跳秧歌啊，何况小燕想展示的还是东北大姑娘的那种肢体美。当小燕一身薄薄的单衣单裤冲上舞台，尽情地舞动起来时，立即沉浸在掌声和欢呼的海洋中，台下很多的观众随着小燕一起扭动。

　　一次次地跌倒，一次次地站起，一次次的流泪，一次次的欢喜，小燕把自己的灵魂渗透进了舞蹈的清流里，在舞蹈的碧波上，小燕拥有了绝美的容颜、优雅的气质、博大的气场和从骨子里散发出来的生存的力量。

　　王举就像是一位睿智的育花使者，在小燕起飞的过程中，一直陪伴着小燕，鼓励着小燕。因为王举在小燕那坚韧的舞蹈身姿和不服输的性格里，也看到了自己的影子。生命在彼此真实的关照里，才能愈发地璀璨、夺目、光亮。2010年，小燕成为了中国舞协副主席。

　　王举用舞蹈的方式让东北有了艺术的代表人。

# 关东女人

江南的女人如水，北方的女人如山；江南的女人若雾，北方的女人若树；江南的女人像雨，北方的女人像雪；江南的女人似河，北方的女人似江。南方的草长莺飞、梅雨淅沥，雕琢出女人婉约含蓄的神韵。北方的大雪飞扬、天地苍茫铸就了女人豪爽不拘的性格。石冰的温暖与美好、淑英的热烈和果敢、郭颖的淳朴和善良、乔良的刚毅和顽强、小燕的坚韧和旺盛，组合成了一副关于北方女人的七彩画卷，温暖了王举的生命，也彰显着黑土地上的女人们鲜活的人性特色。

但在王举的内心深处，还有一个女人一直挥之不去，萦绕在王举的心里、梦里、魂灵里，这个女人就是王举的母亲。9岁丧母的王举，时常想象，如果头枕着母亲的双腿，母亲慈爱的双手摩挲着自己的头发和脸庞，该是何等地陶醉和享受啊。记不得多少次，王举走在大街上，突然发现前面有一个女人，从背影看，和自己的母亲极其相像。王举立即大步跑了上去，多么想拽住女人的衣角，痛痛快快地喊一句"妈"。但是，每一次，当王举走到女人面前时，才发现并不是自己的妈妈。妈妈去世后，王举一直感觉妈妈还在，妈妈并没有离开，每次吃饭时，王举总会在妈妈常坐的位置也摆上一副碗筷，这样的日子整整持续了五年。

母亲是什么样的？母爱是什么样的？王举不是很清晰，但正是因为这种不清晰，王举才可以把世间所有美好的词汇都集中在母亲这一形象上。

王举决定创作一部歌颂北方女人的舞剧，把他对女人的认识，对女人的感动，对女人的赞美，对女人的崇敬，都播种进舞蹈的动作中，再通过演员肢体的酝酿和滋养，在舞台上释放出撼人的女人香。这部舞剧定名为《关东女人》，黑土地上生发出来的女人，黑土地上生活着的母亲。

《关东女人》第一稿出来时，王举对乔良的认识还没有达到一种迸发的状态，关东女人的形象在王举的心里还不是非常饱满。从去无锡的那个夜晚开始，王举渐渐走进了乔良的内心，碰触到了一个女人对命运的不屈和隐忍的灵魂。磨难是无止无尽的，乔良的抗争更是广阔而巨大的。一个女人的身体里何以能蕴藏着这样不可估量的生命热量，寒来袭时心不凉，冰来降时热血挡。都说男人是太阳，女人是月亮，可王举从乔良身上感受到的，是无穷无尽的生命能量，这样的能量不仅可以支架起自己的生活，还可以辐射到其他人的心上。王举接收到了这样的热量，平静的心海翻卷起激情的浪潮。王举断定，关东女人就是乔良，乔良就是关东女人。

富有格调的咖啡馆里，轻柔的音乐伴随着淡蓝色的光线流淌，王举和乔良相对而坐。东北的女人干脆、利落，性格如此，装饰亦如此。乔良盘着发髻，高高的颧骨显示着一个历经生活磨难女人的坚强，小小的咖啡匙在乔良的手里娴熟地旋转着，咖啡的热气让空气变得柔润、迷离。

乔良的故事继续讲述着，王举像是一位土地的耕种者，在这个春日的午后，虔诚地收集着久盼的甘霖，不愿漏掉一点一滴。乔良成为了王举的助理，一起为《关东女人》的诞生，交流着彼此的感悟和体会。看着乔良眉飞色舞地表述，王举突然灵光一闪，兴奋地对乔良说："乔老师，你扎上头巾，跳一段踩雪的舞步。"乔良把一块红色的头巾系在头上，乔良就甩开胳膊，两条腿交替着踩起了步，浓郁的东北风味油然而生，真像是一位东北女人在大雪过后的乡村土地上行走，走得酣畅欢快，走得趣味横生，走得别有韵致，走得形象生动。王举忍不住一阵阵叫好，全然忘记了他们这是在无锡人流如织的大街上。

《关东女人》里的很多动作都是从乔良身上得来的。

历史总是选择性记忆，就像人的记忆系统一样，截取到的只是生命历程中极其微小的部分，庞大的过往事件都被岁月碾成了碎片，散落在不为人知的角落。但铭记住的瞬间不一定就是最精彩的，遗忘的画面也可以具有还原生命本真的魔力。伟大来自于最不起眼的平凡，感动常常潜藏在习以为常的身边。越是简单，越是值得去捕捉，因为简单在很多情况下，意味着真实。王举是从黑土地上生长起来的，就要从这块自然的土地上去寻觅自然的生命和自然的感动。

经过了74天的修改，《关东女人》的成稿出炉了。这部舞剧从一个普通北方女人的视角出发，以女人的初恋、结婚、生子、丧夫、丧子的人生经历为主线，塑造了一个天不怕地不怕、任何生活磨难都击不倒打不垮的关东女人形象。

透过《关东女人》的帷幔，我们看到了一个在黑土地上勤劳地耕作、大胆地恋爱、承受命运一次又一次的巨大创伤后，依然不放弃生的希望、时时爆发出生命的强大张力的东北女人形象。这股旺盛的生命力折射出人性的光芒和力量，让我们感受到，在人类的崇高面前，命运是何等地渺小。

《关东女人》表面上是在讴歌女人的刚强，实际上是王举在抒发自己对命运的抗争和对美好未来的憧憬和向往。

命运是用幸福和苦难糅合起来的调和剂，失去苦难的命运，是扭曲的命运，是残缺的命运，是不真实的命运。苦难存在的初衷和目的，并不是瓦解或摧毁人的意志，而是给心灵提供一个急速生长的机会。只有在磨难的历练下，人类才能更加深刻地目睹生命的本真。只有在超越磨难的抗争中，才能释放出生命本有的那种巨大的能量。苦难可以是一剂毒药，让怯弱的心灵坠入万劫不复之渊；苦难可以是一面明镜，我们照出了一个还不够完善的自己；苦难也可以是一把锋利的剪刀，把我们心灵里那些多余的枝蔓剪去，修理出一个可以愈发茁壮成长的生命体。

风来了，可以吹乱我们的头发，也可以荡起滚滚的尘沙，但却不会惊扰我们坚定的脚步；雨来了，可以淋湿我们的双眼，可以冲刷去我们的棱角，但却不会牵绊住那颗自由奔跑的心灵。可以禁锢的是躯体，无法囚禁的是灵魂。命运就像是一道既定的程序，虽不能彻底避免和删除，但却可以进行无畏的修改。在对视命运的过程中，我们也可以更加清晰地了解那个全面的自我。了解自己的脆弱和刚强，了解自己的迷茫和坚定，了解自己的胆怯和胆量，了解自己的绝望和在绝望中又冉冉升起的希望。

王举看到了命运的真实用意，所以不会将沾满苦涩气息的命运拒之门外，而是平静地、大胆地、坚强地去面对命运，当自己走过那一段凶险的路程后，回头发现，自己已经在抗争中变得强大、变得饱满、变得有韧性。磨难是惨烈的、灰暗的、阴郁的、重叠的，但王举对抗磨难的心却是激昂的、阳光的、畅快的、明亮的。所以，舞剧中的关东女人在经历了如此深重的命运灾难后，还可以像巍巍大山一样挺立在东北坚实的黑土地上。《关东女人》向我们演绎了一个绝不向命运低头的东北女人，同时也让我们看到了一个与天斗、与地斗、与风斗、与雪斗、与伤斗、与痛斗的东北男人——王举。人类的心灵深处到底有多少生存、生长、生活的欲望和能量，真的不可想象。

女人是水，滋润了男人干渴的心田；女人是火，烧热了男人的欲望；女人是草，柔软了男人的心房；女人是铁，撑起了男人的脊梁。石冰、淑英、郭颖、乔良、小燕，她们以母性的温暖、包容和善良，给了王举一生的滋养，让王举冲出黑暗的包围，迎来了一道道明媚的生命曙光。

# 第五章 绿色生命

秋实（45×57cm） 创作者：庄树波

# 雪映深情

妻子郭颖说王举有一个和别人不一样的特点。每次看电视都是瞪大了眼珠,眼睛一眨不眨地定格在电视机屏幕上。郭颖心疼地对王举说,这样看电视累不累。人啊,不能总是像个陀螺,该休息的时候就得休息。这身体要是累垮了,啥样的作品都没有办法再搞了。但郭颖也许不知道,即使是在看电视,王举头脑里思考的也是新的舞蹈作品的创意。三人舞《雪映深情》的灵感就是在类似的情况下诞生的。

1975年,王举在前郭县文工团工作。有一天,王举看到墙上挂着一幅年画,名字叫《扫雪》。画面上是一间小房子,房子的一角悬挂着金黄色的玉米和红艳艳的小辣椒。房屋的门打开了,一位头戴军帽、身披羊皮袄、腰里系着红腰带、手握一把大扫帚的耄耋之年的老爷爷从屋内走了出来。房门前是一条石头小路,大堆的白雪积聚在道路的两侧,低矮的树枝上覆盖着雪花,宛如一树树玉雕的琼枝。敞开的房门后面,躲藏着四个小孩,有的紧紧贴着墙壁,有的双手背在身后,有的用手扶着房门,有的还正在往房门后侧跑。每个小孩的手里都拿着一把小扫帚。显然夜里下了一场大雪,老爷爷起了个大早,是准备清扫门前的积雪的。但是,老爷爷完全没有想到,这四个可爱的孩子比老爷爷起得更早,等老爷爷醒来的时候,门前的积雪早已清扫干净了。

这样一幅和谐、融洽、爱心浓浓的情景深深感染了王举。从画面上来看,这是一个很简单的故事情节,没有过多的波折起伏,没有深刻的寓意宗旨,甚至没有复杂多样的人物形象。整个画面只有老人和孩子,其余的就是雪后的纯白世界。王举的内心有一种冲动被激发,艺术创作就是这样,来源于现实生活,又高于现实生活。

生活要想搬上舞台,以一种艺术形式呈现给观众,必须具有一定的思想深度和创作高度,怎么把一幅再寻常不过的年画编排成一个舞蹈作品呢？王举的心里一会儿如小溪淌过田野，一会儿如波涛卷起浪花，一会儿像小鸟掠过树梢，一会儿又如瀑布倒挂山川。如果只是把年画的内容全然复制到舞台上，那就没有什么价值了。但是，如果给作品能赋予一种民族气节或者民族和谐，那就完全不一样了。

王举再次站立在年画前，凝视着画面中的人物动作和神态，从以往的生活经验中捕捉创意的框架。既然想表现民族和睦，那就把年画中的人物分成两个民族。汉族是多数民族，其余的都是少数民族，在一般的社会印象里，都是多数帮助少数，强势援助弱势。王举想有一些新意，把民族互助的传统形式给颠覆过来，即让少数民族来帮助多数民族，这样更加能彰显少数民族人民淳朴的民族风骨，一个清晰又完整的故事情节渐渐勾勒了出来。

老人是汉族军烈家属，孤苦无依，寂寞无助。四个小孩缩减成两个，一男一女，均是蒙古族小孩。有一天夜里，天空下起了鹅毛大雪，簌簌的雪花声让老人开始担心道路上厚厚的积雪。男孩由王举自己来出演，个子矮在这个时候反而显示了优势，王举可以扮演孩童。两个蒙古族小孩听爸爸妈妈讲起过关于老人的故事，孩子在战场上牺牲了，老伴也因疾病，过早地离开了人世。两个小孩是邻居，悄悄商量好，第二天早上天不亮就起床，帮助老爷爷扫雪，这样等老爷爷起床后，道路上的积雪就清除干净了。两个孩子说干就干，天空还镶嵌着几颗若隐若现的星星，呼呼的北风让两个孩子不停得搓手、捏耳朵、跺脚。但是，孩子们一定要把积雪打扫干净，唰唰唰的扫雪声像是一首动听的晨曲，在老人的屋门前有节奏地流淌着。可是，令两个孩子没有想到的是，当老爷爷出现在他们眼前的时候，老爷爷并不是从屋门内走出来的，而是从外面赶回来的，并且老爷爷的手里也拿着一把扫帚，扫帚上沾满了雪粒。原来老爷爷起床更早，到别人家门前扫雪去了。看到两个可爱的孩子，小小的脸蛋冻得通红，老爷爷怜爱地蹲了下来，两个孩子扔掉了扫帚，张开双臂，向老爷爷的怀里奔跑了过来。一首深情款款的歌曲在舞台上响起："双双小手暖胸怀，你帮我助真情在……"当时的舞蹈很少有配歌的，给舞蹈配一首恰到好处的歌曲，是王举的一个新颖的创意。在王举的办公室里，堆放着各种歌曲磁带、光盘，王举就是想让舞蹈散发出全方位的美感。

《雪映深情》，一部歌颂了汉族与蒙古族之间相亲相爱、血溶于水的美好和谐的情感深深打动了所有的观众。1976年年初，《雪映深情》被调到北京，参加中国首届独舞、双人舞、三人舞比赛。

1976年1月8日，是一个令全中国，乃至全世界终生哀痛的日子，因为就在这一天，为了新中国的事业，鞠躬尽瘁、死而后已的周恩来总理，永远离开了这片他深深眷恋着的国土。这一天，是农历的腊八，王举的生日。原计划，这一天是《雪映深情》在京上演的日子。中午，王举和其他演出人员拿着饭碗，准备打饭，当周总理辞世的消息传来的时候，王举手里的碗"啪"的一声掉在地上，摔碎了。摔碎的，何止只是一个碗，还有王举那颗悲痛欲裂的心。周总理，那是中国人民头上的天啊。不，周总理不会离开的，周总理一定还在国务院里夜以继日地工作着，这一定是有人在造谣，这一定不是真的，一定不是真的！

王举回到了房间里，打开了酒店房间桌子上一架小小的收音机。中午十二点整，收音机里播出了周总理离世的噩耗："新华社一九七六年一月八日讯：中国共产党中央委员会、中华人民共和国全国人民代表大会常务委员会、国务院讣告。

中国共产党中央委员会、中华人民共和国全国人民代表大会常务委员会、国务院以极其沉痛的心情宣告：中国共产党中央委员会委员、中央政治局委员、中央政治局常务委员会委员、中央委员会副主席、中华人民共和国国务院总理、中国人民政治协商会议全国委员会主席周恩来同志，因患癌症，于一九七六年一月八日九时五十七分在北京逝世，终年七十八岁。"

王举再也抑制不住内心的悲痛，趴在桌子上放声痛哭了起来，几乎是同时，别的房间、酒店的走廊里到处都是号啕的哭声。周总理，不止是中国的总理，不仅是中国的一位领导人，更是每一位中国人的亲人、家人啊。不，对于每一个中国人来说，失去周总理的悲痛，要比失去家人的悲痛还要强上百倍、千倍、万倍。

得知周总理去世的消息，毛泽东老泪纵横。当周总理的灵车经过十里长安街时，长安街的两旁站满了给总理送行的中国百姓。大家不顾京城一月的寒冷，自发从四面八方赶来，抱头痛哭，哀声不止。王举也站立在送行的队伍当中。周恩来超越史上任何一位贤哲，就是从这一天开始的。1月15日，周总理的追悼会上，全场哭成一片，只觉天昏地暗，仿佛整个世界即将塌陷。王举也静默在追悼会的人群中。

　　《雪映深情》的演出暂时中止，但寒冷的北京城的空气里，却处处缭绕着全中国人民对周总理的深情。这一历史时刻，永远铭记在王举的记忆里，也永远感动在王举的记忆里。

　　一周之后，比赛继续进行。《雪映深情》和《老两口送饭》《金色种子》、《养猪姑娘》获得了优秀剧目，在北京产生了很大的轰动。《雪映深情》是王举第一次专业性创作，也是他第一次获得成功的创作。

# 牧人之子

1980年，全国首届舞蹈比赛即将在北京拉开帷幕。王举也想借着比赛的长风，使自己的舞蹈之舟能够驶入更加广阔的艺术领域。王举开始构思作品。

这个时候，王举还在前郭县歌舞团工作。首先在王举的感觉里冒芽的，依然是前郭县那片翠绿的大草原。要想歌颂草原，自然离不开马。草原上经常会有赛马、驯马的活动，为了寻找对马的感觉，王举去了赛马活动现场。

这是一个小型的赛马会，十几匹骏马上各跨坐着一位彪悍的蒙古汉子。骑马的蒙古汉子头戴盔甲，身穿铁衣，手里握着弯月宝刀，真的有一种时光倒流的恍惚感，仿佛置身于古代的狼烟战场，金戈烈马、铁蹄铮铮、天空雷鸣、大地震颤。又宛如一只只雄鹰，在草原上呼啸而过。王举止不住内心的激动，一下子冲出了围观的人群，站立在了奔驰的马群中间，只觉耳畔风声呼呼，马声嘶鸣。正在王举沉浸在与马零距离的神奇感觉中时，啪，一根粗壮的马鞭重重地甩在了王举的挎包上，这是赛马队长在教训王举，警示他，这个动作实在太危险了，随时都有可能被马匹撞翻，严重的话，被乱马践踏，生命都有可能不保。可是，不入马群，焉得灵感。

如果想把马搬上舞台，仅仅观马，是远远不够的。必须亲自翻身上马，体验在马背上的乐趣和风采。但是，对于从来都没有骑过马的人来说，首次骑马是有相当的难度的。首先就是马不听使唤。马对人类有极度的依赖性，自然也能从跨马勒僵的感觉里，快速分辨出马背上的人是否是自己的主人。所以，如果不懂骑马的技巧，马儿很可能完全不配合，你松开缰绳，用小腿夹马肚，甚至举起马鞭，威胁马儿往前走，马儿也依然怡然自得地啃着脚下的青草，或者用对付一般人的方法把你弄下马，比如马儿故意沿着有坡度的地势奔跑，然后突然止步，前足凌空，马身竖立，把你从马背上甩下去。或者往有水沟的地方跑，让你满身都溅上泥污水点，使你乖乖下马，不敢再尝试驯服它。所以，驯马不能靠蛮劲儿，得用巧劲儿。还得多和马儿沟通，让它感受到你并没有恶意。所以，骑马时，人和马是必须配合好。马在快跑时，你可以稳坐在马鞍上，但是如果马在小跑时，你最好能微坐在马背上，因为这个时候颠簸是最强烈的，如果你依然选择紧紧贴在马背上，不仅骑马的人会感觉到屁股墩得厉害，马儿也会感觉不舒服的。此外，真正懂得骑马的人，当马在奔驰的时候，上身应该倾斜到马背一侧，这样平衡感最好，不容易从马背上摔下来。所以，站立在草原上，当有一匹马远远奔驰而来的时候，从骑马人的坐姿上，你就可以判断出骑马人是蒙古人还是汉族人，是懂骑马的，还是纯粹的外行人。

　　有了对马的直观感受，王举回来后就开始了舞蹈的编排。当时，很少有舞蹈是现场伴奏。王举是个追求独特性和创新性的人，当《牧人之子》的舞蹈动作构思成熟后，王举寻找了四位器乐师，一位打击鼓，一位打棒子，一位打串铃，一位拉手风琴。在《牧人之子》里，有一段抓马蝇的动作非常生活化。马蝇叮咬马儿后，马儿的眼睛就瞎了。牧人爱马，自然要爱护马，抓马蝇就是出于对马儿的保护。王举举起右手，摊开手掌，缓缓靠近马蝇，然后迅速握住拳头，把抓住的马蝇使劲摔在地上，再用脚踩住马蝇。

　　《牧人之子》这个节目非常轻巧，不分场地、舞台、布景的限制，到哪里都能随时开演，很像是活跃在草原上的乌兰牧骑文艺宣传队。乌兰牧骑，蒙语原意为"红色的嫩芽"，意为红色文化工作队，是活跃在草原农舍和蒙古包之间的文艺团队。1957年诞生在内蒙古大草原。乌兰牧骑的队员多来自草原农牧民，队伍短小精悍，队员都是一专多能，报幕员也能唱歌，唱歌的还能拉马头琴伴奏，放下马头琴又能顶碗起舞。乐器简单轻便，全队只一辆马车便能拉走，因而被誉为"一辆马车上的文化工作队"。

　　顺理成章，《牧人之子》被调到了北京，向全国人民汇演。王举带着倾注了对蒙古族满腔真情的舞蹈，站立在了北京民族文化宫的舞台上。挥马鞭、踩马步、学马滚、练摔跤，一个牧民的后代，把对马的热爱彻底释放了出来。娇嫩的青草像翠绿的珍珠点缀了无垠的草地，鲜艳的红苔让草原显得分外靓丽,苍劲的雄鹰最喜欢搏击长空的风雨,奔驰的骏马永远离不开牧场的怀里。

北京民族文化宫的表演结束后,一篇关于王举《牧人之子》在京演出的评论文章,在当时国内唯一的一家《舞蹈》杂志上刊登。文章登出后,王举接到了很多好友的电话:

"王举,你上《舞蹈》杂志了,恭喜恭喜啊。"

"王举,你成功了!"

"王举,请客啊,一定要好好庆贺庆贺。"

挂掉朋友们的电话,王举的心里升腾起了一种自信,自己的努力终于没有白费,创作这条路,自己是一定要坚定地走下去的。可以说,舞蹈《牧人之子》奠定了王举从事舞蹈创作的事业心。

当王举准备参加全国舞蹈比赛的时候,正赶上庆祝建国三十周年,王举策划了一台晚会,整场晚会的编、导、排,包括部分节目的演出,都是王举亲自来安排。超负荷的工作量让王举有些应付不过来,于是王举向省文化厅申请指派一位文艺专家过来,能分担王举的一部分工作,和王举一起来导演这场晚会。在导演晚会的过程中,这位省里来的专家看到了王举的《牧人之子》,内心非常喜欢,就提出向王举学习这个舞蹈,王举觉得专家来帮助自己来导演晚会,互相切磋作品是非常合理的事情,于是王举很爽快地答应了。

当《牧人之子》在省里演出的时候,受到了极大的好评,获得了省一等奖。王举也被很多舞蹈界的朋友邀请到地方,演出《牧人之子》。

有一次,王举受邀到煤矿演出,当王举活灵活现地把驯马、斗马、爱马的动作呈现在舞台上时,观众席中的掌声一波接一波地漫过王举的耳膜。但是,当王举表演马蹄子走步的动作时,观众席里很多人面面相觑,一种异样的眼神从每个人的眼睛中投射出来。

表演结束后,王举走下了舞台。一位编导欲言又止,但还是开口问王举:"这个舞蹈是你自己编排的吗?"

王举感觉到有些不对劲,但还是立即肯定地回答:"是啊。"

编导立即找来歌舞团的一位男演员,把一个叫《马蹄舞》的作品完整表演给了王举,这个《马蹄舞》,不仅舞蹈动作和王举的一模一样,就连音乐都不差分毫。王举立即明白是怎么一回事。有人学走了自己的舞蹈，并且教给了这位年轻的舞蹈演员，这个人是谁，王举心里非常明白。

王举按照原订的计划，把《牧人之子》上报给了省里，准备参加80年全国舞蹈比赛，但《马蹄舞》也同时报给了省里，也打算参加在北京召开的舞蹈比赛。省里左右为难，孰真孰假，无法定夺。无奈之下，省里取消了这两个节目的申报权。王举的《牧人之子》就这样和全国首届舞蹈比赛擦肩而过，而这一笔成为了王举生命里一个很大的遗憾。

《牧人之子》是自己的原创，是自己冒着生命危险，从草原上的马身上汲取来的灵感。谁是原创，谁是复制，只要略加分析，就可以真相大白。可是，自己只是一个小小的舞蹈编导，谁又会为自己来主持公道。王举是一个主张公平的人，也是一个需要公平的人，面对这样的不公，王举知道自己无力去改变。当大庆歌舞团亲自来要王举的时候，王举答应了，也许离开，才是最好的选择吧。更何况，大庆文艺的空白，确实需要有人来填补。尽管王举还不确定自己究竟能做到什么程度，但是王举坚信，自己一定会付出百分百的努力。

# 绿色生命

为了不再纠结于盗取舞蹈作品事件的旋涡里,王举打算对《牧人之子》进行脱胎换骨地修改。

草原的主色是绿色,绿色彰显着生机和希望。每当进入春天,草原就蓬勃成了绿色的海洋。万物复苏,挣脱严冬的束缚,显露着生命的强大。小草、大树、河流、土壤,仿佛每一个角落里都能听到生命生长的声音。从某种意义上来说,绿色主宰着世界。生命是绿色的,绿色就是生命。草原的生命是顽强的,王举的生命也是顽强的,吹不倒、压不垮,野火烧不尽,春风吹又生,王举永远也不会丢失掉创作。

独舞《绿色生命》抒发了王举对草原的情感,也释放了王举对生命力的认识。首先,王举把《牧人之子》的名字改成了《绿色生命》,其次,王举对舞蹈的内容也进行了扩充和替换。

情感是某个民族的,你的动作就一定是那个民族的;你的情感不是这个民族的,你的动作就一定不是这个民族的。学的动作再像,没有情感体验,也不会成为真正意义上的舞蹈家。真正的舞蹈家要有生活的体验、要有鲜活的经历、要有涌动的情感、要有民族信任感。如何完善这个作品,王举知道只有一个方法,那就是虔诚地向蒙古族这个民族学习。王举再次来到了丰美的大草原上。

这次赶上的不是奔驰如风的赛马活动,而是颇具民族风味的摔跤。蒙古式摔跤是草原牧民最喜爱的运动项目,蒙语叫搏克。摔跤运动在蒙古草原有悠久的历史。

蒙古族的摔跤,既不同于中国式摔跤,也不同于日本的相扑。它在规则、方法、服装、场地等方面都有自己的特点。蒙古式摔跤一上来就互相抓握,膝盖以上任何部位着地都为失败。摔跤手的服装比较讲究,下身穿肥大的白裤子,外面再套一条绣有各种动物和花卉图案的套裤,上衣是用香牛皮制作，上边钉满银钉或铜钉，后背中间有圆形镜或"吉祥"之类的字，腰间系有红、蓝、黄三色绸子做的围裙，脚蹬蒙古靴或马靴。

优秀的摔跤手脖子上佩戴着五颜六色的布条项圈，看上去煞是威风。它是在一定级别的比赛中获得优胜的象征，哪位摔跤手脖子上的彩色的布条数目越多，证明这位摔跤手曾经获取的冠军次数越多。摔跤的比赛场地很简单，只要有一片草坪或松软空地，观众席地围坐，摔跤手就可以在中间进行比赛了。

蒙古式摔跤以巧取胜，一跤定胜负，只要身体有一处着地就算输了。但不能抱腿，不准反关节动作，不准扯裤子。当然，摔跤取胜并不是由摔跤手的体型决定的，而是凭借一整套专业的摔跤技能。也就是说，一身彪悍的壮汉不一定能赢过一位清瘦的小伙儿。

当然，王举取材的目的并不在于人，而是马。所以，观赏了一场惊心动魄的摔跤后，王举向有经验的牧民借来了一匹马，在牧民的引导下，感受马儿的各种姿势。马是非常通人性的，在主人的调教下，马儿或侧卧在青草地上打着响鼻，或静静地站立在草丛中轻甩马尾，或哒哒哒地奔跑向远方，而当主人一个口哨声后，马儿立即像得到指令一样，快速跑回到主人身边。

最令王举感觉到欣喜的，是马儿在草地上打滚。马打滚是马儿最喜欢的放松休息方式，也是马儿的天然习性。冬天马儿打滚后，背上会留下一层泥垢，这可防止风寒侵袭和保暖。而在春天，打滚有利于脱掉冬天的毛。打滚还有甩掉寄生虫、挠痒痒的作用。并且在骑乘回来后，被马鞍压迫的部位需要摩擦，彻底充分地打滚又成了马儿舒展筋骨放松的方式。同时，马打滚也可以清洁皮毛，预防皮肤病，还有助于胃肠道消化吸收。另外，马儿在户外很快乐放松时也会躺下来打滚，这正如我们人类在疲惫时会伸个懒腰，甚至于按摩、挠痒。马通常会选定一个地方，鼻孔和嘴唇喷着水汽，打着响鼻，嗅嗅地面的气味，如果没有问题，就会先用前脚跪下来，然后整个身体躺下来，四脚朝天左右翻滚。站起来的时候是先站前脚，再站后脚，接下来是全身有力的抖动，以抖掉沙土。

王举带着修改后的舞蹈《绿色生命》到内蒙古呼和浩特演出。当王举把对马的亲近、喜爱淋漓尽致地表演出来时，尤其是王举表演马儿在地面上打滚以及摔跤的动作时,牧民们爆发出了难以压抑的掌声。王举的《绿色生命》表演得太精彩了,王举是一个地地道道的汉族人,居然能编排出纯蒙古族的舞蹈动作,简直让人不可思议。并且《绿色生命》是一个非常具有生活底蕴和民族风格的作品。

从此,《绿色生命》开始在各地频频上演,个子不高的王举在蒙古族人民的心里,成为了一位伟岸雄健的英雄,"巴特尔"成为了王举的代名词。

演出时经常会有各种意外状况发生。有一次,王举刚刚演完半场,右脚就崴了。可是,下面还有自己的节目,其中有一项就是旁腿转。王举知道自己这个时候,无论如何也是不能离开的。王举忍受着脚崴腿肿的剧痛,继续上场,连续做了16个旁腿转。当台下爆发出接连不断的掌声和口哨声时,王举的腿则肿胀成了一根膨胀的大萝卜,刚刚走到舞台的幕布后,王举就立即栽倒在了地面上。对于一位舞蹈演员来说,忍痛完成表演,是基本的专业素质。任何事情都是需要付出一定的代价的,有时,有代价可以付出,也是一种幸福。

# 油　娃

深蓝色的夜幕上，点缀着几颗闪烁的星星，圆圆的月亮宁静地悬挂在天上。一座高高的井架巍峨地矗立在油田上，几盏大大的探照灯把明亮的光柱射向采油井的操作台，给油田洒下轻柔和静谧。井架不远的地方有一座白色的板房，两棵叶子不多的杨树像两位忠实的哨兵，挺立在板房两侧。钻井机在松软的泥土上隆隆地鸣响着，对于油田上的工人来说，只有听到钻井机的声音，才能安稳地进入美丽的梦乡。月光、灯光辉映成了一副恬淡的油田夜色图。

王举已经在这里住了两天了，身上飘散着浓浓的油味。王举喜欢这种味道，闻着这种味道，他觉得自己距离石油工人的内心，又近了一些。

现在已经是深秋了，寒气明显放肆了一些。几个守夜的工人脱下了已经黑污污的手套，摘下铝盔，围坐在了一堆噼里啪啦作响的篝火旁。每个工人的脸上都沾满了油污，分辨不出东方人皮肤那种天然的黄，只有在微笑的时候，才能露出两排还算干净的牙齿。望着这些明显有些疲累的工人，王举感觉到了一种兄弟手足般的心疼，在这些油污覆盖着的灵魂里，到底隐藏着多少不为人知的秘密啊。

油田上流传着许多诙谐心酸的打油诗："好女不嫁作业郎，一年四季守空房，有朝一日回家转，带回一堆油衣裳。""作业工小油猴儿，荒滩野草度春秋，吃苦受累不发愁，找个老婆没户口。""天不怕，地不怕，就怕谈恋爱的时候说实话。"每听一次，王举的心就沉重一次，对这些石油工人的敬仰也增多一分，想要窥探石油工人内心世界的想法，愈加地强烈了。可是来石油基地这两天里，身穿制服的工人们都在紧张地忙碌着，好不容易闲下来的时候，便倒头就睡，连个说话的空当也没有。如今，工人们好不容易围坐在了一起，王举兴致勃勃地跟着工人坐了下来。跳跃的火焰把每个人的脸庞映衬得很是喜庆。

## 第五章　绿色生命

"你们的工作环境很艰苦，你们很了不起。"王举由衷地表达着对工人们的敬佩之情。

"长年累月的，也习惯了。"一个工人说完，端起脚边的搪瓷缸子，仰起头，咕咚咕咚喝了两大口水。

"野外的作业不仅累，也常常会有危险发生吧？"在来基地之前，王举就听说了许多关于老一代石油工人在钻井、采油的过程中丢失性命的事故。

"那是肯定的。以前没有磕头机的时候，都是自喷式采油。采油的时候，井内的压力很大，几十根油管被顶得直往上蹿。每提起一根油管，都会有油雨喷出，把在场的所有人都浇个透，真跟在油池子里面洗了个澡一样，全身没有一点干净地儿。那个时候眼睛睁不开，呼吸不上来，真是难受极了。"一个年纪比较大的男人边回忆边讲述。

"有的时候，也会有井喷。"另外一位满身油污的工人接过话茬，便又闭口不言了。过了很久，一个好像被掩埋了很长时间的故事才从记忆里复活了出来。

油田上有一个小孩，大家都亲切地称呼他油娃，那一年，油娃才五岁。爸爸是一名作业工人，总是一身的油污，弥散着呛鼻的油味。有一天，屋外响起了一声震天的爆炸声，油娃的爸爸立即冲了出去。原来发生了井喷！油娃的爸爸和其他工人为了制止危险的进一步扩大，在油火里挣扎。后来，井喷制止了，油娃的爸爸倒下了。当工人把爸爸抬回屋里时，爸爸对着油娃笑了，露出了雪白的牙齿。然后，爸爸闭上了眼睛，那两排雪白色的牙齿就永远消失了。

"妈妈，爸爸去了哪里？"许久不见爸爸的油娃，想爸爸了。

"孩子，爸爸去地底下看守油龙了，这样，油龙就再也不会出来害人了。"妈妈抚摸着油娃的头，眼里含着泪花。

"爸爸好勇敢，等我长大了，就去找爸爸，和爸爸一起看守油龙。"油娃坚定地对妈妈说。

听到这里，篝火旁已经响起了低低的抽泣声，有人为了掩饰眼泪，故意拿起一根细细的树枝，扔进了火堆里。王举也早已流下了泪水。

工人们再不做声，任由沉默在火焰上方升腾着。

自从开采石油以来，无数石油人付出了自己的青春、家庭、健康，甚至生命。然而,石油工人像是那长长的松花江水,奔流不息地活跃在石油第一线。可爱的油娃并不知道爸爸的血液和地层之下的油液融合在了一起,天真地以为爸爸是去制服那条凶猛的黑色油龙了。那句稚嫩但却果敢的宣言——长大了要和爸爸一起看守油龙,让我们看到了石油工人的未来和希望。大庆,后继有人;石油,后继有人;国家,后继有人。王举被油娃深深地感动了,油娃鲜明地印刻在了王举的脑海里。

1983年,王举的儿子王铎出生了。在巨大的喜悦和幸福里,身为父亲的王举想送给儿子一个特别的礼物,这个时候,王举想起了油娃。于是,王举的一个创意旋即产生:一个活泼健康的油娃,从小生活在条件艰苦的油田,看惯了父亲的油棉袄,摸过父亲的铁锹把,望着那顶天立地的井架,希望有一天能爬上它。

生活是一架痛苦和喜悦的旋转台,当痛苦转到面前时,给心灵撒下一把阳光,痛苦也会虔诚地为梦想插上翅膀。生活是现实的,有一些过于华丽的想法,在现实的光影里无法实现,但在这个世界上,有很多东西可以任由想象驰骋。文学家找到了文字,画家找到了画笔,音乐家找到了音符,而作为舞蹈家的王举,则找到了舞蹈。王举希望用自己的舞蹈,给油娃一种别样的美感,一种升华的气韵,把艰苦的环境、乐观的心态、大胆的想象、喷薄的情感完美糅合在一起。王举要用自己的舞蹈,给中国石油的未来描摹出一幅前赴后继的宏伟蓝图。

《油娃》的创作完成了,这次也是由王举亲自出演。

一架刺破苍穹的井架在油娃面前出现,小小的油娃很想爬上去,像父辈们一样,站立在高高的井架上。在现实生活中,小孩子是禁止靠近井架的,更别说爬上去了。但那种禁止属于现实,在舞蹈的世界里,只有想不到,没有做不到。舞蹈是想象最自由的王国。油娃触摸到了井架,哇,好坚硬的井架呀,和人的骨头一样坚硬。小油娃慢慢伸出一只脚,踩在了井架的第一道阶梯上。油娃从来没有爬过井架,就连梯子都没有爬过,眼前这座像巨人一样的井架,让油娃心里有些害怕,有些犹豫,甚至有些退缩。但是,井架直入蓝天,如果自己爬了上去,就可以直接触摸蓝天了,蓝天对油娃的诱惑太强烈了。油娃伸出小手,紧紧抓住了井架的扶手,像一只小小的蜗牛,开始往上方爬去。随着井架的高度在上升,油娃闭上了眼睛，不敢再往地面看，油娃担心自己会吓得浑身瘫软。就这样爬了一会儿，也许是渐渐适应了身处高位的感觉，油娃加大了攀爬的速度。突然，油娃滑了一下，两只手本能地抓住了井架，差点从井架上摔下来。从惊险中稍稍平复之后，油娃并没有打退堂鼓，而是伸出手，继续往上爬。终于，油娃爬到了井架最顶端，自己仿佛变成了一只自由飞翔的小鸟，洁白的云朵被自己踩在了脚下，蓝蓝的天空在自己的头顶环绕。啊，这种感觉太美妙了。油娃撒开了步子，在蓝天白云之间快乐地奔跑了起来。

油娃在奔跑，王举在奔跑，灵魂在奔跑，梦想在奔跑。生活就应该是这个样子，无论多么辛苦，都应该保持一种快乐的心态，给心灵多盛放一些阳光，痛苦和悲伤就会大幅度减量。

台上的王举哪里是在表演，分明是在讲述自己那最真实的过去。台下的观众在鼓掌，感动他们的岂止是一场舞蹈的演出，而是一颗不屈的灵魂在对不幸的命运引吭歌唱。

王举疼爱像天使一样的儿子，他也热爱艰苦奋斗的石油工人，还热爱透视自己灵魂的舞蹈，他也热爱自己这个惨烈到底的命运。这一切的一切，叠加起来，铸成了一个铁骨铮铮、情感饱满的王举。

《油娃》的成功，再一次让王举意识到，创作绝对离不开生活，没有生活的作品，是经受不起任何稍微认真的检验的。自己未来创作的源泉在哪里，王举仿佛看得更清楚了。

"我的名字叫油娃，从小随父走天涯。踏遍祖国山和水，天南地北都是家。吞过大庆辽河的雪，嚼过新疆玉门的沙。转战南北到齐鲁，胜利油田把营扎。石油是我的好伙伴，油香伴着我长大。走遍天涯和海角，从小到老不离它。往日的油娃已长大，再也不是当年的小娃娃。练就一身硬骨头，走遍天涯都不怕。披上父辈的油棉袄，接过父亲的铁刹把。盐碱滩上显神威，荒原深处把井打。我为祖国献石油，石油为我添光华。大地处处有芳草，石油那个花香伴生涯。"

王举认为，成为了一个好的演员，不一定能成为一个好的编导，但是要想做一个好的编导，首先必须是一个好的演员。所以，从参加工作开始，王举就自编、自导、自演，《雪映深情》是这样，《牧人之子》、《绿色生命》、《油娃》也是这样。

# 高山流水的兄弟

月色迷人的夜晚，战国时期的俞伯牙在江边弹琴，虽然自己的琴声优美动听，但却没有一个人能真正听懂，孤独和失落交替撕扯着伯牙的灵魂。突然，一位名叫钟子期的樵夫出现在自己眼前，随口说出俞伯牙正在弹奏的曲谱的名字，瑶琴的来历以及俞伯牙随后拨弹的几首琴曲之意。俞伯牙不禁万分惊喜，他终于在世间寻觅到了久盼的知音。二人乘兴喝起酒来，越聊越投机，相见恨晚，拜为兄弟，并相约来年的中秋再在这里重逢。但到了相约的日子，钟子期并没有出现，俞伯牙焦急地四处打听，才知道钟子期已经染病离开了人世。俞伯牙来到钟子期的坟前，凄楚地弹奏了今生最后一支曲子《高山流水》，随后将瑶琴在青石上摔成了粉碎。俞伯牙哀伤地说："我唯一的知音已不在人世了，这琴还弹给谁听呢？"

摔碎瑶琴凤尾寒，子期不在与谁弹？春风满面皆朋友，欲觅知音难上难！在这个物欲横流的时代，能够有勇气把灵魂真实显露的世人，还存留着多少？在这个世界上，纯粹的友情就像是濒危的珍稀动物一样，想要窥见其真迹，是一件极不容易的事情。到底什么是真正的友情？我充满期待地对以下这两个人发出我的提问。

王举回答："如果我死了，能够把我的身后事料理得妥妥当当的，只有两个人，其中一个就是王申来。"

王申来对我说："真正的友情不是从对方身上获取什么，而是能够给予对方什么。假如危险来临，自己一定是挡在前面的那个人。"

泪花在王举的眼睛里闪烁，真情在王申来的嘴角抽动。两个回答发生在截然不同的两个时空里，但是回答时的那份真挚、信赖和坚定却如出一人。在几十亿的人类里，寻找相貌相似的两个人，应该不是一件难事，但是要想寻找到两个灵魂相互契合到极致的人，其概率之低，恐怕超出任何人的想象。我很庆幸，自己遇到了这样一对高山流水的兄弟。

## 第五章　绿色生命

王举和王申来，你们之间的这份手足之情是如何酿造起来的？为了揭开这个问题的神奇面纱，我静静地坐在你们的声音里，让如烟的往事在三十多年的岁月里还原成栀子花般的模样。

1974年，王举刚刚从省艺校毕业，分配到前郭县文工团，每天都带领着舞蹈演员在练功房里练功。很多人都会趴在练功房的窗户上，新鲜又好奇地观看王举他们的排练。在观看的人群中，有一位像星星一样晶亮的高中男生，明净的双眸闪烁着灵秀的神采，脱俗的气质不惹一粒尘埃，青春鲜明的脸庞上充溢着成熟的洞见力，这个男孩就是王申来。也许是天性使然，从未接触过舞蹈的王申来对舞蹈却相当感兴趣。王举的动作轻盈、饱满、富有魅力。当王申来听说王举是省艺校毕业的高材生时，就立即意识到，无论做什么事情，一定要符合专业的规律，这样才能抓住事物的本质，也才能感受到事物所蕴藏的美感。

看过王举的几次练功后，王申来就转身离去了。从此，练功房的窗外，再也没有这位申来少年的俊美身影。缘分就像是水滴，蒸发、凝结、降落、汇聚，周而复始，生生不止。从这一片天空下离别了，极有可能在另一片天空下相聚。

十年之后，王举和王申来生命的河流再一次交汇在了一起，用各自蓄积的智慧和力量去美化彼此生命的风景。只是，这次的相遇，不是在前郭，而是在大庆。这个时候的王举已经是大庆市歌舞团的团长了，而王申来也已经完成读书、下乡、参军、提干、担任大庆市坦克旅宣传科长等一系列人生的轨迹，成为一名博览群书、才华横溢、思维独到的青年才俊。这一年，王举32岁，王申来28岁。

大庆市歌舞团要到大庆市坦克旅进行文艺汇演。作为宣传科长的王申来要对此事进行深入报道，是情理之中的安排。为了能使报道有内容、有深度、有吸引力，一身橄榄绿的王申来来到了舞台的幕后，想收集一些有用的故事和信息。

"你们大庆歌舞团有没有艺术成就上小有名气的人？"王申来叫住一位歌舞团的工作人员，认真地问道。

"小有名气？我们还有个舞蹈家呢！"工作人员一脸自豪地回答。

"他叫什么？"王申来立即追问，英气中显露着一丝激动。

"王举！"工作人员响亮地回答。

"王举？编导？32岁？"这一系列巧合的信息猛烈撞击着王申来的胸腔，王申来止不住地兴奋起来。

"他是大庆出生的吗？"王申来担心认错人了，也许仅仅是同名同姓。

"不，他是外省调来的。"听到这个回答，王申来的心跳再也无法维持正常的节奏。

"王举在哪里？"王申来恨不能立刻见到王举。前郭县一别，整整10年了。没有想到今日会在大庆相见。虽然王举不一定对自己有印象，但是王申来对王举那可是记忆犹新。王举就像是一枝独秀的艺术之花，绽放在王申来那段纯真无瑕的岁月里。

急促的开幕铃声中断了采访，王申来从闭合的帷幕中挤出来，对大庆市歌舞团进行了热情洋溢的介绍，就坐在了观众席上，和战士们一起观看起了王举编排的舞蹈节目。多少年来，舞蹈的表演毫无新意，不是一群大美人举着扇子来回地扭摆，就是一帮穿紧身衣的小伙子不断地翻跟头。舞蹈，原本是优雅的世界性艺术，在中国却成为了体操、武术、曲艺的附属品。原本对这场演出并没有抱多大期望的王申来安静地坐在观看席上，等待着依旧俗套的既定开演。但是，当帷幕徐徐拉开，一曲《士兵迪斯科》把舞蹈和军营结合了起来，欢快的旋律，激情的节奏，新颖的创意，大胆的编排，让王申来对中国现阶段舞蹈的认识彻底改观。王申来再也坐不下去了，立即跑到后台去寻找王举。

就这样，王举和王申来的手紧紧握在了一起，他乡遇故知的激动和喜悦，只有酒精的能量才能将其宣泄出来。那一天，王举和王申来喝了很多很多，也聊了很多很多。王举没有想到，一位英姿飒爽的职业军人居然对舞蹈能有如此深刻、高远的看法，王申来没有想到，当年只是指导演员们练功的艺校毕业生，如今已经成为了一位出色的编导。就像是古时的俞伯牙和钟子期，俞伯牙没有料到一个以砍柴为生的樵夫居然精通音律，雄伟高亢的高山之韵、清新舒缓的流水之音，都被钟子期不差分毫地道来。而钟子期也没有想到，在这荒郊原野，居然有人能弹出如此出神入化的琴声。何谓知音？你虽有高山之伟，却懂我流水之柔，我虽有流水之洁，却知你苍岭之青。隔行如隔山，在寻求真理和规律的人面前是不成立的，就好比统计学上说的——在一次试验中，小概率事件不应该发生。但事实是，小概率事件往往会发生，而且极其巧妙地发生。

王申来身高近一米八，王举身高一米六多。正常情况下，两人同骑一辆自行车，应该是王申来骑车载着王举。但是王举却不肯。因为王举知道，申来和自己一样，都是在幼年就失去了双亲，在王举的心里，申来就是自己的亲弟弟，哥哥照顾弟弟是天经地义的事情。就这样，崎岖不平的乡间小路上，深秋的黄叶像蝴蝶一样纷飞着，申来蜷着腿坐在自行车的后座上，紧紧把着车子的后座。王举则抓着车把，费力地瞪着自行车的脚蹬，与其说是蹬，倒不如说是挂，由于王举个子不高，腿的长度并不能轻松地踩住脚蹬。自行车的两个脚蹬子，就像是海面上起伏的浪花，刚刚碰到王举的脚指甲，就又调皮地逃开了。就这样，王举的脚趾头不停地够着脚蹬子，在一够一踩中，脚蹬子居然掉了下来，自行车失去了控制，王举和王申来一齐栽倒在路旁的大树根上，摔得是一身泥土，但是两人却不约而同地笑了起来，笑声在无人的小路上回荡着，那份与血缘无关的手足之情却让两个人的心贴得更近了。

王举和王申来的友谊与舞蹈有着不解之缘，一如俞伯牙和钟子期的相知离不开音乐。黑龙江第二届舞蹈比赛结束了，王举的作品《欢乐的达斡尔青年》获得了一等奖。当电视台、报社的记者四处寻找王举，要对他进行采访时，王举却在背后蒙住了王申来的眼睛，悄悄说了一句："走，到外边喝酒去。"王申来立即心领神会，跟着王举离开了颁奖现场，寻找小酒馆去了。

坐在酒馆的餐桌旁，王申来第一次仔细端详起王举来。浓密而略带自然卷的黑发，宽宽的前额，高而直的鼻梁，丰满而富有弹性的嘴唇，文雅潇洒的举止，即使身上那件磨出毛边的破旧军大衣，也无法掩盖王举作为一位艺术家的独特气质。

"申来，市里提出要让我做文化局的副局长。这件事，你怎么看？"王举面临着一个重大的人生抉择，是继续自己的舞蹈事业，还是转向政治仕途，王举有些举棋不定。毕竟，局长的位置对于一个30多岁的小伙子来说，确实很具有诱惑力。

"王举，如果当上局长，还可以让你继续搞舞蹈，那你就干；如果当了局长，舞蹈就不能搞了，那你就不要干。舞蹈是你一生的事业，其他的都必须为这个服务，否则你这一生就白白浪费你在舞蹈上的天赋了。"

原本对局长这个职位有些动心的王举立即冷静了下来。是啊，中国可以有大量的局长，但是中国的舞蹈家却不是任何人都可以来担当的。就像是医院的院长和医学家的关系，院长的功能是团队的管理，是个人职位的标志，但是一位真正的医学家给这个世界带来的贡献，是无法衡量的。一个小小的青霉素，拯救了多少濒危的生命，一个不起眼的麻醉剂，减轻了多少伤者的痛苦。孰轻孰重，对于一个有艺术头脑的王举来说，是不需要花费什么时间的。而接下来几十年的实践证明，王申来的提示是合理的，王举的决定是正确的。王举用一位舞蹈艺术家的思想，在他所生活的时代，留下了一个又一个有价值的痕迹。

很多次，当王举把一个作品排练了无数遍的时候，才会轻松地吐出一句话："我认为现在可以给申来看了。"然后，王举安排专车把王申来接到排练现场。看过排练，王申来会给王举提出一些自己的建议，其中有很多的意见都使王举的作品更贴近生活的实际，更加富含情感，从而也更具有生命力。

1986年底，王举从北京参加完全国第二届舞蹈比赛回来，和王申来谈了很多比赛过程中存在的问题。讨论完，王申来写了一篇文章《一个舞蹈外行与舞蹈家的争议》，这篇文章对比赛组织者和部分知名编导进行了尖刻的批评。

"你敢签名吗？"王申来并没有抱希望地问王举。

"这有什么，我们的观点是对的，签！"王举拿起笔，快速签上了自己的名字。

又是一个对酌的黄昏，微微的醉意让两人越加交谈甚欢。

"申来，我想在舞蹈方面真正搞出点东西。"王举直接抛出这个很急迫的问题。

"嗯，中国的舞蹈必须与时俱进，否则就真的可能被其他艺术形式所吞噬，或者自行消亡。你们舞蹈是不是可以像音乐一样，给每种和弦界定一种音符基调，比如，大和弦一般较明亮、辉煌，小和弦平静、柔和，增和弦矛盾、尖锐、焦躁，减和弦阴暗、暧昧。如果用同样的方法，给每一个舞蹈动作也赋予像音乐情绪般的意义，会产生什么结果呢？"

"音乐可以这样，舞蹈如果这样搞了，岂不是更加程式化了吗？现在国内有舞蹈家提出'中国现代舞'的概念，我这段时间一直在思考，如果把'现代'两个字换到前面去，意思有变化吗？"

"当然有变化。'中国现代舞'是一种舞种，研究中国地域下的舞蹈。但'现代中国舞'就不同了，它是一种舞蹈意识，用现代的观念来观照中国的舞蹈。二者完全不一样。"

"申来，你这么一分析，我就更加清晰了。那咱们就尝试着走走'现代中国舞'的路子，用现代的意识来观照中国的舞蹈。"

"对，完全可以。中国的舞蹈太少了，你们舞蹈家创作出的舞蹈最起码要让现在的年轻人爱看。这方面可以多借鉴一下西方的艺术特点，比如西方的文学，意识流就是一个新兴的文学创作形式。"

王举的舞蹈创作走向，在和王申来的反复交流中渐渐明朗并确立了下来。

三十多年过去了，如今的王举和王申来都已经走过了近六十年的人世沧桑，但无论是青春飞扬，还是两鬓斑白，王举都会对王申来说同样一句话："申来，什么时候回家？"

王申来回答："中秋节放假的时候吧，咱们好好喝它一顿。"

"现在不行了，身体不比从前了，医生禁止我喝酒。但是，你回来了，我还是要喝的。"手机两端发出了会心的笑声，只是这个笑声和小路上摔倒时的笑声相比，愈发地温暖、亲近和默契了。这样的感觉，只有经历过岁月的发酵，才更加醇厚，也才更加值得用一生的时间来珍藏。

"申来哲学思维很棒，我很喜欢听他讲述事物之间的关系和规律，喜欢听他表达对某件事情的看法，一般人很难达到申来这样的高度。我们曾经在一起探讨人生长达 30 多个小时，直到我儿子流鼻血了，才不得不终止。很多回，当我们在饭店里热烈地讨论舞蹈问题时，饭店的老板和服务生都会围拢过来，津津有味地听，不但不停地给我们的啤酒里加冰块，最后还坚决不收我们的饭钱。有的人给了我一杯水，有的人给了我一把伞，有的人给了我一座房子，但是申来却给了我一条路。就算我失去所有的朋友，也断然不能失去申来这个兄弟。"王举无比笃定地说，像是在阐述一个思想，又像是在捍卫一个理念。

  火苗是柔软的，但是火苗所蕴含的能量却是巨大的。一句看似平凡的话语，却可以承载指点命运的智慧。假使我们的生命里都能有一个这样的知己，用符合事物规律的双桨，推动我们的生命之舟驶入"自我实现"的海域，把促使对方越来越美好当作对友情的界定，我们的生命一定会呈现出它本有的富丽和壮阔。这个时候，友情就成为了灵魂的饥渴，成为了击碎孤独的钢枪，成为了生命中不可替代的重量，成为了行走世间的一种信仰。

# 保护家园的舞者

1998年的夏天，是一个不寻常的夏天。进入汛期之后，由于气候异常，全国大部分地区降雨明显偏多，部分地区出现持续性的强降雨，雨量成倍增加，致使一些地方遭受严重的洪涝灾害。长江发生继1954年以来又一次全流域性大洪水，先后出现8次洪峰，宜昌以下360公里江段和洞庭湖、鄱阳湖的水位，长时间超过历史最高纪录，沙市江段曾出现45.22米的高水位。珠江流域的西江和福建闽江也一度发生大洪水。嫩江、松花江发生超历史记录的特大洪水，先后出现3次洪峰。九江告急、荆州告急、武汉告急、哈尔滨告急、大庆告急！

大庆市提前一个月进入主汛期。长时间被洪水浸泡的堤坝，相继出现局部渗漏、脱坡、裂堤等险情。围绕油田的547.2公里江河堤坝一旦失守，两江附近的头台油田、采油七厂、采油九厂、大同区等就会变成一片汪洋，而且洪水很快能冲到油田腹地，其损失将无法估量。随着两江水位不断增高，洪水流量增大，大庆市杜尔伯特蒙古族自治县、肇源县的沿江堤防险情不断，尤其是肇源县，洪水水位超过县城两米。

嫩江、松花江大庆堤段是20年一遇的防洪标准，面对百年一遇的洪水，一时危机四伏。大庆的严峻汛情，牵动着党中央、国务院领导同志的心。江泽民总书记、李鹏委员长、朱镕基总理十分关注大庆的灾情，都作出明确指示：保卫大庆，保卫大庆油田。沈阳军区和黑龙江省的领导按照预定方案，在大庆南部的肇源县一带，西部杜尔伯特胡吉吐莫镇一带，各抢筑一道决战防线。

大庆市民全部投入到了抗洪抢险的一线里，每个单位只有寥寥几人在站岗值班。王举当时任大庆市文化局副局长，被安排在单位值班。王举焦急不安地在办公室里来回走动，抗洪前线的消息一条接一条地灌入了王举的耳朵：13日凌晨，嫩江3号洪峰汹涌而至，拉海大堤开始出现大面积漫水，还有一处发生大裂缝，情况万分危急；14日上午9时，风雨大作，出现洪水大面积漫堤；8月17日上午8时30分，肇源发展村堤段决口；8月21日，肇源县有近4万灾民被洪水围困4天4夜，情况十分然危急，哈尔滨市决定派出8艘冲锋舟紧急援助！

大庆，王举赖以生存的家园，正在面临灭顶之灾，这让王举如何能安心在办公室里坐着。王举的心很疼，一种巨大的恐惧感和责任感纠缠着王举。不能再这么待下去了，否则我会发疯的。必须到抗洪前线去，只要能和官兵们待在一起，哪怕只能给疲劳的前线英雄唱一支歌、说一段相声、拉一段二胡，也算是自己尽到了一名大庆子民应尽的义务。王举拉开办公室的门，立即组织歌舞团的演员，往险情最残酷的肇源县赶去。

大堤边到处都是被洪水冲倒的民房、成山的垃圾以及泥浆水路，根本不可能表演舞蹈。王举就组织演员，在一处还没有完全坍塌的瓦房旁边，开始了连说夹唱的演出。暂时被替换下来的官兵们或蹲或坐或站地观看着演出，官兵们满身的泥污，大口地喘着粗气，但是眼睛却不断地往江堤上瞟，有的刚刚坐下，就又立即站立起来，往江边跑去。泥浆在士兵们的奔跑中溅起了泥花，裸漏的臂膀上完全成了泥水的污迹。望着士兵们远去的背影，王举大喊："走，上大堤！"

演员们跟着王举，向正在抢险的大堤上跑去。还没有走出几步，阴沉昏暗的天空突然下起了暴雨，冷雨夹裹着寒风，像是一群邪恶的猛兽，铺天盖地地浇灌着身体已经达到极限的人类。八月的大庆，洪水中的大庆，暴雨中的大庆，气温只有10摄氏度左右，但是为了争分夺秒，为了尽快堵住裂口，为了尽可能地加高堤坝，很多人只穿着一条大裤衩，赤着脚，奔跑在泥浆中，向着最危险的地段涌去。

不知道是受了暴雨的侵袭，还是情绪过于激动，王举突然感觉心脏发出一阵猛烈的绞痛，王举立即停止了奔跑，蹲了下来，身体发出一阵控制不住地颤抖。心脏像是一根绷紧的琴弦，稍微一用力，这根弦就会断掉。王举扑通一声栽倒在冰凉湿寒的泥浆中。演员们惊作一团，立即找来一条军大衣，铺在泥浆上，决定把王举抬到大衣上。王举用尽全身的力气，只微微抬了抬手，示意大家千万不要碰他。这个时候的王举已经痛得连一句话都说不出来，脸色煞白，甚至都不敢发出呼吸。王举像是一尊还有心跳的泥像,歪倒在越来越大的暴雨中。

时间过去了十几分钟,王举感觉自己的身体可以动了,呼吸的时候,心脏也不疼了。王举在演员们的搀扶下,从泥水中慢慢站立了起来。看到王举因为疼痛而有些扭曲的脸庞,再加上这瓢泼大雨,眼睛根本睁不开。于是大家劝王举不要去堤边了,最好马上回去休息。但是王举很坚定地拒绝了,依然拖着不明状况的身体,走上了大堤。

这是一条倾斜的大堤,大堤外侧,浊浪滔天,泥沙冲岸。咆哮的洪水已将大坝撕开了一个2米宽的口子,身穿迷彩服的武警官兵陆续跳进了滚滚的洪水中,左右臂臂相挽,筑起一道"官兵墙",牢牢扎在缺口处,用血肉之躯与肆虐咆哮的洪水做着绝不放弃的斗争。洪水中的蚊子蜂拥般袭来,官兵们一拍就是一手血。但是他们根本顾不上驱打蚊子了,很多人的脸被蚊子叮得变了形。5位60岁左右的老妇人举着棉被,迎风冒雨站立在江堤上,只要有战士从洪水中上来,就立即用棉被把战士湿冷的身体裹住。风在吼,雨在怒,洪水在咆哮,但是大堤上飘扬着一面面红火的旗帜:"老虎团"、"渡江先锋突击团"、"铁锤子团"、"金刚钻团"。已经疲劳不堪的敢死队员们从泥水中爬起来,冒着风雨再次投入固堤战斗。一层、两层、三层、四层,洪水吞没了一层又一层,而堤坝却在敢死队员们手下不断加高加宽,一场意志与体力的较量,一场视死如归、舍我为他的壮举让王举再也无法平静。

"刘锡津,拉曲子。"王举透过哗哗的雨声,大声对《塞北的雪》的作曲家呐喊着。刘锡津的手风琴在大堤上高亢地响起,王举甩掉别人披在自己肩上的军大衣,站立在斜堤的正中央,对着奋战在洪水激流中的士兵、对着肆无忌惮的狂风暴雨、对着铿锵有力的嘶喊声"学铁人精神,展铁甲雄风;筑钢铁大坝,保大庆油田",王举的内心燃烧起澎湃的激情,跟着刘锡津的曲子,王举即兴狂舞了起来。

大庆,是我们共同的家园,哪怕是付出生命的代价,也一定要保住大庆。保住了大庆,就保住了油田,保住了油田,就保住了国家的经济命脉。有了家园,才有洪水中这些可歌可泣鲜活的生命,有了生命,才有这片辽阔壮美的肥沃土地。大庆,王举要用整个生命来捍卫!王举的情感在风雨中宣泄着,王举的激情在大堤上释放着,王举对大庆的热爱在舞姿中倾诉着。当王举跳完这支捍卫家园的生命之舞时，大堤上所有的人在王举越来越模糊的目光中旋转了起来。王举倒下了。当人们争抢着把王举抬下大堤时，王举用最后一点意识对自己默默说了一句：我终于坚持了下来。就极其疲乏地闭上了眼睛。

当王举渐渐苏醒过来，才知道在大堤上，自己的心脏病又犯了。心脏病最忌讳情绪激动和过度疲累。但是，在这个家园可能被自然毁灭的紧要关头，王举如果躺在病床上，心里就像是犯罪一样难受。王举从床上下来就和省里联系，打算制作一台抗洪的晚会和现场报道相结合，作为对全体抗洪英雄的慰问。省里立即给予回复——这台晚会尽快呈现。这样，王举用了整整七天的时间，创作出一台人与天斗、人与水搏、人与雨抗、人与死较，取名为《生命家园》的晚会，这台晚会歌颂了中华民族面对突如其来的自然灾难，众志成城、顽强拼搏、不惧艰险、大爱无疆的民族精神。《生命通道》、《一条棉被》、《保卫家园》等一个个闪烁着人类精神光芒的节目，让无数观众流下了感动的泪水。

8月19日，国务院副总理、国家防汛抗旱总指挥部总指挥温家宝来到胡吉吐莫大堤察看汛情，慰问奋战在抗洪抢险第一线军民。8月26日中共中央政治局常委、中央书记处书记、国家副主席胡锦涛来到大庆抗洪前线，看望灾区群众。

大庆，经历了一场百年的浩劫。王举庆幸的是，自己一直与大庆同生共死。大庆这座城市的血液里，究竟流淌着自己多少的爱，王举自己也数不清楚。令王举骄傲的是，在大庆雄壮的历史脚步中，自己做了一次保护大庆的舞者。

## 第六章　高粱魂

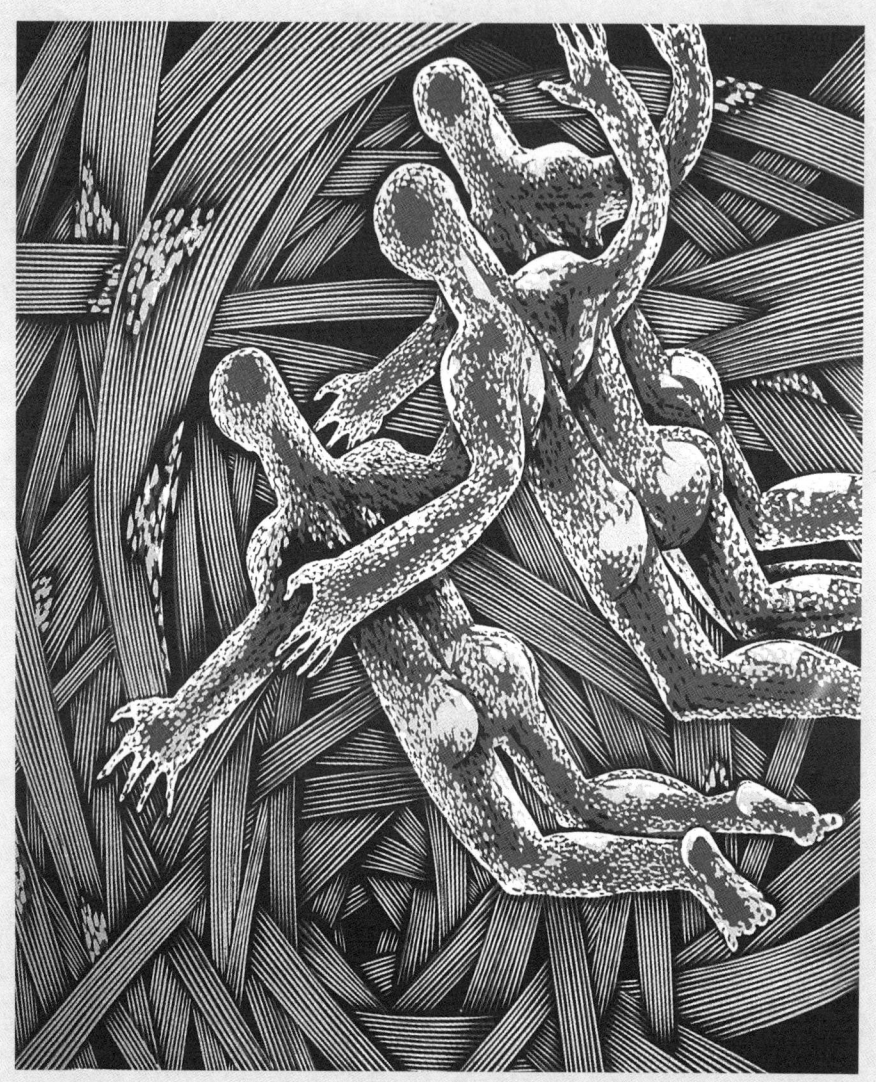

黑洞（45×57cm） 创作者：马洪文

# 躁动的红高粱

早先的东北农作物，以高粱、玉米和大豆为主，随着东北农业的发展，麦子和水稻逐渐也在黑土地上生长起来。世间万物的存在价值由两部分构成，一部分是自然界客观归属的，另外一部分则是人类主观赋予的。那片红得像火、艳得像霞的高粱作物，由于几次看似偶然的安排，从而具有了人性的象征意义，这片高粱地也就不再是纯粹意义上的高粱地了。

1986年，莫言的长篇小说《红高粱家族》问世，一股猩红的高粱风在中国大地上如浪似潮般卷起。王举看过小说之后，内心便被小说里纵横交错、极富张力的情节日夜牵扯、再也无法安宁。

《红高粱家族》是一部战争题材的小说，但却没有按照寻常的写法来创作。一般的抗战小说塑造的英雄人物是完美的正义的化身，汇聚了人性当中所有正面的特质。但莫言笔下的英雄却是坏事干尽、好事干绝，集合了正义和邪恶，但却拥有蓬勃的生命力和鲜活的人性的人物形象。

主人公余占鳌是个热血男儿，正义又野蛮。他杀死了一个与自己守寡多年的母亲发生关系的和尚，而后母亲也吊死了。他为了女人杀人放火，霸占了后来成了他妻子的戴凤莲。他为了报仇雪耻，苦练枪法，将曾非礼过他妻子的土匪花脖子一伙一网打尽。他为了还一个村姑的清白，不惜将酒后施奸的亲叔枪毙。为了小妾恋儿不惜和妻子闹翻并分居。他为了民族大义，毅然抗日直至最终全军覆没。

一片如火烧云坠落大地的高粱地，一群在土地上剧烈喘息的汉子，一种难以遏制的激动情绪，以某种不可思议的组合方式，在王举的血液里撞击，在王举的灵魂里狂笑。这种捉摸不定的感觉一定要用具体的形式释放出来，否则王举就像是掉落进一汪暗流涌动的大洋里，从四肢到呼吸、从意识到无意识，都无法得到平静。艺术家的灵感就像是秋天成熟的果实，只有及时采摘下来，才能不辜负树干、枝叶的脉络里日夜不息的营养运输。

可是，如何把模糊的冲动转化为舞台上肉眼可见的形体呢？红高粱家族是莫言的创意，但是红高粱所映射出的人类生命的灵魂却是王举想要表达和宣泄的，或者是王举最渴望捕捉的。于是在王举的心里，明晃晃地闪烁着一个既神奇又简洁的名字《高粱魂》。爷爷、奶奶的形象有了，但是如何给舞蹈配乐，是一个非常重要的问题。文字可以勾勒出人物鲜活的形象，可以描述出生动的场景，可以表达内心的情感，可以释放灵魂的声音，但是文字极少能给出现成的音乐。王举像是走进了一片云雾缭绕的野林，仿佛已经听见那潺潺的山泉声就在不远的地方召唤着王举，但是脚下歧路分叉，杂草丛生，虫声唧唧，思绪凌乱，一时无法找到恰当的出口。王举迷茫着、徘徊着、同时也执着地寻觅着，寻觅着一首可以和自己内心共鸣的乐曲。就这样，时光像是一位老练的船夫，稳固地握着木浆，不紧不慢地向前划去。

1987年，张艺谋改编了莫言的小说《红高粱家族》，电影《红高粱》在银幕上绽开了一朵充满野性的、鲁东风味的人性之花。贫瘠荒芜的鲁东高原、黄土覆盖的沙土盐地、一顶鲜红喜庆的碎花轿子、一群光头裸背抬轿的壮实汉子、一双转动不止又躲闪飘忽的水灵灵的眼睛，这些快速变换的画面，把人类的吸引力一下子提到了制高点。最令王举欣喜不已的是，从电影画面中飘扬出来的铿锵有力的唢呐声，让王举豁然开朗，骤然之间就在密深的丛林中看到了一条平坦宽敞的山路。音乐找到了！

但是，王举的眼睛始终无法从电影的画面上脱离。鲁东汉子的那种粗犷和彪悍，戏谑和执拗都在颠轿的情节中展露无遗。身穿红衣的新娘九儿手抓花轿，即使被这些汉子们颠得胃肠倒转、苦泪不止，甚至不惜举起护身的剪刀，也始终没有开口说出一个字。三天后，九儿回门。一条狭窄的土道上，两旁是随风摇曳的高粱地。一身大红的九儿骑着一头脖子上挂着小铃铛的小毛驴。突然，一个蒙面男人把九儿从驴背上拦腰劫下来，抱进高深浓密的高粱地里。原来这位蒙面人就是那位戏谑九儿的轿夫。两人站立在高粱地里深情地对视，两团灼热的欲望在九儿和轿夫的体内蹿起。轿夫呼哧哧地奋力连根拔起高粱秆，把九儿摔在高粱秆上。野地里的风在鼓动，如浪的高粱迎风狂舞，一种发自人性的激情在这片五彩霞光的高粱地

## 第六章 高粱魂

里恣意流淌。

颠轿和野合,这两幕电影情节,以一种冲天的力量把王举的创作激情喷薄出了体外。电影《红高粱》不仅送给了王举一首分量恰好的曲子,也让王举内心构思的舞蹈意象更加凝练和丰满了起来。可是,有一个非常敏感的问题,同时也在王举的脑海里崛起。在当时的舞蹈世界里,还没有一个编导敢把野合等表现男女性爱的动作和创意搬上舞台。王举无疑是在做一件惊天动地的探路行为,并且这个行为具有极高的风险性。这么大胆的创意,领导是否能接受,观众是否能接受,评委是否能接受,艺术是否能接受。王举凭借自己对舞蹈的理解,以及自己作为一个编导家的直觉,《高粱魂》这个作品必须这样呈现。至于自己将来要面临什么后果,自己都愿意去承受。王举觉得,一个真正热爱艺术的人,是不应该去受世俗成规的禁锢的。艺术是要超越、打破、否定和开拓的。

为了集中全部的精力,把《高粱魂》尽快创作出来,整整一个星期,王举都没有回家,每天晚上排练完,王举就打开歌舞团图书管理室的门,把两条长条板凳合并在一起,和衣躺在上面,凑合着睡一夜。这把图书管理室的钥匙,是妻子郭颖出于对王举的心疼,特意留给王举的。

王举的办公室就成了王举和高粱魂对话的私密场所。歌舞团里的工作人员有事来找王举,接连敲了几声门,也没有人应声。开始大家都以为王举不在,但是办公室里明明亮着灯,也没有人看见王举出去。有的工作人员担心王举是不是身体不舒服,晕倒在办公室里了。于是,就有人轻轻推开王举办公室的门,想确认王举是安全的。当大家打开办公室的门之后,就看到了这样一幕:王举穿着一件长得快到膝盖的毛衣,毛衣的底部还有线头断裂开,只要轻轻一拉,整条毛衣就可以荡然无存。王举光着脚丫子,口袋里插着收音机,一根线在耳朵里塞着,另外一根线已经从耳朵里掉了出来。王举右手里握着一块啃了一半的干面包,左手里举着一个小本子,一边嚼着面包,一边嘴里念念有词,在办公室的地面上来回走动。这样一副仪态,会使人不禁联想到那些精神错乱的病人。但是,团里的工作人员知道,这就是他们的舞蹈编导王举。王举没有患病,他只是完全沉浸在了他的舞蹈意象世界里,和他生活的这个现实世界暂时有些脱离而已。等王举思考清楚了,他就会立即精力充沛地回归到血肉之躯中来。

王举陷入了深深的思索里。在那样一片常人无法触及的世界里,有着太多太多令王举无法抗拒的东西。有异想天开的憧憬和想象,有荒诞怪异的思维和意识,有火花迸溅的激情和灵感,还有鲜活清晰的经历和记忆。王举想到了在钻井前线的生活经历。酒精像是一把开启灵魂的钥匙,几口白酒下肚,工人们那一颗颗被艰苦生活条件所压抑的灵魂就挣脱了束缚,在草原上纵情奔放。有的敲击着碟碗大喊大唱,有的对着月亮陷入深沉而又遥远的沉思,有的抱紧自己的双肩,想象着搂着心上人的甜蜜和幸福,有的用轻柔的纱巾包住头,扮作一个风情的女子,四处调情。这些画面,就像一个个围困在城堡里的小精灵,展开神奇的小翅膀,飞翔在王举意识的天空里。

　　有一个声音在王举的心底里疯狂地、一遍又一遍地呐喊着:"人性要释放,人性要释放,人性要释放!"

# 不拘一格用人才

《高粱魂》的架构在王举的头脑中成型了，两个男演员饰演爷爷，两个女演员饰演奶奶，团里男演员饰演颠轿的轿夫，团里女演员饰演红高粱。可以说，《高粱魂》的情节非常简单：一片随风荡漾的红高粱里，一群轿夫在狂烈地颠轿；爷爷和奶奶钻进了高粱地，在天地之间酣畅地野合；烈性的汉子们捧着大碗饮酒。

在20世纪80年代末期，王举就形成了舞蹈创作上的两个特点。第一，舞蹈不关注具体的情节，也就是舞蹈不能讲故事。舞蹈是以形体动作直接展示心灵、心绪、心态的艺术，所以，表现人的情绪是舞蹈的长处。但如果用舞蹈来叙述事情，则是舞蹈很难胜任的。舞蹈的情节笔墨一旦加重，整个作品就会顿失华彩，甚至成为一个败笔。有了心灵上的东西，借助音乐的烘托和渲染的效果，把人的心灵用形体表现出来，创作就完成了，就是这么简单。所以，无论是《高粱魂》、《黑土地》，还是《梦姐》、《乌纱魂》，都是这样。只要有了意识，有了感觉，有了观念，舞蹈作品就有了，简而言之，舞蹈动作不是舞蹈创作里的重点，它们是由舞蹈情感自然生发出来的。王举注重的是人物的情绪情感，而并非具体的故事情节。第二，舞蹈不是演员按照编导的要求来完成动作，而是在编导的统一构思下，开发演员对作品的创作冲动和表演的潜能。演员如果没有良好的创作感受，编导的任何构思都无法得到准确地呈现。在王举的心里，演员不是他构思的简单体现者和外化的工具，而是和他一起完成创作的艺术创造者。演员不是聆听者，而是表达者，演员不是被动的反复排练者，而是主动的挖掘舞蹈思想的缔造者。这就是王举的演员观和创作观。

《高粱魂》是舞蹈，那就一定要具备与小说、电影不一样的地方、升华的地方和创新的地方。颠轿的情节还在其次，关键是野合。在中国的八十年代，暴露在众目睽睽之下的野合舞蹈动作，将会带来怎样的轩然大波。王举并不想以此为噱头，刻意吸引人们的眼球。王举只是希望能用一种富有美感和艺术韵味的形式，把人性的能量放射出来。

小说对野合的表达："奶奶在蓑衣上扭动着。余占鳌一截截地矮，双膝啪嗒落下，他跪在奶奶身边，奶奶浑身发抖，一团黄色的、浓香的火苗，在她面上哗哗吧吧地燃烧。余占鳌粗鲁地撕开奶奶的胸衣，让直泻下来的光束照耀着奶奶寒冷紧张、密密麻麻起了一层小白疙瘩的双乳。在他的刚劲动作下，尖刻锐利的痛楚和幸福磨砺着奶奶的神经，奶奶低沉喑哑地叫了一声：'天哪……'就晕了过去。"

电影对野合的表达：爷爷像是一头愤怒的公牛，光着头和膀子，呼哧呼哧地用手拔起一大片高粱秆，铺在一起。转身走到奶奶面前，拦腰悬抱起奶奶，放在高粱铺前。奶奶轻轻闭上眼睛，像是背对着万丈悬崖，在烈风的狂卷下，面带沉醉地倒在了高粱秆上。明亮的太阳光集中照耀在这片即将激情沸腾的土地上，四周的高粱秆狂乱地摇晃起来，爷爷扑通一声跪在了一动不动的奶奶面前，雄壮和高亢的锣鼓声和唢呐声奏起。电影的镜头最后定格在那一大片随风乱扭的绿色高粱秆上。

作为舞蹈，该如何来表达呢？野合的动作既要让人一眼就看懂，内心顷刻之间就产生观赏的美感，又不能表现得过于粗俗，让人产生杂念。这是个雅俗权衡的问题，同时也是对王举艺术把握力的考验。想要"雅"，首先要"有"。在"有"的基础上，再去塑造"雅"。

在选取舞蹈演员时，对于男女主角，一般都要设置A、B角，用来替换和候补，以避免演员受伤等意外状况的发生。《高粱魂》的男女主角，饰演的是小说或电影里的爷爷、奶奶。想要表达男女之情，单靠舞蹈技巧，是无法做到的。面对着歌舞团里那些刚刚毕业的十几岁的少男少女，王举心里有了自己的想法。选取A、B主角时，选择一对年龄较大，有着实际生活阅历和感情经历的演员，再选择一对比较年轻，但舞蹈基本功扎实的演员。年轻的演员好选择，王举带领的这些舞蹈演员都是刚刚走出艺校校门不久的毕业生，都是十七、八岁的花样年华。年龄大的演员，好多都趁着改革开放的浪潮，下海经商去了。本来坚守在舞蹈岗位上的演员就已经所剩无几，再加上舞蹈演员的生涯非常短暂，更何况真正有情爱阅历的演员几乎都不是舞蹈专业出身。这个难题如何来解决呢？王举的心里也开始严肃的思考。

把年龄偏大的演员逐个在心里过了一遍，王举把注意力落在了毛军身上。毛军年近30岁，没有接受过舞蹈的科班训练。但是，毛军一直都在歌舞团里工作，耳濡目染，对舞蹈的一些基本的技巧还是有所了解的，并不是一个彻底的门外汉。毛军本人是一个非常能吃苦的人，意志力也非常顽强，这对于一位出色的舞蹈演员来说，是非常重要的素质。还有更重要的一点，毛军性格憨厚、朴实，和舞蹈中爷爷的角色形象非常吻合。启用毛军！王举在心里敲了一声响锤。

当毛军知道自己被选为《高粱魂》的男主角时，心里既无比地激动，又感觉到莫大的压力，毕竟自己是个业余的看客，一下子担任这么重要的角色，如果做不好，岂不辜负了王导的希望，也会让大家看自己的笑话。王举鼓励毛军，只要把舞蹈看作自己的生命，就没有什么困难是克服不了的。听了王举的鼓舞，毛军暗暗下了决心，一定要勤加苦练，哪怕拼上自己的命，也要把《高粱魂》排练好。

主角的问题解决了，接着就开始了紧张有序的排练。在王举的办公桌的玻璃板下，总是压着一张"周排练计划"，除了歌舞团里正常的排练日程外，每周至少有四个晚上要继续进行排练或创作。

颠轿、野合都在王举的预料之中。毛军通过自己的苦练，完全达到了一个专业演员的水准。至于毛军在台下流下了比别人多多少的汗水，忍受了比别人强多少倍的疼痛，付出了比别人多多少的时间，那就是毛军自己的事情了，而且必须是演员自己来独立闯过这一关。然而，在《酒神》这一个情节，排练却遭遇了困境。由于演员大多是刚毕业的大男孩，身上稚气未脱，平日里都是在汗如雨水的练功房里度过的，没有人接触过那令人一醉方休的酒。没有喝酒的经历，自然不能把饮酒的动作活灵活现地展现出来。望着这群在舞台上活蹦乱跳、青春挥洒的小伙子们，王举想到了一个办法。

"走，跟我到宿舍去。"王举一声召唤，演员们便像射出弓的箭一样，嗖嗖嗖地奔楼上男演员宿舍去了。

王举从自己的办公室里拿出两瓶白酒，搁到宿舍的桌子上，用牙齿咬掉了瓶盖，递给一位男演员："大家每人喝点酒，也许感觉就自然流淌出来了。"

听了王举的话，对酒精天生比较亲近的这些男人们举起酒瓶子，咕噜咕噜地大口咽着白酒，脖子里的喉结快速地上蹿下跳。两瓶白酒眨眼之间就酒去瓶空，每个人的脸上泛起了淡淡的红晕。酒精的作用真是神奇。喝了酒的男演员们立即从床上站立起来，在宿舍的地面上跳了起来，那种热烈、那种激情、那种彪悍、那种酣畅，正是王举一直寻求的酒神的感觉。

"冲啊！走喽！"男演员们又像是被射回的利箭，从楼梯上噔噔噔地往下蹦。

带着几分醉意，或者说仅仅是揭下了那副——已经戴习惯了的被唤作"拘谨"和"刻板"的面具，跳上舞台的男演员们甩掉了上衣，舞动着被酒神附身的肢体，望着舞台上的这一个个小酒神，王举并没有感觉到彻底的放松，因为眼前的这个困难，只是情感引导的问题。真正让王举为难的状况，还在后面大摇大摆地等着王举。

# 我就是要高粱的"魂"

《高粱魂》经过了一个星期的配料、调剂、整形、固化、烘培,终于带着舞蹈的清香,新鲜出炉了。但面对这道用心酿制的美食,王举却不能急于品尝。这次的制作程序,王举添加了一剂新奇的原料,这剂原料,任何的舞蹈编导也没有用过,甚至这剂原料都不曾存在过编导们的意识里。但王举却冒着天大的风险,把这剂原料注入到了制作程序里,并且还是原料结构的核心和灵魂。这剂原料叫作人性。

当王举决定让毛军做《高粱魂》的男主角时,歌舞团里很多演员、队长,包括领导们满腹疑惑地问王举。王举,咱们歌舞团是不是没有演员了?为什么要让一个业余的毛军来担任这么重要的角色?大庆市歌舞团培养了那么多专业的演员,随便挑出一个男演员,都堪称英俊的舞蹈王子,谁都比毛军强,干吗非得用毛军呢?种种质疑声在王举耳朵边接连轰炸着。但是王举无论是从演员出身的角度,还是从舞蹈编导的思维出发,毛军身上那种天然的性格特点,和《高粱魂》里的爷爷最贴近,就凭这一点,任何技能高超的演员,都比不上。毛军演爷爷,这个决定是无可争议的。

刚刚平息对毛军的质疑,歌舞团领导又把王举找了过去。

"王举,咱们东北为什么非得搞红高粱,红高粱是西北的象征。"

"红高粱是西北风格,可是咱们大庆市里生活着很多西北人。王进喜的家乡就是甘肃玉门。况且,红高粱只是一种生命力的象征,生命力是不分国界、种族、语言,自然也是不分地域的。"

领导沉默了。王进喜是大庆的精神创造者,也是大庆市最引以为骄傲的人物。王举说得对,生命力是整个人类的共同属性,不是哪个区域可以专享的。红高粱的选题通过了。

但当《高粱魂》的第一次彩排结束后,领导们是再也不肯让步了。怎么能把性爱的东西搬到舞台上呢?别人会怎么看待大庆歌舞团?王举是不是真的走火入魔了？这个是绝对不允许的，毫无商量的余地。领导把话撂下，就甩手走了。

望着领导冒着火气的背影，王举却透着凉气怔在了原地，尽管这样的一幕早在王举的意料之内，可是，领导们禁演的决定，还是让王举感觉到一种莫大的压力，如果《高粱魂》不能正常演出，那就白白浪费自己的一番心血了。王举坚信，《高粱魂》一定能成功。

人的思维是很奇妙的，遇到了困难，有的人会立即逃掉，有的人会一筹莫展，但有的人却会想方设法地跨越过去。王举就是第三种思维的人。既然禁演的决定是领导下达的，那就从领导这里入手。王举明白，领导的这些顾虑都是正常的，但艺术是需要创造的，是需要否定的，只有清醒的否定陈旧，才能惊喜地邂逅新颖，最终推动着艺术向着更高的层次发展。

一个人的名字浮现在了王举的脑海里——刘舒章。刘舒章是戏曲学院高才生，当时正在黑龙江省文化厅工作，和大庆市文化局的局长姚明理是莫逆之交。如果刘舒章能出面，那这件事就有希望了。王举设法和刘舒章取得了联系，告诉刘舒章自己制作了一部舞剧，叫《高粱魂》，想请刘舒章来观赏。刘舒章欣然来访。看完了《高粱魂》的演出，刘舒章完全被《高粱魂》感动了，他没有想到，大庆还能创作出这么具有中国特色的舞剧，太让他震撼了！

"舒章，只是你感动，还不行啊。我们局长不同意《高粱魂》的演出。"王举抱着最后一丝希望，像是等待最后的审判一样，望着刘舒章。

"怎么能不让演呢？我去找老姚。"刘舒章说完，就跑进了局长办公室。

最后在刘舒章的说服下，姚局长做出了让步，答应《高粱魂》上演了，但是，他还是没有出现在演出的现场。在姚局长的心里，舞蹈只要富有表演的美感就可以，何必表现什么人性呢。但不管怎么样，《高粱魂》能上台演出了。王举搬来刘舒章这位救兵，是搬对了。

而通过这次危难之中的援救行动，刘舒章也近距离地感受到了王举对舞蹈的认识，尤其是对于现代中国舞的认识。

"听说你在搞'现代中国舞'的探索和尝试，你是怎样理解这个概念的？"刘舒章开门就往根儿上扎。当时的舞蹈界主张"中国现代舞"，而王举却始终坚持"现代中国舞"，刘舒章很想弄明白，这两种主张到底存在

## 第六章　高粱魂

着什么区别。

"'中国现代舞',也就是把现代舞搬到中国来。在中国搞现代舞,不过是跟着世界潮流的屁股后边,你搞了半天,老是处于被动的状态,别说撑不上,就是追上了,融入到现代舞的潮流中,也是被人家淹没的下场。我以为,艺术贵在有个性、贵在独特的特色。而我主张搞现代中国舞,这不是在概念上兜圈子,我是个搞实践的,没有那么多理性思维和理论功底,我和姚局长多次探讨过大庆舞蹈艺术的方向,得出一个共同的认识,就是用现代意识观照地域文化和舞蹈,从而搞出具有特殊地域个性的,在深厚的民族舞蹈文化的基础上,融入现代意识的舞蹈作品,用现代意识观照中国舞蹈,在弘扬民族舞蹈文化的前提下,搞出具有地域特色的现代的中国舞蹈,这就是我理解的'现代中国舞'。"

越听越激动的刘舒章,不由得钦佩起眼前这位外表文弱、思想意识却如此超前的舞蹈编导。

1988年9月,北京召开首届舞剧观摩研讨会。《高粱魂》被调京参加演出,火红的高粱、释放的人性、简单的结构、出奇的编导,震撼了北京的观众。

中国首届舞剧观摩研讨会在无法停止的兴奋中召开了,35岁的王举坐在会议室内层的座椅上,眼睛里散发着喜悦的光彩。白色的搪瓷茶杯放置在会议桌上,缭绕着同样喜悦的水汽。

"首先有请中国舞蹈家协会常务副主席、舞蹈家、国家一级演出监督史大里老师发言。"主持人介绍完,把头发整齐利索地盘在脑后的史大里女士激情洋溢地说道:

"王举,首先热烈祝贺你,《高粱魂》在北京取得了这么大的成功!艺术和行政两者汇聚在你的身上,你有这个实力。艺术追逐应该成为一个群体性的意志,你能不能取得不断的成功,这个是很关键的一点。你从大庆来到北京,曝光式地闪了一下光,你能不能不断地曝出光来,你能不能带着这支队伍不断地走向成熟,你能不能把每一层面最真实、最精彩的东西呈现出来,把不精彩的东西都推掉。群众的生活都有很多真善美的东西,非常有价值。人的社会存在、历史的社会存在,必有一定的构成,他们互相有衬托。我希望你能把这种群体意识固定下来,贯穿下去,由此取得一个真正辉煌的成功，对舞蹈完成一个层面上的推动，不是一个点上的成功、个人的成功。《高粱魂》并不是因为你的基本功才这么精彩，而是你对整个舞剧的一个感知。这部红高粱就像是一把火，起了一个推动的作用。今天一个王举被推出来了，下一个王举还能不能站起来？不要昙花一现。现在大庆歌舞艺术团已经被大家熟知，难题就在这里。我给王举、这个团以及杨局长一个重任，希望大庆不仅成为工业上的一面旗帜，也能成为精神文明建设、艺术创作上的一个领跑者。用你们的超前意识，从来自群众这个角度，给我们整个专业舞蹈工作者、给整个世界一个真正的推动。"

"下面有请《高粱魂》的编导，大庆市歌舞团的王举编导发言。"主持人隆重而热烈的介绍后，王举稳重洪亮的声音在庄严的会议室里真挚地响起：

"我今天非常感动。我在重新反思我自己。我生活的这个土地气候很好，很适合生活。演出条件也是我们局长和我们演员共同创造出来的。所以，这台晚会是我和演员共同创作的，并不是我一个人创作的。演员们都知道，我的排练方法和别的编导的排练方法不一样，演员们参与创作，给他们角色，给他们动作，给他们语言，让他们去演。所以不到十天就可以创作出一部舞剧。我现在很开心，因为可以和这么多专家一起，来讨论我的舞蹈。就像是史大里老师刚才说的，我应该往更高的方向发展，我应该继续突破。对于这个突破，我有我自己的想法。我的作品原来是观众第一，现在是观众、时代和人性第一。我从这三个角度去开拓我自己的想法，去挖掘我心灵的东西。如果我生活感受的点不对，那就是我的失败。如果我在开掘上、在感受上对的话，我愿意做一个被人研究的对象，被人多踩几脚，我可高兴了。我觉得我应该这样做，因为我觉得，在我们年轻这一代人里，应该有自己的狗，应该有自己的刨，应该有自己的路，这就是我的追求。"

王举发言结束，会议室里再次响起了真诚的掌声。参加会议的所有舞蹈界的同行一边鼓掌，一边又忍不住交头接耳议论起了《高粱魂》那震撼人心的演出。越是肯定，越是期望。越是期望，越有压力。王举知道，自己应该做的，不是在这片掌声里驻足流连，而是应该挑起更重的责任感，继续向前走去。

# "魂"惊四座

1989年9月,《高粱魂》第二次进京演出。文化部的领导来大庆视察《高粱魂》,提出把《高粱魂》里野合的片段去掉或者对这部分进行修改。鉴于北京方面领导的意见,王举重新编排了《高粱魂》,把野合修改成了集体参与。

站立在北京的秋天里,王举失落地离开了人群,默默地走到了一间废弃的房间里。空荡荡的房间,一如王举此刻的感觉。窗外,秋叶纷飞,梧桐树在飒飒作响,初秋的北京,凉意并不浓,但是王举却感觉到一股寒气正在骨子里蔓延,一种从未有过的孤独感笼罩住了王举的心。王举飞跑到房间里的一方小舞台上,面带伤感,疯狂跳了起来。

自己搞《高粱魂》并没有错,凭自己的直觉,《高粱魂》将会成为大庆舞蹈史上一个里程碑的创举。这不是一部简单的舞剧,这是对人性的释放和讴歌。难道就因为它要替人性说话,就要把它扼杀掉吗?谁规定舞蹈里面不可以有人性?谁规定表达人性就是大逆不道?这个世界上的哪一个人不是人性的载体?抽去了人性的人类,还有什么灵魂可言。王举不明白,王举很心痛,可是,王举又无法去倾诉这满腔的委屈,只能在北京这间破旧的房间里不停地旋转、旋转,不断地伸展、伸展。只有把痛苦通过肢体宣泄出去一部分,自己的心才不至于像北京的秋天一样暗黄、萧瑟。

房间门口围观的人越来越多,都是随同王举来北京参加《高粱魂》的演出的。大家远远地望着王举那悲凉的舞姿,听着耳边呼呼的秋风,没有任何人说话。在这个时候,任何语言都是多余的,通过王举那不停舞动的身体,演员们就已经听到,王举血液里那如山洪喷发的无奈和苍凉。

《高粱魂》就这样完了吗?《高粱魂》就这样折了吗?《高粱魂》就这样不在舞蹈的长河里掀起哪怕一丝涟漪吗?演员们都不知道这些问题的答案,他们只能看着王举、心疼着王举、等待着王举。

9月20日，演出即将开始，观众正在逐渐入席。

每次演出前，王举都会安静地坐在观众席位上，和所有的观众一样，享受地欣赏着自己排练的作品。没有紧张、没有焦虑、没有编导的身份，这个时候，自己只是一位普通的观众。而演员们也不希望在节目马上开演的时候，看到王举的身影。因为这个时候王举的出现，很可能意味着要调整整个节目的结构，这种改动对演员们来说，是演出中最令他们紧张的。

演出即将开始，王举却突然出现在舞台的右侧。全体演员顿时变得骚动了起来。舞剧观摩会演前，王举参加了一个小型的碰头会议，其中一项内容就是针对《高粱魂》的野合部分，结论依旧是：不演。王举从会议室出来，独自站立在剧院的一角。幽暗迷离的光线里，王举的内心在挣扎。《高粱魂》的创作，自己可以说倾注了全部的心血和情感。看完了莫言的小说，王举内心便像开水沸腾了。没有合适的音乐，王举苦等了一年，直到电影《红高粱》的出现。没有合适的演员，王举动用了唯一一位没有专业文凭的毛军，对于王举来说，神韵比形韵更重要。演员们不理解男女之情，王举一遍又一遍给演员讲解，让情思还未萌动的小演员们一点一点了解，什么是牵手，什么是羞涩，什么是相思，什么是等待。男演员们不谙喝酒之道，释放不出来酒醉的感觉，王举就和演员们一起喝酒，在酒精的分解和催化下，亲眼看到了男演员们那种身心俱醉的感觉，那种飘飘欲仙的快活，那种忘记人间今夕何夕的沉醉，那种灵魂浮出肌体的壮美和感动，都让王举激动不已。废寝忘食、不分昼夜地排练了一个星期，当节目终于完整呈现出来的时候，领导又全盘否定，并且勒令禁演。王举苦思冥想，想到了刘舒章这位至关重要的救兵和说客，把神经绷得都要断裂的王举终于等到了大庆市领导的松口。原以为自己闯过了九九八十一难，可以功德圆满，在中国首都的舞台上，让《高粱魂》的光芒大放异彩，终于《高粱魂》在1988年获得了成功，可是没有想到，如今第二次进京演出，《高粱魂》的"魂"却被枪毙，人类来到这个星球上，就天生带来的那种如野草般蓬勃的人性，又要被打回身体的冷宫，永世不得翻身。想到这一切，王举的心就一起发出断裂般的疼痛，仿佛被枪毙的不是自己作品的灵魂，而是自己那颗血肉相融的灵魂。

"王导，有什么指示吗？"对王举的创作举动已经非常了解的演员小心翼翼地探问，其余的演员也一起围拢过来，紧张地等待王举一语定乾坤的决定。

"《高粱魂》按原版演出！"王举坚定地发出这条简短却壮烈的指令。这句话仿佛是一股威慑力巨大的冲击波，几乎每个演员都往后退了退，更加紧张地望着王举。演员们也许以为自己听错了，也许是被王举的勇气震颤了，也许是在为王举，同时也是为大庆歌舞团那不可预测的未来命运，在发出不可遏制地深深担忧。

"按原版演出，这是我最后的决定，一切后果，由我一人来承担。"说完这句话，王举坦然地走下了舞台，但同时却走向了另一个审判台。是无罪释放，还是罪不可恕，所有人都为王举的这一举动捏着一把湿漉漉的汗。

帷幕拉开，整个舞台一片空旷。远方出现了一个小小的红点，红点渐渐拉近，一声呼唤般的唢呐声牵动着她的腰身，原来是全身红装的九儿在颠簸的轿子中扭动，时而如清风拂柳，时而如临溪照影，时而若夏荷摆动，时而若露珠滚动。灯光下移，九儿的脚下逐渐出现男人的脊背，仿佛波涛时起时伏。

"唰！"舞台上的灯光一起打亮，音乐声骤起，十几个秃头光背的壮汉恣情地狂颤起来。这哪里是脊背在晃动，这分明是来自最原始人类的生命在生长、在呐喊、在燃烧、在释放。

瞬间，舞台下的观众爆发出劈裂天庭的掌声，这种掌声是心甘情愿的，是不可压抑的，是经久不息的，是人民赠予的。《高粱魂》如一朵血红色的人性之花，经历了狂风暴雨摧残般的洗礼后，终于傲然绽放在了北京的舞台上，也绽放在了老百姓雪亮的心里。

《高粱魂》谢幕了，文化部常务副部长高占祥上台和演员握手致谢，王举也紧随其后。王举穿着一身深蓝色的西装，一条咖啡色花格子衬衣的领子翻卷在西装外边，显得休闲而正式。一头浓密略长的黑色卷发显示着王举难以抵挡的艺术气息。清瘦的王举缓慢地拍着手掌，面含微笑地望着自己的演员。在这个被激动和欣喜浸泡的舞台上，只有演员们知道，此时此刻，当北京万千观众被《高粱魂》所感染和叹服的时候，他们的王举编导，内心正在体验着怎样的一种心情。一部作品要想得到所有人的尊重和认可，是多么的不容易啊。

　　王举眼含热泪的激动很快平息了下去，因为《高粱魂》的成功是他早已掐算好了的。王举的激动，主要来自于他终于如愿以偿，亲眼看到自己的作品顺利演出了。每一个作品，都像是王举的一个孩子，只有听到孩子呱呱坠地的哭声，做父亲那颗紧悬着的心才能踏实下来。但是，整个北京，整个舞蹈界，整个中国，却再也无法安静了。《高粱魂》和王举这两个名字，随着一声地动山摇地爆炸声，在无数人的嘴里变成了东北风味的爆米花。

　　高占祥把王举叫到了剧场外面，赞扬《高粱魂》里最精彩的地方就是野合那一场。听到高占祥部长的肯定和赞扬，王举那颗悬着的心才终于落了下来。

# 功夫在舞蹈之外

王举在接受刘舒章的采访时,曾经说过这样一段话:"这几年我忙于艺术实践,没有机会,也没有可能更系统地、长时间地进修和学习,而解决我的思想意识问题,我深深地感谢我周围几位搞戏曲、文学的挚友,我经常和他们长时间攀谈,关于艺术理解,关于舞蹈,特别是关于艺术与人生,艺术与生活,艺术与民族和历史及社会各个方面的问题,使我收益很大。古人说,功夫在诗外,我认为功夫也在舞蹈外,不学习,不增添自己的知识和阅历,哪怕是一天,我也受不了。如果有一段时间我不和他们交流,我就会感到灵感枯竭。"

王举的作品就像是一股雄浑的东北风,在中国舞蹈的舞台上占据了举足轻重的地位。越来越多的人都很关注这样一个问题:王举是如何创作出这样标新立异的作品的?功夫在舞蹈之外,就是王举给出的最真诚的回答。在王举的身边,除了知人善任的领导,同舟共济的同事,业务素质好的演员,免除王举后顾之忧的家人,还有一群倾心相交、各行各业的精英,作曲家、戏曲家、小说家、诗人、画家、哲学家。这些璀璨的星光与王举身上的舞蹈之光相碰撞、相融合,极大地提升了王举的艺术素养,让王举在舞蹈的天地里,纵横驰骋,所向披靡。

1987年的3月,在哈尔滨春寒料峭的大街上,王举和著名的编剧家周树山并肩而行,还带着几许寒意的春风在脸上弹跳着,似乎是在提示王举,虽然现在进入了万物复苏的春天,但不要忘记曾经刺骨的严寒。王举穿着一件浅灰色的风衣,里面穿着一件黑色尼龙绸短夹克,满脸的喜悦和激动。

当时,周树山刚刚发表了总题目为《北方故事》的系列小说,他把其中一篇小说的内容讲给了王举听。王举刚刚听完周树山的讲述,就兴味盎然地对周树山说:"我想把你这篇小说改编成舞蹈,你一讲情节,音乐旋律和舞蹈动作就立刻在我的脑子里活了起来。那个沦为异族奴隶的国王,还有那个喀尔喀部落的孩子……他可以是这样的……马,骆驼,篡位者和王妃……"王举边说,边在哈尔滨人潮如织的大街上手舞足蹈了起来。对于搞文学创作的周树山来说,看到王举这样激情澎湃的状态,不由得惊叹了。周树山是写文字的,自然懂得激情对于创作的重要性,但是,周树山一直以为激情是发生于体内、表现于体内、最后又终止于体内的一种内隐的状态。没有想到从事舞蹈创作的王举,居然可以把激情完全展露于体外,而且还可以展露得如此忘乎所以。王举的行为,既让周树山大开眼界,也让周树山肃然起敬。

艺术是需要交流的,不仅仅指是同领域之间的切磋沟通,还包括不同艺术门类之间的取长补短。当两种艺术形式邂逅时,会产生怎样意想不到的艺术火花,只有勇于跨界的人才能感受到。在科学领域里也是如此,生物学和医学的交叉,计算机和心理学的结合,物理学和化学的重叠,产生了边缘学科,开辟了全新的科学领域,推动人类的科技事业向前大步迈进。跨界的理论研究和实践探索,成为了一种社会发展趋势。

那段时间,王举一直和周树山在一起,是因为王举率领着歌舞团的演员在周树山的一部话剧里排演一个舞蹈的场面。虽然在这个话剧里,王举的舞蹈处于从属的地位,但是,王举一点都没有介意,他和周树山的合作是两种艺术的合作,是两颗艺术之心的交融,周树山可以从王举身上感受到舞蹈的魅力,王举也可以从周树山身上汲取到戏剧的营养。

八十年代,生活条件和艺术条件依然非常艰苦。王举和周树山就居住在哈尔滨旅馆的一间地下室里。王举无论走到哪里,都有一个贴身的宝贝,一部已经有些发旧的录音机。只要一把录音机的耳机线插入到耳朵里,王举的身体就像是一个陀螺,在旅馆狭窄的房间里舞动了起来。周树山看得目瞪口呆,旅馆里的服务员和住客也都被王举的举动吸引了过来。围观人数的多少,丝毫不会影响到王举对舞蹈痴迷的状态。你们看你们的,我舞动我的。也只有这样放下自我的人,才能享受舞台聚光灯的追踪和无数双眼睛的注目。就这样,在这间拥挤的地下室里,一位舞蹈家和一位剧作家成为了推心置腹的好朋友。许多个夜晚,他们畅谈到深夜。王举讲了自己孤儿的身世,讲了与自己相依为命的妹妹,讲了自己的恋人和

## 第六章 高粱魂

妻子，也讲了自己的困惑和迷茫。在周树山的心里，王举是一个把躯体作为灵魂的符号的人。王举内心的激情太多，而王举的躯体空间又太小，所以，王举必须把激情释放出来，那么王举成为艺术家，也就合情合理了。

王举和许多作曲家都是很好的朋友。在这些作曲家朋友的身上，王举不仅熏陶和培养了自己的乐感，丰富了自己对音乐敏感的细胞和神经，可以闻乐起舞，可以给自己编创的作品配上浑然天成的音乐。让音乐和舞蹈这两种艺术门类也联袂出演，打造出一场又一场视觉和听觉搭配起来的艺术盛宴。所以，王举的作品里，一定包含着非常精彩的音乐。仅仅听王举作品里的配乐，就可以让人心弦颤动、浮想联翩、沉醉其中。

此外，王举还跟着画家学习调色，学习不同色彩之间的组合，以及每种色彩带给人的心理感受。所以，在歌舞团里，王举的作用绝不仅仅是提出舞蹈创意，如果时间足够充裕，从化妆到舞台布景，从舞蹈编排到灯光组合，从音乐选取到服装定位，王举都可以独自承担起来。

说起舞台的灯光，王举选取的灯光色调大都是暖色调的，红色、黄色、橙色是王举选用最多的灯光颜色。这些色调都是太阳的色彩，看来，王举对太阳的喜爱真的是无所不在。美国著名的现代舞大师玛莎·格兰姆说过一句话："每个作品都是艺术家的一部自传。"从王举对舞台灯光的选取上，我们也可以感受到格兰姆老师的这句话所蕴含的深意。

王举还非常喜欢和具有哲学思维的人交流。哲学是智慧，哲学是规律，哲学更是一种为人处世的捷径。王举主张艺术家治团，只有真正懂艺术的人才能按照艺术的规律办事，才能引领着歌舞团走向发展和壮大。在王举的治团理念的带领下，大庆歌舞团不到一年的时间，就显现出了广阔的发展前景。同时，王举还主张基本功的排练和演出排练相结合，节目需要什么基本功，王举就训练演员什么基本功。这样的排练方法速度快、质量高、省成本。在当时的条件下，王举一个星期左右的时间，就可以排练出一个舞剧，在当时是很令人吃惊的。

王举不仅仅是一位在舞蹈领域具有卓越才能的艺术家，还是一位具有出色的管理能力的政治家，他非常善于把各种资源整合起来，为我所用，把自己内心的想法通过非常巧妙的渠道变成现实。那么，王举能做的就不只是创编舞蹈作品了。

## 第七章　嘎子

天地之间（45×57cm） 创作者：范垂宇

# 大庆艺术学校

王举不仅是一位舞蹈表演家、一位优秀的舞蹈编导,而且对舞蹈教育,也有着自己独到的见地。演员队伍具有很强的更新换代速度,所以,如果只是机械地依靠一批演员队伍,那么用不了几年,大庆歌舞团就要面临演员生理衰落、活力减退、后续无人的尴尬境地。所以,早在王举刚来大庆时,王举就招收了40位舞蹈学生,送到黑龙江省艺术学校学习,毕业后全部分配到大庆歌舞团。这一举措在八十年代初期,具有相当的战略眼光。五年之后,王举刚来大庆时的首批舞蹈演员度过了表演的黄金年龄时,这批新鲜血液就可以立即注入大庆歌舞团的血脉里,使大庆歌舞团的表演事业不会中断。这样的一个举措只能解决一代演员的更新问题,却也不是长久之计。如果想从根本上解决演员的换代问题,最好的方式就是能拥有一座真正属于大庆的艺术学校,每年招收舞蹈学生,这样,每一年学生毕业的时候,都可以给大庆歌舞团增添新生代的力量。

王举把这一长远的思考上报给了大庆市政府。大庆是一块生长奇迹的土地,也是一座具有发展战略眼光的城市。1981年,大庆的经济还没有繁荣,大庆的楼房还是屈指可数,大庆人民的工资和生活水平还在低端徘徊。但是,大庆市政府却在勒紧裤腰带的情况下,不断考虑下一代的问题。于是,大庆儿童公园在大庆的盐碱地上诞生了。公园面积23万平方米,其中湖水面积3.5万平方米。广场中央设圆形喷水池,正面有一组儿童群雕,两侧有花池和园灯。公园两端有一独立的古典园林区,按原有地莆用石头砌成驳岸像,形成一个弯曲的荷花池。围绕荷花池布置了方亭、长廊和水榭,水中曲桥连接湖心亭与两岸的扇亭对称,春晓亭与秋芳亭隔水相望,夏艳亭与雪亭相呼应。大庆市政府是在向世界宣告,无论何时何地,大庆都要尽自己所能,给大庆孩子的童年生活提供一些欢乐的记忆。

听完王举的汇报,时任大庆市市长的李熙垣立即给予了认可和支持,亲自带领着王举前往北京舞蹈学院、上海舞蹈学院、辽宁省芭蕾舞学校等十个学校参观学习。回来后，一座投资了四千万、具有四间排练厅的四层小楼在大庆的土地上拔地而起，定名为大庆艺术学校。

学校硬件设施具备了，下一步就是招收学生了。听闻大庆成立了舞蹈学校，家长们纷至沓来，王举的家成为了人们朝拜的圣地。相识的，不相识的，厚颜面的，薄面皮儿的，领导级别的，下属层面的，道近的，途远的，都向王举家涌来。随着人群而至的，还有数额不等的照顾费用。王举知道，如果真正想为大庆培养人才，挑选出好的学苗，就必须杜绝这种贿赂行为。为了先稳定人心，王举收下了所有的人情金。

招生工作开始了。为了保证自己的孩子能够顺利进入大庆艺校学习，家长们又通过各种关系，求得了一纸人情条，纷纷准备递给王举。但是，当得知招生考试的进行地点时，所有的家长都束手无策了。由于王申来的关系，王举和大庆市坦克旅建立了很好的关系。所以，此次招生考试不是在普通的中小学校，而是在警卫持枪站岗的坦克旅部队。任何一张纸条都揉碎在了弥漫着弹药味儿的机枪关口。王举想要寻觅人才的迫切心情，可谓良苦。不仅如此，王举本人也没有担任招生工作的评委，他完全置身事外，把选取学苗的工作交给了自己真正信赖的舞蹈界的朋友，其中一位评委就是乔良。而王举要做的工作，就是翻出人情名单，把那80多万元悉数退回。

经过了严格的筛选和定夺，40个孩子成为了大庆艺术学校的首批学生。没有被录取的唉声叹气，神情忧郁，被录取的欢呼雀跃，喜笑颜开。这40个被录取的孩子并没有预料到，他们不仅具有过人的舞蹈天资，他们还成为了最受幸运之神眷顾的人间幸运儿。这一切都源于一个人独特的教育理念，这个人就是王举。

从国外考察归来的王举意识到，大师级别的教育可以让孩子们接受高层次的艺术熏陶，可以让孩子们更加快速地成长。大庆艺术学校得到大庆市政府的全力支持，每年都有固定的资金投入，拥有了这一便利条件，王举利用各种关系，把国内外最为著名的舞蹈大师邀请到大庆艺校，给92级的40位学生讲解舞蹈。

台湾著名现代舞蹈家游好彦是第一位跳进玛莎·格莱姆舞团的亚洲男

舞者。他在教学上极具热忱，以精确严谨的训练修正舞者的动作、注重跳舞前的暖身、教舞者如何在舞蹈中学会保护自己。对于男女舞者则采取不同的训练方式，男舞者必须加强关节与肌力的训练，他有许多专为男舞者编的作品，强调瞬间的爆发力与弹跳力。澳大利亚的华裔舞蹈家张晓雄将文学融入舞蹈，用原始力量传递希望。他行走于中国台湾、香港、内地和澳大利亚等地教学及编舞，以独特的当代技巧教学体系，将当代思维与传统东方肢体观念相结合，影响了华人地区及澳洲一代舞者。曹诚渊，是中国现代舞创始人，被称为"中国现代舞之父"。用肢体语言来表达自己，是他与这个世界对话的最重要的方式。他认为每一个人都可以自由地舞蹈。还有北京舞蹈学院的专家教授，也都被王举高薪聘请到大庆艺校。一个新成立的市级中专舞蹈学校，却能汇集当时国内外最有艺术风范的大师，这不得不令人钦佩王举别出章法的人才培养思想。

经过了大师们5年的启蒙学习，1997年，这些孩子们毕业了。5年前一棵棵稚嫩的幼苗，如今都长成了茁壮的大树。而大型舞蹈诗剧《大荒的太阳》也进入了排练，这些学生们刚走出艺校的大门，就立即踏上了一部反映中国工业题材的大型舞剧。到底是上苍在眷顾勤奋的人，还是流汗的人感动了上苍，舞蹈诗剧《大荒的太阳》荣获中国"五个一工程奖"。

《大荒的太阳》获奖后，正是改革的春风在中国的土地上掀起狂潮的时候，92级的学生们插上了生发出来的有力的翅膀，飞向了中国的四面八方。带着5年高尖端的专业学习技能，带着"五个一工程奖"的殊荣，也带着各自对未来的美好期冀，40个学生一个不留地离开了大庆。

王举独自一人来到艺校，吱呀一声推开了练功房的门。平日里这个时间，孩子们已经换上了练功衣，或者正在热身，或者正在练功了。如今，练功房空荡荡的，什么声音都没有，一个人影都看不见，只能听到自己有些嘈杂的扑通扑通的心跳声。孩子们去哪里了呀？为什么这么晚了，还不来练功？孩子们忘记了吗，我都说过多少遍了，台上一分钟，台下十年功，功夫是一天也断不得的啊。孩子们平时都很听话，今天是怎么了呀？

"王老师，对不起，我们走了。"一个又一个满含歉意的声音在王举的脑海里爆炸似地闪起。

哦，孩子们走了……

孩子们走了？不，不，不！孩子们没有走，孩子们不可能走，孩子们不会走！他们应该是跟我在玩捉迷藏，他们平时就喜欢这样逗我。等下，我去找找看，也许他们现在都躲在门外，笑嘻嘻地等着我来捉住他们呢。我去找他们，我这就去找他们。

孩子们，我来了……

# 梦 姐

黑龙江美术出版社出版的《经典瞬间——大庆文化舞台艺术30年回眸》的其中一页剧照照片上,有一个娇小玲珑的女孩,翘臀抬脚、面带微笑地趴在地面上。女孩长着一张娃娃脸,水灵灵的大眼睛让人一看就心生喜爱。这个女孩叫赵冰心,喊王举老师,也喊王举舅舅。

赵冰心是王举1982年招来的学生,送到黑龙江省艺术学校学习五年的专业课,然后再回到大庆歌舞团工作。

赵冰心天生就是一个可人儿,走到哪里,都有人把她当作宝贝来呵护和疼爱。在省艺校的五年,乔良老师把赵冰心时刻带在身边,即使去日本演出,也要把赵冰心一并带去。当然,王举对这个毕业回到自己身边的小丫头也是喜爱至极。但喜爱赵冰心的不止是舞蹈老师,还有她执着追求的舞蹈学业。1987年毕业的时候,赵冰心居然凭着自己的实力,考上了北京舞蹈学院。这对所有关心赵冰心的人们来说,都是天大的好消息。能进入中国舞蹈的最高学府继续深造,是多少舞蹈孩子梦寐以求的。但是,对于王举来说,这个消息是十足的坏消息。赵冰心虽然天生条件不太好,身材瘦小,还有些婴儿肥。但从赵冰心练功时的那一股子韧劲儿,王举仿佛又看到了王小燕的影子。这个孩子是棵好苗子,王举说什么也不能放赵冰心走。

得知王举不放赵冰心,许多关心此事的人都来充当赵冰心的说客,力图说服王举,把赵冰心放走。就连著名的词作家刑赖都亲自给王举打电话:"王举,咱们的文化厅厅长,你们的老姚都同意放冰心了,听说你不太同意?"

"我没有理由放冰心啊,如果都放走了,那我还在这里干吗呢?"一听说要谈赵冰心的事,王举心里就有些窝火。

"王举,你不要这么犟嘛!"刑赖继续温和地劝解,心里抱着最后的希望。

"放赵冰心走,除非我走。"王举说完,就挂断了电话。

面对这个难得的学习机会,赵冰心的家人还想再做最后的尝试。连夜带着女儿赵冰心,拿着北京舞蹈学院的录取通知书,来到了王举家里。

"老弟,冰心能考上北京舞蹈学院是好事,你就让她去吧。"赵冰心的妈妈用大姐的口吻,为女儿尽着一个母亲的职责。

"大姐,不是我不放冰心走。五年前,我招来冰心,咱们可都是签了合同的,毕业后必须在我这里服务五年以上,才可以离开,我如果破了例,那其他的学生都跟着毁约,怎么办?冰心是个好苗子,他们现在可以送她上北京舞蹈学院,五年后我也可以送她上北京舞蹈学院。"王举一副坚不可摧、牢不可破的表情,让赵冰心的父母妥协了。

"老弟,从现在开始,我就认你这个弟弟了,孩子我就交给你了。"赵冰心的妈妈说完这两句话,举起手里的录取通知书,当着所有人的面撕碎了。

就这样,从省领导到市领导,从老朋友到赵冰心的家人,都纷纷败下阵来,王举终于把赵冰心留在了身边。既然把孩子坚持留了下来,无论是作为老师,还是舅舅,王举都要为赵冰心负责。于是,王举把赵冰心叫到了办公室。

"冰心,你如果真的想好好跳舞,首先就得把体重减下来。这么胖,肯定不行。"王举单刀直入地对赵冰心说道。

"嗯,老师,你放心,我一定把体重减下来。"红着脸的赵冰心像一位钢铁战士,在王举面前表了态。

从此,除了每日固定的练功时间,赵冰心还多了一项功课,那就是早上起床后跑步减肥。对于表演托举的演员来说,一个舞蹈剧目的排练,仅仅托举这个动作就要练习几千次,甚至上万次。虽然男演员都有一个肌肉练习,爆发力不错,女演员也都会有提气练习,这样当托举的时候,女演员都会有一个向上跃起的动作,男演员借助于这个巧势,就可以比较轻松地把女演员托举起来。但是,赵冰心的体重有些超标,要知道,赵冰心的体重每减少一斤,托举她的男演员举起的重量就会减少三斤。

为了达到王举老师的体重要求,为了能使托举自己的男演员相对轻松

## 第七章 嘎子

些,赵冰心每天都会花大量时间来大幅度跑步,每次跑完,赵冰心都是大汗淋漓,气喘吁吁。看着赵冰心的体重逐渐地下滑了下来,王举更加确信自己没有看错人,赵冰心具有一个舞蹈演员优良的素质。

舞蹈排练是没有时间概念的,很多时候也是身不由己,所以,王举因为排练过晚,直接留在办公室里休息,是司空见惯的事情。细心的赵冰心记住了王举老师每天起床的时间。

早上,天空已经透亮,走廊里响起了工作人员过往的脚步声。王举简单地在脸盆里抹了几下脸,就准备赶往排练厅。王举拉开办公室的门,一碗泡好的方便面搁在王举办公室门外,方便面冒着腾腾的热气,飘着葱花的面汤里还夹着几小截青翠的黄瓜。闻着袅袅扑面的方便面的清香,原本没有早餐可吃的王举,心里感觉到无比的温暖。热乎王举的哪里是一碗方便面,而是赵冰心那颗细致体贴的心灵。从此,只要王举在办公室里休息,清晨开门,都会有一碗刚刚泡好的方便面静静地等待着王举。或者王举忙碌到深夜,无暇吃晚饭,赵冰心也会手捧一碗热乎乎的方便面,送到王举办公室里,轻轻说一句:"老师,先吃吧。"就转身离去。

看着赵冰心在自己眼前一天天长大,王举知道该给赵冰心排练一部舞剧了。既然将来要送她去北京舞蹈学院读书,那就要给她量身打造一部作品,这样等她考试的时候,能拿出一部具有专业实力的作品。王举一定要帮助赵冰心实现这个读书的愿望。

赵冰心很小的时候,就获得过舞蹈奖项,可以说是一个小童星。王举不能让这颗小星星失去自己应有的光芒。王举给演员排练节目,一定是根据演员的性格和气质来编排的。赵冰心善良、执着、真诚、有韧性,具有中国传统女性的优秀品质。王举想到了梅花大鼓的传统曲目《王二姐思夫》里的那个思夫切切的女子,就给赵冰心排练了舞蹈《梦姐》。

在《梦姐》里《山野情》的一段双人舞里,王举给赵冰心设计了一段时长9分钟的手绢舞蹈。手绢在东北民间舞里经常用到,是东北秧歌的一种代表性的道具。一般的玩法,只是"拧花"、"片花",再增加点难度也就是一个手指举过头顶的"平转花"。后来省艺校的乔良老师把手绢的玩法研究出了更多的新花样,空中立转、抛绢(在空中成一平面不停地转动)再接等花样。王举则在此基础上,又进一步发展了手绢的转法。比如,把手绢抛到空中后，舞者做一个前滚后翻，再蹲接或站接。这样，就能把舞者的内心情感表达得更充分。《山野情》的前半段，赵冰心和男演员沉浸在甜蜜依依的爱情里，赵冰心手里的手绢也经常处于轻松地旋转中，代表着赵冰心和情哥哥在一起时内心的欢愉情绪。可是，情景一转，音乐变得急促悲凉，刚才还沉醉在浓情蜜意里的恋人，如今却要面临着长久的离别。赵冰心把手绢扔在一边，死死拉着男演员的衣角、腰背、双腿、脖子，用各种方法来挽留情哥哥。那种缠绵悱恻、心碎无痕、哀求天地、难舍难分的深厚情意，让观众不由得跟着酸楚难过。

舞台上的赵冰心把情妹妹的内心世界表演得淋漓尽致、惟妙惟肖。《梦姐》一举成名，荣获黑龙江省第三届舞蹈比赛编导一等奖。赵冰心，一举成名，获表演一等奖。

王举释然了，他终于给了赵冰心一个真正属于她的作品，也还给了赵冰心五年前就应该圆的读书梦。1991年，赵冰心再次考入了北京舞蹈学院民间舞专业。这次，王举满心欢喜，亲自送赵冰心走进了她那个舞姿翩翩的梦里。

而赵冰心的成功也印证了王举的一个人才理念：演员一定要有适合自己的作品。

# 别样的生命之美

王举说,他和弱势群体的孩子们仿佛有着某种不解的缘分。

5月的一天,天空落着不大也不小的雨点,王举举着一把深蓝色的雨伞,前往一所特殊教育学校。王举即将筹办全国助残日的晚会,为了寻找创作灵感,王举想亲自感受一下那里的孩子是如何学习和生活的,那样的一片天空下,又有着与一般学校怎样的不同。

站在特殊教育学校的校门外,就有一股异样的气息迎面扑来。校园并不大,只在正中央有一个小小的喷泉,周围点缀着五颜六色的花朵。虽然有的孩子看不见这些花朵,但是花的清香还是能让失明的孩子感受到一份美妙的,因为有几个失明的孩子正依靠在喷泉下面的花坛边,不知在聆听喷泉那轻灵的跳舞声,还是在尽情呼吸沁人心脾的花香。

校领导知道了王举的来意,就立即亲自陪同王举来到教学楼,自由参观他们的教室。

虽然已经下课了,但是楼道里一点也不喧哗,只偶尔有一两个学生从王举身边经过。有的孩子视力稍微好一点,就让视力差的学生把双手搭在自己的肩膀上,一起结伴着去上厕所。看到孩子们小心翼翼地走过,王举也就放慢了脚步,用心感受这里一丝一毫的动静。

当王举走到一间教室门口时,一个小男孩正从教室里面走出来。这个男孩子的皮肤非常白,就连眉毛和头发都是白色的,这让王举不由吸了一口凉气,想起了一个疾病的名字"白化病",一种由于基因突变而患上的疾病。也许视力丧失了,听力就会灵敏很多,这个小男孩立即感觉到有什么人站在教室门口,他的脸侧向一边,耳朵朝向王举站立的方向,好像在搜索什么。

王举默默退到对面的窗户下,好让这个小男孩放心地通过。小男孩也许感觉到,王举对他并没有什么威胁,就朝着厕所的方向一步一步、小心地挪过去。

当小男孩渐渐从王举的视线里消失的时候,王举把目光投在教室里孩子们的身上。王举突然很想知道,这些盲人孩子是如何上课的。于是,王举向陪同的领导摆了摆手,自己轻声走进教室,想和孩子们做些简单的交流。

这是小学五年级的教室,面积不大,只有十来个学生,每个人独用一个课桌。每张课桌之间都有足够的空间,让孩子们自由出入。王举很佩服学校的管理者为孩子们设想的如此周到。

教室的第一排最里侧站着一个个子高高的女孩儿,剪着好看的短发,站在自己的位置上,用手指在课本上不停地摩挲着,很专注的样子,如果不是女孩子的眼睛一直盯在一个地方,真的看不出来,这是个盲人姑娘。

王举慢慢走到女孩子的眼前,她摩挲的手指停了下来,像刚才那个男孩子一样,一只耳朵朝向王举,努力调整着方向,她好像已经预感到有人站在她的面前。但女孩子并没有紧张,她搜索的耳朵静止了下来,好像在等待眼前的人开口说话。

"你好,小姑娘,我是一位跳舞的老师,今天到学校里来,专门来看看你们。你长得真漂亮。"王举不知道女孩子是否愿意和他说话,内心有一些忐忑。

"老师,你好。谢谢你的夸奖。其实我知道自己长得并不怎么好看。"女孩子有些谦虚,但是仍能从她绯红的脸颊上,感受到她受人赞扬的快乐和喜悦。

"你真的很漂亮,我没有骗你。"王举希望女孩子能明白,自己并不是在安慰她。

"可是……很少有人说我长得漂亮。"女孩子眼睛仍然盯着王举身后的某一个地方,但是,王举明显感觉到……女孩子的眼睛里快速闪过一丝失落。

"你手里拿着什么?"王举的眼睛注意到了女孩子一直捧在手里的一本书。

"我的课本。"女孩子把手里的课本递给了王举。

王举接过这本书,只见上面一个字都没有,全是密密麻麻的小点点。

## 第七章 嘎子

"这上面没有字,你们怎么学呢?"

"老师,你有没有注意到,这些小点点都是凸在纸上的,我们就是通过用手去抚摸这些点点的形状,来学习的。"小女孩高兴地回答着。

"是这样啊,你们真了不起。"不知道是谁发明了这么好的一种方法,让失去光明的孩子也能有书读,也能通过文字来感知这个世界。王举更加佩服眼前的这个小女孩,即使看不见,仍然坚持来学校读书。

"老师,我将来还想上大学,只是不知道能不能考上。"女孩子的眼球突然转动了一下,白皙的脸上浮现出了激动又羞涩的笑容。

"小姑娘,好好努力,老师相信你的愿望一定会实现的!"王举真心地期盼着女孩子将来能实现自己的梦想。人是需要梦想的,有了梦想,人生才有光芒。

王举走出教室,准备离去时,又回头望了一眼窗台下那个有梦的小女孩。她坐在了自己的凳子上,双手的手指不停地在课本上游走着。

这个世界是什么样子的,小女孩并不能用眼睛感受到,但是她有着一颗和视力正常的人一样的——追求梦想的心灵。在她执着而专注的精神世界里是没有残缺的,小女孩有一双隐形的翅膀,正朝着她的目标尽情地飞翔。

在全国助残日晚会上,王举见到了盲人钢琴家孙岩,一位同样来自吉林省的小老乡。孙岩1983年生于长春,患有先天性白内障,矫正手术的失败使他的世界里仅仅只剩下一些光感。10个手指,"应对"88个钢琴键,这在常人看来都困难的事儿,在孙岩那里,却成为一种"尽在掌握"的快乐。在孙岩只存留一点光感的眼睛里看不到沮丧和自卑,而是满脸的阳光、自信和从容。原来,光亮只不过是离开孙岩的眼睛,移动到了他的脸上。听着孙岩那流淌的琴声,王举仿佛站立在明亮的星空下,如水的月光流泻在身体上,一种静谧的感觉随着琴键的跳动,缓缓渗入王举的肌肤,一直抵达心灵最深处的那片绿色森林。

2007年,第四届CCTV舞蹈大赛拉开了帷幕,共有1000多个节目报名参加比赛。王举受邀担任舞蹈大赛的评委。比赛的过程中,一对独特的舞蹈搭档出现在舞台上。女孩没有右臂,像是一只受伤的蓝蝴蝶,在地面上痛苦地挣扎、呐喊、呼救。突然,一支拐杖伸到了女孩的面前,女孩慢慢抬起头，顺着拐杖向上望去，一个英俊伟岸的身躯站立在自己面前，但是，男孩没有了左腿。男孩在犹豫，自己残缺的身体能不能给女孩带去一丝安慰，女孩也在犹豫，自己真的还能站起来吗？但是，内心对生活的美好向往战胜了他们的胆怯，他们大胆地把手伸向对方，伸向未来，伸向希望。然后，"三只手加三只脚的组合"出现了，他们开始在绚丽的舞台上飞舞……

什么是优秀的舞蹈作品，什么是永恒的生命之美，什么是天残地缺心不疾，什么是活出自己创造奇迹，舞蹈《牵手》给了我们最好的解答。面对残酷的命运，那源自生命内部的力量如火山喷发，那些想要制服人类的铮铮枷锁，反而被人类挣脱、砸碎、降服。这样强烈的人性之光，让我们感受到磨难的渺小，人类的伟大。世界不仅是人类思想的发源地，也是人类展示其精神之美的大舞台。

在王举的据理力争下，舞蹈《牵手》荣获了表演特等奖，这份了不起的殊荣应该赠予任何一位生命的强者。这是中央电视台历届舞蹈大赛中唯一一次残疾人舞蹈节目进入决赛。

弱势群体实际上并不弱小，残疾应该成为人类生存的一种特征，而不应该成为人类向上的一种桎梏。真正弱小的人，不在于外表的某种残缺，而在于内心世界的坍塌和虚弱。生命犹如风景，不能只站在景点外围欣赏，而应该走入风景区的核心，从生命的内部去感受生命存在的价值。在这个世界上，存在着太多的风景，外观有模有样，内部却一塌糊涂。所以，我们不仅要做一个从内部欣赏风景的人，还要做一个内部有风景的人。王举就是这样认识他人的，同时也是这样来要求自己的。

# 12个孤儿的干爹

1994年的冬天，在吉林省九台市一户农家的土炕上，躺着一个瘦瘪的女人。女人40多岁的样子，头发凌乱地遮盖着凹陷的眼睛，身体像是被抽干了水的枯井，干裂的嘴唇里不时地响起痛苦的呻吟声。由于大小便完全失禁，房间里弥漫着一股人体排泄物的气味儿。

一个7岁的男孩已经在女人的炕边站立了好久，像是犯了错误，一动也不动地低头望着紧闭双眼的女人，黑黝黝的眼睛里滚动着泪花，但眼泪始终都没有掉下来。歪斜的门帘被人一把掀了起来，一位比炕上的女人年龄稍微大点的妇女走了进来，手里端着小半碗水，水里还放着一把汤匙。妇女径直走到炕边，一屁股坐在了炕沿上，用汤匙盛了点水，轻轻送到睡着的女人嘴边。女人的嘴唇紧闭着，两片起皮的嘴唇像是粘连在了一起，任由汤匙来回探进，没有一滴水能送到女人的嘴里，汤匙里的水都顺着女人枯瘦的下巴流到了青筋暴起的脖子里。

"妈妈……"小男孩突然张大嘴巴，呜呜地大哭了起来。

"孩子，别哭，妈妈只是睡着了，等妈妈一会儿醒了，再喂妈妈水喝。来，大姨抱。"妇女把碗搁在炕上，转身抱起了小男孩。满脸泪痕的小男孩伏在大姨的怀里，不断地抽搐，他好害怕妈妈再也不会醒过来，自己就成为没有父母的野孩子了。

4年前，爸爸因病死去了。不久，妈妈患上了癌症。大姨就把这对苦命的母子接到了家里，由自己亲自照料。最让人害怕的事情，它还是发生了。小男孩的妈妈真的再也没有睁开眼睛，在一个寒冷的深夜，倒出了最后一口气。

妈妈走后，大姨一边照顾自己的5个孩子，一边还要照看妹妹的儿子。生活的压力，让大姨不得不给小外甥想条别的出路，否则，这日子真的没法过。

一个早春的上午，大姨收拾完碗筷，就骑着自行车，带着小外甥来到了九台市民政局。什么也没说，把孩子放在民政局的大厅里，就转身骑车走了。望着周围全是陌生的面孔，大姨却不见了，小男孩哇哇地哭了起来。小男孩的哭声立即吸引了工作人员，工作人员一边安抚着小男孩，一边不经意地问他是否还记得回家的路。听到工作人员这么一问，小男孩立即止住了哭声。因为，他确实记得回大姨家的路。就这样，按照小男孩的记忆，民政局的工作人员准确无误地把小男孩送到了大姨家。

当小男孩看到大姨，立即张开双臂扑向大姨时，大姨举起巴掌，狠狠地扇在了小男孩还挂着喜悦的小脸蛋上。

原来，大姨早就跟民政局说明了家庭的困难，申请把小男孩送进吉林省孤儿学校。由于各种原因，民政局一直没有给出明确的答复。无奈之下，大姨只好出此下策，把孩子扔给民政局，让国家看着处理。就算国家不给安排，孩子这么小，也不会记得家在哪里。可是，万万没有想到，孩子居然又被送了回来。大姨蹲在地上，也捂着脸哭了起来，想起往后的苦日子，她看不到任何的希望。

民政局的工作人员看到家里破旧的房子，五个大小不一的孩子，再加上这么一个孤儿，日子确实够难的。于是，小男孩又被他们带走了，很快安排进了吉林省孤儿学校。

一个风雨交加的夜晚，一张大炕上睡着一家四口人。两个孩子睡在里边，爸爸妈妈睡在外侧。一阵凄惨的哭声和摔打声把两个孩子从睡梦中惊醒。两个孩子立即爬起来，蜷缩到炕角，瞪大着眼睛，惊恐地望着眼前的一幕。男人骑在女人的身上，一只手抓着女人的衣领，一只手狠命地抽打着女人的脸。女人丝毫没有还手的力气，只能任由男人粗大的手掌像雨点一样，噼里啪啦地摔打在自己的脸上。男人像是一头凶猛的野豹，怒睁着血红色的眼睛，龇着满口的黑牙，把身下的女人往死里抽，女人的血肉模糊似乎对男人是一种刺激，男人手上的力量越来越大，越来越凶。

天还没有亮透，屋外响起了震天的惊叫声："有人跳井了，有人跳井了，快来人呀！"床上的男人立即赤着脚跳下床，发了疯地往外面跑去，从此，女人没有回来，男人也没有回来。女人去了天堂，男人去了精神病院。两个孩子则被好心的邻居送进了吉林省孤儿学校。

## 第七章 嘎子

煤矿上正在收工，满身煤灰的工人逐个地从井下钻出头，再一点点地从井里抽出身来。突然，轰隆一声巨响，煤矿发生了爆炸。煤矿像是遭到了袭击，各种石块从山顶上砸下来。一个男人躲避不及，被一块巨大的石头拦腰砸中。从此，男人成了高位截瘫，妻子承受不了命运的这种重创，含泪离开了家，就再也没有出现过。从此，80多岁的奶奶飘着满头的白发，照顾病重的儿子和年幼无知的孙子。

"大娘，把娃送到孤儿学校里去吧。那里管吃、管住，还能识字。您这么大岁数了，要是累倒了，他们爷俩可咋办呐？"

就这样，又一个苦命的孩子走进了吉林省孤儿学校。

每个孤儿的身上，都背负着一个令人心酸的故事，每个孤儿的心里都有一道难以抚平的伤口。他们本该和那些家庭健全的孩子们一样，享受父母的疼爱，感受父母的呵护。但是，他们有的从小被父母遗弃，无法感受父母那刻骨铭心的亲情；有的父母发生了意外，孩子们失去了双亲，只能沦落到街头；有的父母彼此互相伤害，给孩子们幼小的心灵笼罩上了可怕的阴霾。所以，孤儿们普遍都比较孤独、沉默、胆怯、无助，有的孩子会变得敌对、叛逆、冲动，甚至走上犯罪道路。这个时候，孤儿学校所发挥的作用就举足轻重了，孩子的成长和学习都将在这里逐渐地完成。

吉林省孤儿学校始建于1956年，是新中国建立最早的孤儿学校，被誉为"母亲的事业，孤儿的摇篮"。2009年9月10日，学校乔迁净月经济开发区玉潭镇丁二十二路以南，梧桐街以西，红梅街以东，东南方向是净月潭国家森林公园，与长影世纪城隔道相望。可容纳2000名孤儿学习生活，目前是全亚洲最大的孤儿学校。但在2000年，吉林省孤儿学校只有600多名在校孤儿学生。

2000年的春天，落英缤纷，暖意融融。吉林省孤儿学校的小学教室里，突然进来了几个人，为首的便是王举。

原来，国家领导人李岚清、李铁映即将来吉林省孤儿学校慰问，学校想准备一台由孤儿演出的晚会，这个时候，孤儿学校的领导就想到了王举。王举也是吉林省人，同时也是孤儿，那么邀请王举过来组织这台晚会，是再合适不过的事情了。王举就这样来到了吉林省孤儿学校。听完学校领导的构思，王举突然萌生了一个想法，与其在这里排练学生，倒不如把这些学生带回去,系统地把舞蹈的知识传授给学生,这样从长远考虑,孩子们将来也算是拥有了一技之长,可以在社会上立足。并且,这个时候,王举刚刚成立了由自己的名字命名的舞蹈学校——大庆北方王举舞蹈学校,正好具备了培养孩子们的条件。吉林省孤儿学校的校长欣然同意了和王举之间的合作。王举打算从孤儿们当中挑选出10个人,带往自己的学校。王举现在进入教室,是来选兵点将了。

王举点到谁,谁就站出来,伸伸胳膊,抻抻腿,王举最后选中了12个男孩。就这样,12个孤儿的命运在这一天发生了彻底的改变。他们即将脱离孤儿学校,他们即将离开长春,前往大庆,开启一段焕然一新的生命。

2000年9月,凉爽的秋风载着这12个孩子,来到了王举的舞蹈学校。学校门口彩球高挂,鞭炮齐鸣,全体师生列队欢迎他们的到来。12个孩子的心立即被一种久违的温暖所包围。虽然他们还不知道迎接他们的是什么样的生活,但是12个孩子的心底都涌动着同一个声音:"一定要对王举老师好!"

王举带着12个孤儿认识他们的新学校,亲自给他们安排住宿。当一切都安顿下来的时候,王举温和地对12个孩子说:"以后,你们都做我的干儿子吧。"从小就是孤儿的王举,更能明白这些孩子们最需要的是什么。

"干爹。"12个孩子嗫嚅着嘴唇,终于鼓起勇气,小声地喊出了这个对他们来说,仿佛已经陌生的称呼。他们已经多久没有喊爸爸了,谁也记不起来了。对父爱的渴望让他们对这个新学校多了一份特殊的感觉。在这里,不仅可以学习跳舞,还有了一位王举干爹。

# 只要你们过得好

笨鸟就要先飞,蜗牛也能赛过乌龟。对于这12个没有任何舞蹈基础的孩子,王举首先要让孩子们明白的就是练功的重要性。为了不辜负干爹的厚望,为了能真正学有所成,这12个孩子每天早上五点就起床,来到练功房,开始这一天的早功。而其他的学生六点才会来到练功房,他们要比别的学生多练习足足一个小时的基本功。

可是,基本功是一项需要长期积累的体能和技能,岂是在短时间内就能立竿见影的。欲速则不达,越是着急,越是容易事倍功半。没有几天的时间,每个人的身上都开始有了伤痛,有的拉伤了肌肉,有的体内乳酸堆积过多,有的膝盖磨破了皮,有的闪了腰或者崴了脚。练功房在四楼,每当练功结束后,12个男孩子像是霜打的茄子,耷拉着脑袋,按揉着胳膊和腿,步履艰难地走出练功房。来到楼梯口,看到那些长长的台阶,他们互相瞅着彼此,都懒得动弹那一双沉重不已的脚丫子了。他们多么希望此刻能神奇般地生出一对翅膀,像是一只小鸟,轻松地飞落在自己的巢里。

"有了。"班长朱瑞航像是发现了新宝藏,兴奋地挤到了同学们前面。一个纵身上马,就潇洒地爬到了楼梯的扶手上。然后放开双手,身体就哧溜溜地顺着楼梯扶手滑了下去。

"朱哥真棒!"其他同学崇拜地五体投地,也纷纷效仿班长的这一高明发现。12个男孩子像是12只灵活的小猴子,沿着紫红色的木头扶手,一个接一个地滑下了楼。

也许是一时不适应这种高强度的练功方式,也许是孩子们的体质不够强壮,一天夜里,集体发起高烧来。王举得到消息,立即带着退烧药赶了过来。12个孩子躺在床上,脸颊都透着一种发病的红晕。王举伸出手,摸了摸孩子们的额头。

"呀,这么热,不行,必须送医院去。"王举通知学校老师,马上联系车，自己则背起一个孩子就往外走。汽车在奔向医院的路上疾驶着，王举心急如焚，紧紧地抱着全身滚烫的孩子，心疼的泪水无声地滴落在孩子的脸上。

"孩子们，你们一定要坚强，再坚持一下，就到医院了。"王举心里一遍遍地祈祷着。

到了医院，量体温、打针、掉水，王举寸步不离地守候在孩子们的身边，直到孩子们的体温一点点地降下来，王举才对着天空长长地呼出了一口气。

时间在一点一点流逝，12个孩子的舞蹈基本功也在突飞猛进。每个孩子都具有了自己擅长的技能。有的能一连翻几十个跟头，有的能高空劈叉，有的能非常柔软地下腰，有的能漂亮地完成托举。看着孩子们的进步，王举的心里默默地笑成了一朵花。

如果说命运的捉弄，是上天随机的安排，那么青春期的叛逆，就是一场必然的劫数。况且，这12个孩子还具有相对凄惨的童年经历。在他们渐渐走进青春期的雷区时，他们学会了逃课上网，学会了聚众吸烟，学会了打架斗殴，也学会了埋怨命运的不公。在孤儿学校的时候，周围都是孤儿，所以并没有感觉到自己和别人有什么不同。但是到了舞蹈学校，除了他们12位同学，其他的学生都来自正常的家庭。爸爸妈妈会时不时地来看望他们，也会给他们带来各种好吃的，以及换洗的衣服。而他们呢，除了彼此取暖和相互安慰，仿佛就是一群另类的人。为了发泄内心的苦闷，为了寻找新异的刺激，网络世界成了他们最好的避难所。世上没有不透风的墙，很快，王举就得知了他们的这些行为。

当其中几个孩子再次因为上网彻夜未归时，王举和舞蹈老师来到网吧，找到了两眼布满血丝、依然沉醉在网络游戏当中的孤儿孩子。看到干爹突然出现在眼前，他们吓了一跳，垂下头，松开了还在闪闪发光的鼠标。

王举回到了办公室，几个上网的孩子灰溜溜地跟在王举的身后。他们知道自己辜负了干爹的期望。想起当初干爹把自己从孤儿学校里面带出来，是为了让自己来这里上网的吗？为什么自己没有控制住自己的心？为什么自己没有抵挡住网络的诱惑？为什么自己这么没有志气？干爹现在一

## 第七章 嘎子

定很伤心，也一定很生气，他一定会大骂我们一场的。不管干爹怎么教训我们，哪怕干爹打我们一顿，只要能让干爹出口气，我们也绝不喊疼。

做好了挨训挨打准备的几个叛逆期的孩子，站立在王举面前，等着一场暴风骤雨的降临。可是，他们已经全部都站立在了干爹的面前，干爹却没有发出任何声音。他们鼓起勇气，慢慢地抬起头，想偷偷看一眼干爹。当他们的目光缓缓移动到干爹的脸上时，并没有看到干爹气愤的表情，但是，干爹满脸的忧伤，这种忧伤的神情仿佛一把利刀，让这些曾经沉迷网络的男孩子们自责到了极点、羞愧到了极点。

王举慢慢地抬起右手，低下头，沉重地朝着这几个孩子，他亲自挑选的舞蹈孩子，他亲自带到大庆来的孩子，他曾经寄托了多少期望的孩子，他的干儿子们，挥了挥手。

王举一句话也没有说，但是却抵过千万句批评指责的话。这几个令王举伤心的孩子退出了王举的办公室，流下了悔恨的眼泪。他们知道，自己说什么都是多余的，只有好好练功，只有远离网络，才能让干爹不再这样为他们难过。

网络的事情杜绝了，但是又有别的孩子因为打架，被学校勒令劝退，送回了吉林省孤儿学校。一个孩子因为打架而断送了自己的前途，想到这一点，王举就心痛不已。这些孩子是当年王举亲自挑选出来的，他们都具备优良的舞蹈感觉，不能因为一点过失就把一棵好苗子彻底否定。他们都是无家的孤儿，不学一门专业技能，他们将来怎么生活啊。几个月不见他们了，王举真的很想他们，他们是自己的孩子啊。思考再三，王举决定把他们找回来。别的老师一听说王举要把这些违规的学生再接回来，都纷纷劝阻王举。但是王举还是执意要去接他们回来，也许，教育和宽恕的光芒能唤醒他们误入歧途的灵魂。

"干爹!"看到王举突然出现在孤儿学校里，这几个孩子扑进王举的怀里，哭了。他们以为自己这一生就这样待在孤儿学校里了，他们以为自己被贴上了坏学生的标签，以为再也不可能去继续学习舞蹈了，更没有想到干爹居然亲自来接他们回去。干爹原谅了他们。

12个孤儿再次在舞蹈学校里重聚一堂。经历了沉迷和苏醒、叛逆和成长后的这些孩子们带着一颗全新的心灵，重新回归到了舞台上。王举也根据孩子们的特点和优势，给他们排练了很多的作品，《小猴照镜子》、《赛马》、《笛子与女人》、《命运》等等。

当这12个孩子临近毕业时，王举知道，已经到了该给他们排练一部大作品的时候了。望着这12个活蹦乱跳的男孩子，王举的头脑中浮现出了一个男娃的形象——小兵张嘎。2005年是抗战胜利六十周年暨建军七十八周年。王举希望自己的这12个孩子能像小兵张嘎一样，做一个勇敢坚强的孩子。这部舞剧的名字就叫《嘎子》。12个孩子就是12个嘎子，12个机智的嘎子，12个勇敢的嘎子，12个有能量的嘎子。

为了能保证《嘎子》的顺利排练，王举把所有的资金都投入到了这部舞剧上。自己只要有时间，就来指导孩子们。有时，自己感冒发烧，也要坚持给孩子们讲作品。《嘎子》是王举送给孩子们的一个毕业礼物，也是检验孩子们在舞蹈学校五年的学习成果。

12个孩子要毕业了，远在外地排练节目的王举感觉到深深的欣慰。五年里，自己所有的辛苦都没有白费，12个孩子都练就了一身的舞蹈本领。看到幼苗长成参天大树，是园丁最有价值感的时刻。王举在这个时候，接到了班长朱瑞航的电话。

"干爹，同学们要走了。"朱瑞航极力压抑着自己的情绪，不想给正在外地排练的干爹带去太大的压力，但自己作为一班之长，又不能隐藏同学们即将散去的事实。

"哦，等我回去再说吧。"对于朱瑞航的话，王举理解的是，同学们要毕业了。所以，王举并没有太在意朱瑞航的话，继续在外地排练。但是，当王举回到大庆时，得到的消息却是，12个孤儿，全部离开了！

王举不相信！王举如何能相信，自己的12个孩子——都走了。

王举赶到学校，12个人的宿舍早已人去楼空，没有任何遗留的痕迹。

王举赶到他们平时最喜欢去的地方，看到的只有寂静得令人发慌的天空和大地。

也许，孩子们知道我就要回来了，像往常一样，回家等我了。王举跌跌撞撞地往家赶，可是，给他开门的，不是任何一个孩子，而是妻子郭颖。

半夜里，妻子郭颖早已进入梦乡，可是王举却睡不着。五年的孩子就

## 第七章　嘎子

这样远走高飞,五年的心血就这样付诸东流,五年的希望和期待最后成了一场空幻的梦。五年里,他和12个孩子之间,不仅是师生关系,更是一种浓浓的父子情。五年的辛勤耕耘,最后收获的,却是孩子们集体不辞而别!泪水顺着王举的太阳穴滴落在枕头上,流进耳朵里,一阵如海浪般汹涌的巨响在王举的耳朵里咆哮、嘶鸣、翻滚。突然,有什么声音在一声接一声地撞击着家门。王举一个激灵坐起来,脚踩一只拖鞋,撒开腿就往门口跑。边跑边喊:"是孩子们回来了,一定是孩子们回来了。"妻子郭颖随后跟了出来。

王举顾不上开灯,就喜出望外地拽开了屋门。门外,没有一个人,是风的声音。随着风涌入的,只有无边的黑暗。天上没有月亮,也没有一颗星星。眼泪再次涌上王举的眼睛,啪哒啪哒地滴在冰凉的地面上。

"我是谁?"王举突然开口问妻子。

"你做了很多。"妻子把手伸到王举的肩膀上。

"我做了什么?"王举像是在接妻子的话,又像是在自言自语。

"天不早了。"妻子心疼地嘱咐着。

"你先睡吧,我在这里坐会儿。兴许,孩子们一会儿就回来了,我在这里等他们。"王举踩着一只拖鞋,沮丧地走向沙发。

郭颖了解王举的心,只好默默地回屋。不久,客厅里响起了低低的抽泣声,一个男人悲伤到极点的哭泣声,郭颖也不由得流下眼泪。

早上,郭颖走进客厅,王举斜倒在沙发里,目光呆滞地盯着窗户的方向,仍然光着一只脚。王举似乎一夜都没有动,像一尊失落的雕塑一样,就这样歪倒着坐到天亮。

"去睡会儿吧,这样下去,身体会垮的,别忘了,你还有心脏病。"郭颖深深叹了一口气。

"是啊,我该睡了,早该睡了。"王举在郭颖的搀扶下,喃喃自语着,踉踉跄跄地往卧室走去。

两年之后,王举去吉林市歌舞团参加排练,竟然在那里意外地遇到了其中一个孤儿。看到王举,孤儿低下了头,他知道,这一辈子自己最对不起的就是干爹。

"孩子,既然选择了这条路,就好好干吧。"王举微笑着拍了拍他的肩膀，转身离开了。

　　望着王举有些苍老的背影，孤儿流下了眼泪。

　　这泪水是无奈？是心疼？是愧疚？是坚强？对于王举来说，如今，都不重要了。重要的是，每一个离开的孩子都生活得很好，都在做着自己喜欢做的事，都在走着自己喜欢走的路，这一切不正是当初王举把他们从孤儿院带出来，要亲自培养他们的初衷吗。

　　蔚蓝的天空里，一行大雁从云间展翅飞过，给世界带来了高高飞翔过的痕迹。

# 感动在美国杨百翰

美国杨百翰大学是一所私立四年制大学，位于犹他州普罗沃市，成立于1875年，隶属于摩门教，是全美最大的教会大学。杨百翰大学舞蹈团成立于1971年，是一支由大学生组建的舞蹈团，也是周恩来总理在世的时候，最早来到中国进行演出的舞蹈团。这个舞蹈团不是由专业的舞蹈学院成立的，而是由来自不同学科的大学生组成的，有数学、太空物理、化学、计算机、经济学、语言障碍、人类健康学等。

杨百翰大学舞蹈团的舞蹈形式非常丰富，有传统的队列舞和标准舞舞步，婀娜的伦巴，性感的恰恰，顿挫的探戈，典雅的华尔兹，激情的踢踏舞，轻松幽默的喜剧舞蹈和悠闲平滑的造型舞，从拉丁到摩登，从踢踏到百老汇音乐剧经典舞，从跳步舞到美国西海岸摇摆舞，融合了美国民族和世界各地最有特色的舞蹈舞种。每次来华演出，杨百翰大学舞蹈团演员们活力四射的表演和浓郁的艺术感染力深深打动中国舞蹈界。为了吸收国际先进艺术文化教育理念，2002年，中国组建了一支由十人构成的高级访问团，前往美国杨百翰大学进行为期20多天的研修，王举就是访问团其中一位成员。

杨百翰大学位于普罗沃市区中心，但让王举感觉到比较奇怪的是，大学附近没有一间咖啡馆，没有一间网吧，没有喧嚣熙攘的商场，更没有一个学生戴耳环、吸烟、饮酒、奇装异服。原来新生入学时，必须签署一份约章，包括不饮酒、不吸毒、不抽烟，甚至不喝咖啡或茶。整个学校就像是一座镶嵌在蓝天碧水之间的岛屿，四周群山环抱，水流潺潺，校内绿草如茵，百花嫣然。一栋栋各富西方特色的学院建筑错落有致地分布在校园的各个角落。耶稣基督后期圣徒教会首领杨百翰的铜像矗立在校园里最显著的位置，杨百翰大学的校名就来自于这位伟大又勇敢的教会会长。

据杨百翰大学的负责人介绍，全校在校生有3万多人，而学舞蹈的有

8000多人，辅修艺术的有近2万人。此外，还有很多学生学习声乐、器乐等其他艺术专业的课程。这个是最吸引王举的地方。如此多的学生来接触舞蹈，那么这里面一定有什么秘诀。

杨百翰大学舞蹈团有16个职业表演团，有拉丁舞团、百老汇团、音乐团、唱诗团、民俗表演团等。学校里面设有4个剧场，每天在剧场里面演出的节目络绎不绝。练功教室早上6点半开门，一直到夜里12点才闭门，来得稍微晚些的学生就得在练功房外面排队。而来得早的学生，一推开练功房的门，只要看到里面有练功的空间，就立即快步走进来，脱掉外衣，跟着音乐的节拍，完全投入地练习自己喜欢的舞蹈。

杨百翰大学舞蹈团之所以在世界上闻名遐迩，一定有它自身非同凡响的地方。王举像一块硕大的海绵，贪婪地吸取着关于舞蹈团的一切有价值的信息。

杨百翰大学舞蹈团吸取百家之长。比如美国的踢踏舞就是集中了好几种踢踏舞的元素。一只脚前后搓的踢踏舞来自于美国的印第安人，两只脚左右替换踢踏的舞步来自于英国，立在脚尖上的踢踏舞步来自爱尔兰，所有这些踢踏的舞步综合起来，就渐渐发展成了今天的美国风格的踢踏舞。踢踏舞激情奔放、铿锵有力，非常受观众们的喜爱。

美国杨百翰大学终身副教授黄嘉敏曾经介绍说，一位来自物理系的学生选修舞蹈专业的原因是：舞蹈中有许多东西是在科学中学不到的，比如创造力和想象力；舞蹈培养人的团结合作精神；身体语言有时会比口头语言更具有表达力量；学习了舞蹈会更加了解自己的身体；舞蹈可以使精神更健康、心情更愉悦。可见，舞蹈并不是少数人的专权，而是所有人都拥有学习舞蹈的权利。老师没有权利决定谁可以学习舞蹈，谁不可以学习舞蹈。在中国，一般喜欢把身材优美、技能扎实的演员安排在首排表演，但在美国杨百翰大学舞蹈团里，审美的标准是多元化的。即使是脑瘫、残疾、侏儒的学生，都可以和其他学生一样，站立在首排表演。学生们学习舞蹈，并不是为了将来找工作，而是为了提升自己的综合素质，能够锻炼自己的审美眼光。也就是说，杨百翰大学的舞蹈是为了给人带来欢愉，一种纯精神上的放松，一种真正合乎人内心对美的追逐。

另外，杨百翰大学歌舞团的老师在给学生讲解舞蹈时，并不从技能入手，而是从舞蹈所处的文化背景切入。让学生了解某个舞蹈产生的历史背景和文化底蕴，这样学生们听起来很有兴趣，自然就非常容易接受。比如，黄嘉敏教授给外国的学生排练中国的舞蹈《茉莉花》，就会先给学生们介绍中国关于茉莉花的一些知识。茉莉花素洁、浓郁、清芬、久远，它的花语表示忠贞、尊敬、清纯、贞洁、质朴、玲珑、迷人。许多国家将其作为爱情之花，青年男女之间，互送茉莉花以表达坚贞爱情。它也作为友谊之花，在人们中间传递。把茉莉花环套在客人颈上使之垂到胸前，表示尊敬与友好，成为一种热情好客的礼节。茉莉花香味迷人，很多人会把她当成装饰品一样地别在身上。茉莉花窨茶是一种香味极浓的茶。但是，真正用于这种茶叶的，是另一种与茉莉花品种很接近的花。清秀的外形，让你很难想象原来她有着如此香甜醇美的花香。当国外的学生们了解了茉莉花的东方风格后，就能用舞姿表现出茉莉花那种素雅和清丽的韵味。异国的学生穿上洁白的长裙，手擎一把透明绣花的淡蓝色油纸伞，踩着婀娜生情的舞步，将东方的文化风韵完全融入到西方的灵魂中，中西方相结合的艺术魅力就这样完美地被杨百翰大学舞蹈团散播到了世界各地。

一支大学生舞蹈团，不具有纯专业的水平，却可以像是一粒生命力极强的种子，在世界各地都能绽放出夺目的花朵，让全球都能嗅到舞蹈的芬芳。这种诱惑力太让王举震撼了。舞蹈的目的是欢乐，舞蹈的根基在文化，舞蹈的功能在完善，舞蹈的魅力在接纳。杨百翰大学舞蹈团，让王举对舞蹈的理解一下子宽阔和深刻了很多。

王举和舞蹈界同行都被杨百翰大学舞蹈团的青春活力和容纳精华的特色所吸引。但给他们的杨百翰大学之行留下难忘印象的，还有两件看似寻常，但却让人温暖到肺腑的事件。刚到杨百翰大学时，舞蹈访问团就马不停蹄地熟悉大学里的环境，了解大学的发展历史和舞蹈情况。突然，随行的一个人发现自己的相机不见了，这个相机还是自己为了此次杨百翰之行专门买的，价钱之贵，暂且不说，准备在杨百翰大学里多拍些照片，以作永久留念的愿望也将泡汤了。可是，第二天，当他们又游走于葱茏的大学校园中时，校园广播里循环播放出了一则寻物启事——相机认领。丢相机的人抱着一丝侥幸的心理，赶到了失物认领中心，结果发现，正是自己丢失的相机，完好无损地安放在失物柜里。无独有偶，另外一位同行不久也丢失了随身带的钱包，也是很快物归原主，钱包里的钱款分文不少。

美国杨百翰大学不仅教育出了一批又一批真正热衷于舞蹈的人，同时也培养出了无数心灵纯净的人。短暂的杨百翰大学之行，带给了王举及中国舞蹈界的精英们隽永的感动和记忆。教育到底应该给予学生什么东西？真正的教育应该如何来做？

从美国杨百翰大学回来，回到中国，回到黑龙江，回到大庆，回到黑土地，王举的心一直处于沸腾的状态。美国的大学教育是否可以给中国的教育一些启示？

杨百翰大学的学生必须选修七学期的宗教课程，校内教规颇严。大学只有四分之一的学生可以在五年内毕业，因为修毕第一年后，近八成的学生都会依照教会传统，出外做两年传教士，毕竟这是一所教会学校。但是，杨百翰大学的学生基本上都会在毕业前，被各个公司签走。所以，尽管学生毕业晚，但是当学生们走出大学校门时，都是走向明确的工作岗位。而中国的大学教育依然存在很多问题。尤其是时间跨入 21 世纪之后，大学毕业对于大学生们来说，不是学有所成，不是意气风发，而是成为了一种必然的生活压力，一种弃之不去的精神焦虑。大学教育如果可以充分挖掘学生的发展潜能，学生能够给自己一个清晰、合理的定位，学科知识既有量变的积累，又有质变的飞跃，使学生掌握实用性强的专业技能，使大学生的学习生活和社会生活能流畅地接轨，那么，大学生的毕业焦虑就会降低许多。

教育一定要和社会需求结合起来，教材、教法、教育理念一定要及时更新，绝对不能抱着一本教材啃一辈子，否则培养出来的学生无法和社会融合。最好能在边教、边演、边练、边排中培养学生，这样教育出来的学生才能在实践中成活下来。王举如是说。

第八章　龙在北方

石油的传说 (45×57cm)　　创作者:王大为

# 坐着火车去内蒙古

王举就像蒲公英的种子，遍布了整个北方的角角落落，城市、乡村、草地、森林、河流、山川、荒原，到处都留下了王举探索和思索的踪迹。带着一颗对黑土地无比赤诚的心，王举创作出了组舞《黑土地》和舞剧《高粱魂》。作为北方的一个儿子，出生在北方、生长在北方、扎根在北方，那就不仅要研究脚下的这片黑土地，还要研究在这片黑土地上活动着的民族。土地与民族是不可分割的整体。有了民族的繁衍和耕作，土地才更加肥沃；有了土地的供给和支撑，民族才能以各自的特色，源远流长地存留下去。

王举想把北方少数民族之间的古老故事、原始的生存状态、鲜明的民族精神风貌，以及那深厚久远的民族文化用舞蹈的方式保存给历史和人类。

黑龙江省是一个多民族、散杂居的边疆省份，全省共有53个少数民族，近200万人口，占全省总人口的5.26%。其中世居本省的有满、朝鲜、蒙古、回、达斡尔、锡伯、赫哲、鄂伦春、鄂温克和柯尔克孜等10个少数民族。在这10个少数民族中，王举最先接触的就是蒙古族。这个不仅是因为王举工作之初就在前郭尔罗斯蒙古族自治县，同时也是因为王举有一段艰苦跋涉的拜师学艺的经历。

三月的桃花随风飘散，舞落一地的花瓣雨。婀娜摇曳的花枝，缤纷如梦的花容，迷离斑驳的花影，沁人心脾的花香，构成了一幅海洋桃花图。悠闲的行人漫步其间，心旷神怡，流连忘返。不似人间，恰似人间，更胜似人间。桃花为什么这样红？桃花为什么这样美？那是桃树萃取了春雨、夏风、秋霜、冬雪的精华，才得以以娇美绝伦的姿态盛开在大地上。王举就像是一朵璀璨高贵的花，每当需要生长时，他都会寻找最富含价值的养分。这样，花期一到，呈现给世人的，将是一次极具震撼力的盛放。所以，只要是关于舞蹈的元素，王举都会极力寻找最尖端的资源。

为了学习蒙古族的舞蹈，王举既要了解这个民族的文化，也要向蒙古族的专家学习他们的民族舞蹈动作。于是，王举跳上了前往内蒙古呼和浩特的火车，此次他要去拜访一位蒙古族老舞蹈专家。

哐当哐当的火车行驶在苍茫的草原里，像是一条长蛇蜿蜒在无垠的草丛中。王举没有买到坐票，只好和众多的无票乘客一样，在两节车厢的连接处，求得一席立足之地。火车走走停停，车上的乘客也上上下下，没有走几站，王举就被挤到了车厢拥挤不堪的走道上。车厢里的乘客南腔北调地调侃着，呛人的烟草味让王举止不住地咳嗽了起来。王举上车时，之所以选择站立在车厢的尽头，就是为了躲避从别人嘴里吐出的烟雾。但车上的乘客多如繁星，自己就像是一只皮球，被挤过来，又被挤过去。想固守一寸不变的领域，实在比登天还难。

"火车要走四天三宿，这样站上80多个小时，等自己下车的时候，还不得被火车颠簸散架了。"王举心里嘀咕着便从人群的狭缝中挤出脑袋，试图寻找一种让自己的旅途稍微舒服一点的方式。但快速扫视了一圈，王举就悻悻地收回了目光，到处都是随着火车晃动的人群。王举还是不死心，又把目光投放在地面上，站立的疲累和晃动的晕眩让他实在有些吃不消。王举的眼睛在地面上搜索着，就像是一只饥饿的鹰，在寻觅可以俯冲的目标。

王举的心里一阵惊喜，他发现每个座位底下有一定的空间，自己个子不高，正好可以蜷缩进座椅下面，这样自己不就可以躺着睡觉了吗。王举立即行动，他先从斜挎的包里找出两张报纸，把报纸铺展开，送进座椅底下，然后自己像是钻山洞一样，爬进了座椅底下，侧身躺下之后，再把两只脚往里一收，这样自己既不会给别人造成障碍，那些站立着的乘客也不会踩到自己。躺下之后，一种软绵绵的睡意立即袭上全身，王举的意识变得朦胧起来，火车有规律的哐当声也从自己的耳膜里渐渐远去。

突然，王举的身体猛然一阵发抖，他立即从睡梦中清醒了过来。也许是到深夜了，火车里没有一点声音，潮湿的寒气从座椅四周升起，王举刚才是被冻醒了。虽然现在是春天了，但是草原上还是湿气太重，再加上昼夜温差大，夜里，还是会让人感觉到一种浸骨的冷。王举把身体蜷缩得更紧了,双手不停地搓着自己时而颤抖的身体,想用摩擦生热的方式让自己暖和些。可是,草原里的寒气像是从淤泥里伸出的藤蔓,缠绕着往自己的身上聚拢。这样下去,即使不被冻死,也会生出病的。王举用手顶着座椅,勉强翻了个身。当王举的双腿朝反方向倒下时,一股暖流瞬间从自己的小腿传向全身。原来是自己的腿碰到了另外一条腿。王举本能地准备往回抽自己的腿,还没能动弹,王举就停下了。

"这么冷的天,会非常难熬的。这个人没有动,也许他正在熟睡中,我就借这位兄弟点热气吧。"王举怀着感激的心情,继续进入了梦乡。这股从身体上传来的暖流继续在王举的身体里输导着,给王举这个漫长而艰难的草原旅途,融入了一缕温暖的记忆。

终于,王举找到了那位蒙古族舞蹈专家,向老专家说明了自己的来意。可是,老专家没有表现出丝毫的热情,淡淡地听完王举的叙述,就继续把酒倒进碗里,大口地喝起来。王举知道蒙古人都是豪爽性情中人,于是,自己也在老专家的帐篷里坐下来,大碗喝酒、大口吃肉。看着王举真诚率直的举动,老专家大叫了一声"好",哈哈地笑了两声,就与王举豪饮起来。

喝酒即朋友。老专家知道王举是个非常聪明的人,第二天,就开始教王举跳蒙古舞。不过,老专家并不像一般的老师那样,编好一个舞蹈作品教王举跳。而是随便放一首蒙古曲子,随性地跳起来。王举则站立在一边,仔细观察老专家的舞蹈动作。刚开始,王举心里很是疑惑,这么著名的蒙古族舞蹈专家,怎么感觉他的动作里没有什么规律可循,这让自己怎么学呢?王举有点丈二和尚摸不着头脑,傻愣愣地望着老专家自顾自地跳动着。

老专家并不理会王举的反应,继续跟着苍茫悠扬的音乐,即兴舞动着。王举心想,自己这么大老远地跑来学艺,不能白来一趟。于是,王举放下对舞蹈程式性动作的关注,静下心来研磨老专家跳动的感觉。

蒙古人生活在辽阔的大草原上,推开毡房门,就是遍野的草地,所以蒙古人的舞蹈动作不会向地下看,而是一种昂首阔步、左右甩摆的爽朗感觉。这就好比藏族人生活在高原上,一出门就要登山、背水,所以藏族的舞蹈里都会把民族原生态的生活感觉融入进来。再比如朝鲜族人说话习惯点头、哈腰，那么朝鲜族的舞蹈就应该是从内部散发出来的感觉。

王举豁然开朗。要想跳某个民族的舞蹈，一定首先要具备这个民族的情感，了解这个民族的生活习惯，懂得这个民族的生活语言，用民族文化支撑起来的舞蹈，是一种由内生发出来的关于这个民族的浓烈的情感，而绝不简简单单是一些用肢体动作拼凑起来的动作。舞者，只有真正把自己融入到民族里，才能从民族情感里自然唤醒肢体的舞动。著名的舞蹈家杨丽萍每当站立在舞台上，都会有一种神灵附体的感觉，跳孔雀舞的时候，杨丽萍就感觉自己变成了一只优雅美丽的孔雀，一举一动都透露着孔雀的灵和魂，在一种空灵、纯净、淡泊、唯美的意象中，把观众带入了孔雀的世界。人类放下了自己的语言，直接和孔雀对话。在杨丽萍的举手投足之间，自然完成了净化观众灵魂的舞蹈使命。这一切，都源于杨丽萍把自己和自己的民族合二为一，把无序的原生态生活转化为有序的舞蹈艺术。

所以，学习民族舞蹈，首先要做的就是把民族情感、民族文化和民族精神真正渗透进自己的意识和血脉里，这样出来的舞蹈才能带上民族的烙印，才能真正属于这个民族。

半个月的学习之后，王举也可以像老专家一样，跟随着音乐的节奏，即兴起舞。因为，王举已经把蒙古族的雄鹰、草原、烈风、骏马、毡房、勒勒车、马头琴、大碗酒、大块肉都融入自己的心灵。每当跳蒙古舞的时候，这些都会源源不断地从王举的情感世界里喷发出来。

# 雪困嘎仙洞

鄂伦春族,中国 56 个民族之一。主要分布在内蒙古自治区东北部的鄂伦春自治旗、扎兰屯市、莫力达瓦旗、阿荣旗,黑龙江省的塔河、呼玛、逊克、嘉荫县和黑河市。"鄂伦春"一词的含义是"山岭上的人",因为鄂伦春人生活在大小兴安岭的密林里。

鄂伦春民族有自己的语言,却没有自己的文字,一般通用汉字。信奉萨满教,崇拜自然物,自然界的山川树木,风雨雷电和日月星辰都存在着神灵。出猎时每遇到古树、高崖、洞窟都以为是山神"白那恰"的栖地不敢喧哗,要叩首供肉,祈求平安丰收。鄂伦春敬畏熊,把熊当作力量的象征,谁能驯服一头熊,谁就会被族人当成英雄一样来称赞和崇拜。鄂伦春称熊为"雅亚"(祖父),"太贴"(祖母)或"阿玛哈"(舅舅),不直呼其名。过去鄂伦春人的历法十分原始、简单。他们辨别方位是根据太阳的位置、星辰(北斗星)的位置、山脉的走向以及河流的流向。记月的方法是以月亮的圆缺为标准。从月出到月圆到月落,循环 12 次即为一年。记日的方法是:在一根绳子上穿 30 个小木棍,从正月初一开始,一天拔一根,30 根为一月,重复 12 次为一年。对四季的划分主要以气候的循环为依据。"额鲁开侬",冰雪融化,即为春天;"昭内",是青草长出来的季节,即为夏天;"保缘",草木枯黄,即为秋天;"托",是落雪的季节,即为冬天。鄂伦春有着丰富的桦树文化,他们把桦树皮制作成各种生活用品,衣箱、篓子、水桶、盆、帽盒、针线包、碗、烟盒等。鄂伦春人外出狩猎时,把小孩子放进桦树皮制作的筐子里,然后把筐子挂到大树上。鄂伦春人非常注重民族节日,腊月二十三要祭祀火神,二月二要祭祀山神。族人亡故后,最古老最崇高的礼节是天葬,即把尸身放在树杈上,后来又发展出火葬、土葬和水葬。鄂伦春注重人与自然的和谐,他们在狩猎和捕鱼时不会去射杀或捕捞那些正在交配或怀孕的猎物、鱼类。给大自然留下发展的空间，人类也才能不断地繁衍下去。

新中国成立前，鄂伦春族还处于原始社会，社会内部尚未形成社会分工，只有男女老少之间的自然分工。社会生产以集体狩猎为主，采集和捕鱼为辅。鄂伦春人世世代代就靠着一杆枪、一匹马、一只猎犬，一年四季追逐着獐狍野鹿，游猎在这茫茫的林海之中。五十年代后，在政府的扶持下，鄂伦春人开始从原始社会一步跨到社会主义。

嘎仙洞位于内蒙古自治区鄂伦春自治旗阿里河镇北约10公里，大兴安岭北段顶巅，甘河北岸噶珊山半山腰花岗岩峭壁上。这里峰峦叠嶂，草木满山，松桦蔽日，溪水清清。嘎仙洞高出平地约5米，沿着人造石阶可到达洞口。相传鄂伦春族最早就居住在这个洞里，后来才逐渐走出山洞，住在"撮罗子"（一种用木杆搭建而成的圆锥形房屋）里。

在一个小雪飘飞的上午，王举和几个朋友约好，要去嘎仙洞里一探究竟。

要想到达嘎仙洞，需要先翻过一座小山，再朝着下坡的方向，走上半公里，就可以到达目的地了。实际上，只要翻过山头，就可以看到嘎仙洞那充满神秘色彩的山体了。

准备妥当，一辆半旧的吉普车载着六个男人，朝着嘎仙洞的方向挺进了。冰冷的车窗外雪粒纷飞，像是无数只白沙砾在天地间狂舞。车窗里侧的玻璃上很快积满了白茫茫的热气。

"我们得快点开，看这样子，雪势要加大。这里地形不平，如果看不到地面，极有可能要陷到雪坑里，到时可就麻烦了。"导游的话让每个人的心都提了起来，说是导游，其实就是当地的一位居民。司机把紧了方向盘，车子加大了速度，颠簸着在天色渐暗的雪雾中行驶着。

果真如导游所说，车窗外的光线越来越模糊。天空像是被突然撕裂开来，细微的雪粒变成了鹅毛雪，很快又转成了大雪团。车子打开了探照灯，刚才还能看到高低起伏的路面，转瞬就被白雪覆盖。

"车子不会真的陷进雪坑里吧？"有人担心地问了一句。

"乌鸦嘴！还是祈祷咱们快点到达嘎仙洞吧。"另外一个人立即打住这个让所有人忧心忡忡的问题。

"把速度降下来，现在已经完全看不到地面了，我们随时都可能陷进雪坑里。"导游指示司机，一种火烧眉毛的危险仿佛就潜伏在前方，等待着车子的靠近，然后出其不意地把所有人都围困在这座茫茫的雪原上。

司机立即把速度降了下来，体型庞大的吉普车像是一只胆怯的甲壳虫，在大雪的淫威下，提心吊胆地蠕动着。

"要不咱们掉头回去吧。"那个人颤抖着小声地提议，他好像已经嗅到了危险的气息。

"雪这么大，即使掉头，也很有可能掉进雪沟里。"导游的话很有说服力，所有人都不再期待着往回走。当然，最不希望掉头的是王举。一场气势汹汹的大雪，让那座被神秘笼罩的山洞更具诱惑力，无论如何他也要到达嘎仙洞。

雪是北方的象征，它清净、绵延、宏大、壮观，和南方的秀丽、零落、温婉、小巧构成鲜明的对比。王举挚爱光芒万丈的太阳，同样也无比热爱娴静无瑕的白雪。

广袤肥沃的黑土地，漫无边际的大森林，奔腾不止的大江河流，巍峨连绵的崇山峻岭，再加上漫天飞舞的大雪，苍茫的北方便具有了色彩、赋予了特色、平添了动感、陡生了灵性。落雪的日子是王举一年四季里最为盼望和心动的时候，就像是花样的年华里等待一场美丽的邂逅，急切而又自然。一个人站立在雪地里，被千万朵雪花簇拥着，踩在厚厚的积雪上，每一个脚步都仿佛是一个跳动的音符，随着那种有节奏的咯吱咯吱的踩雪声，一首由自己和天地共同创作的乐章就响彻在耳畔，撩拨着原本沉寂的激情，安抚着原本躁动的灵魂。

雪后的世界，极具包容力，像是一座巨型的白色舞台，可以任由想象力纵横驰骋。所有的沟坎都可以填平，所有的浑浊都可以掩埋，所有灰色的东西都可以否定，完全依照内心的蓝图，滋生出无限的遐想，构建出一个充满温暖、阳光、和谐、希望、力量、勇气和幸福的彩色世界。

北方的冬天虽然严寒，但是只要下雪，人就不会轻易生病。空气中飘浮的尘埃被雪花纷纷击落，天地被白雪渐渐净化，心灵也被白雪柔柔地包裹。尤其站立在纷飞的大雪中，雪动身不动，调慢呼吸的速度，迷离起沉醉的眼睛，摊开双手，感受雪花在掌心里丝丝地融化，仿佛一缕缕甘甜的春水渗透进干涸的心田。雪的世界具有某种奇特的氛围，可以催发王举的灵感。王举的很多作品都是在冬天创作出来的,王举在雪中拍摄的照片也颇具美感。

"糟糕!"司机刚喊出这句话,所有人的身体都猛地向前俯冲。车子陷入了雪坑。

司机尝试着踩油门,可是车轮胎只是在雪坑里打转,就是不出来。最后,司机放弃了努力,抱歉地向所有的人摇了摇头。

"下去推车。"导游说完,第一个打开车门,跳下了车。除了司机,所有的人都跟着跳了下去。车外的雪已经淹没了脚踝,凛冽的北风打在脸上,有种被刀子割般的疼。五个人冒着寒风大雪,转到了车子后面。

"一、二、三……"导游喊着号子,五个人同时使劲儿,司机也顺着五个人的合力,奋力踩着油门,可车子像是一个耍赖的孩子,怎么都不肯从坑里出来。五个人的身体刚刚发热,一股肆虐的冷风扑来,他们都不由地打了一个寒战,牙齿碰得咯咯响。

"现在怎么办?"导游问王举。

"这里距离嘎仙洞还有多远?"王举把双手插进棉衣的口袋里,平稳地问。

"翻过这个山头,大概再走五六百米就到了。"

"我还是要往前走,嘎仙洞我是一定要看到的。这样,谁愿意去嘎仙洞的,就一起走,不愿意去的,可以在车里等着。幸好我们来前准备了一些吃的喝的。"王举要去嘎仙洞的决心,比这狂风大雪还要强烈。

经过表态,导游和另外一个朋友决定陪王举去嘎仙洞,其余三个人留在车里等着。

这座山头确实不高,虽然顶风冒雪,但王举他们还是很快就爬到了山顶。但是,当他们三个人站立在山顶上,感觉仿佛来到了另外一个世界,嘎仙洞处于山坡的阴面,坡面上全是牛奶般的积雪,足有两尺多深,把膝盖都淹没了。

"那边就是嘎仙洞。"导游伸出胳膊,指向不远处的一个白色隆起物。

"走。"王举第一个跳进了雪窝里,腿却像是被什么东西拽住了,怎么也抬不起来。雪真的是太深了,脚踩下去就很难再出来。看来这里的雪是长时间无法消融,日积月累的结果。好在是背风坡,风力没有阳面大。否则这么深的雪,想要走到嘎仙洞,就真的太困难了。王举试着往上抬腿,可是都失败了。阴森森的寒气早已穿透了棉裤,骨头像是要被捏碎。

"必须想个办法。"王举回头望了望其余两个人,导游正在艰难地挪动,先迈出一条腿,再用另外一条腿,一点点地蹭着雪窝,最后和前面那条腿并在一起,这样就可以减少抬腿的次数。另外一个人也在一脸茫然地望着王举和导游。虽然三个人距离很近,但却是一点也帮不上别人的忙,只能根据自己的身体感觉,为自己开辟一条雪路。王举回过头,也学着导游的方式,像一只被风雪围困的蜗牛,倔强地向着嘎仙洞的方向一步一步地挪动着。

王举想起了15岁时给母亲迁坟时的经历。老人说,起坟时,遗骨必须由儿子亲自捧送,并且捧起来就不能再放下,中间也不能停歇,要一直走到目的地,这样,去世的父母才能在另一个世界里生活得安然。王举爱自己的母亲,非常非常地爱,所以,15岁的王举用小刷子认真地清扫着母亲白骨上的尘土,并没有感觉到害怕,心里默默祈祷着母亲在另一个世界里能生活得安乐。清扫完,王举小心地把母亲的白骨一块一块捡拾起来,装进红布袋,再放进骨尸匣子里。骨尸匣子长约三尺三寸,王举刚抱起骨尸匣子时觉得很重,但走起来时就觉得没有那么沉了。从旧坟地到新坟地,整整八里路,而且中间还要翻过两座山包。顶着肆虐的风,迎着旷野的沙,眼睛都睁不开了,紧抠着骨尸匣子的手指甲边缘磨出了血,但王举硬是一步也没有停下,仿佛有一股奇异的力量在牵引着自己坚定地前行着。当到达新坟地时,王举惊奇地发现,自己竟抱着母亲的遗骨一口气走出了十里路。不,对于王举来说,这不是短短的十里地,而是长长的一生的路。就在那一瞬间,王举突然感到自己已经成人了,再也不需要大人了,也强烈地意识到,真正的人生就是向着一个目的永不休止地跋涉,一件事干就干到底,不能放下。

面对不远处的嘎仙洞,自己能因风雪而停止前进吗?答案是否定的!

距离嘎仙洞只有半公里的路程,王举他们却走了足足三个多小时。由于大雪,嘎仙洞的洞口被大雪堵住,只留着一个很小的窟窿,刚好能容纳人的身体。王举钻进了洞口,他终于越过了寒冷肥厚的雪山,来到了令他仰慕已久的嘎仙洞。

嘎仙洞很像一个大溶洞，洞内宏伟宽阔，穹顶浑然天成，高20多米，有如大厅，南北长92米，东西宽27米，可容纳数千人。洞内幽暗深邃，神秘莫测，使人感到一种威严肃穆的古老气氛。在距洞口很近的西侧石壁上，有北魏太武帝拓跋焘于公元443年派遣中书侍郎李敞祭祖时所刻的祝文。石刻祝文的刻词为竖行，通高70厘米，宽120厘米，共19行，12个整行，每行12至16字不等，余为半行，为抬头别行与题名。汉字魏书，隶意浓重，古朴雄健，全文201字。这篇祝文是李敞以北魏皇帝的口吻来对他的祖先歌功颂德的，并祈求祖先保佑。这一祝文的发现，证明了嘎仙洞就是拓跋鲜卑族最初居住的石室旧墟。拓跋鲜卑祖居大兴安岭，从嘎仙洞走出，历经3次南迁，是我国第一个统一黄河流域，成就北魏王朝的少数民族。鄂伦春族是鲜卑人没有南迁的一支，他们生活在大小兴安岭，能骑善射，创造了别具一格的民族文化。鄂伦春的舞蹈文化非常简单，由于他们崇敬自然，所以很多舞蹈动作都是来自于对动物肢体动作的模仿，比如模仿熊的动作、小鹿的动作、鸟的动作。

　　鄂伦春是居住在山岭上的民族，独特的居住环境给这个民族增添了一种神秘的色彩，望着斑驳的石壁上鄂伦春人模糊的肢体动作，王举突然有种穿越的感觉，仿佛自己回到了古老的鄂伦春人生活的那个年代，和他们一起喝酒吃肉，和他们一起骑马狩猎，和他们一起入洞而居，和他们一起围火而舞。

　　由于外面雪厚风大，再加上车子还陷在雪坑里，王举他们没有在嘎仙洞里过多地停留，就匆匆返回了。天越来越黑，风也越来越冷，但是嘎仙洞里的一石一草，一物一字，都温暖着王举那颗探索这个古老民族的心。王举觉得自己并不是艰难地行走在积雪里，而是像一位勇敢的鄂伦春族壮士一样，跨着大马，背着弯弓，握着长箭，奔驰在野兽窜逃的密林中。

　　王举回头望了一眼被大雪覆盖的嘎仙洞，白雪高耸入天，有着一种非常静谧、庄严、神异的美。

# 太阳神契丹

契丹是我国历史上活跃在北方草原上的一个古老的游牧民族。它在公元 10 世纪初迅速崛起,并在公元 907 年在契丹首领耶律阿保机领导下建立起国势强大的封建王朝——辽朝。与北宋、西夏王朝鼎足而立。"契丹"一词有几种含义,一是认为源于鲜卑酋长名字演变而来;二是"镔铁"说,即坚固;三是草原说,契丹生活在草原上;四是辽、金史专家王禹浪先生认为的"东方太阳神"之说。然而,契丹被金灭亡之后,就好像从人间蒸发了。

契丹族的神秘消失,让这个曾经叱咤风云的强大民族成为一个亟待破解的谜。扑朔迷离的历史,不仅吸引了众多史学家的兴趣,也让王举反复捉摸一个问题:"契丹族的舞蹈是什么样的?"想要了解契丹族的舞蹈,可以查找的资料非常有限。除了散落的一些寥寥文字外,就只有从辽墓中发现的壁画去推测了。

契丹墓葬中的壁画,直到辽国中晚期才开始大量出现。壁画题材分为契丹人物、游牧生活、四季风光、车马禽兽、建筑装饰五大类。在这些美轮美奂的壁画中,王举最关心的是两个方面的内容,一是契丹人的服饰,二是契丹人的动作。

首先来看契丹人的服饰。辽墓壁画上的契丹服饰的特点是长袍左衽,两侧或者后部开衩,圆领窄袖,腰间束带,下穿长裤,脚穿长靴。契丹的这种服饰特点是和他们的游猎生活紧密相关的,这样的服饰非常便于他们骑马狩猎。契丹服饰在材质上以皮毛为主,这个特点一方面展现了契丹族的游猎风格,同时也是为了抵御北方的寒冷。契丹族有敬天尚黑的习俗,所以服饰在颜色上以黑色为贵,此外还有许多穿绿色、深褐、棕黄、铜绿等颜色,这也和契丹族的游猎生活相适应,这样颜色的衣服在山林里可以起到一定的保护作用。服饰图案则以鹿、雁、熊、海东青等为主。服饰配件则以佩刀、魔石、弓箭等为主。

再来看契丹族的舞蹈动作。契丹族的舞蹈保留着许多原始的习俗。在契丹族的发祥地木叶山，举行祭山仪式并绕树而舞；在"瑟瑟仪"中祭祀太阳神；在"岁除仪"中祭祀火神。所以契丹族的舞蹈离不开祭祀活动。壁画里的契丹男子赤足、裸胸、光头、扎个小辫，像是一尊古铜雕像，展现着强悍无畏的民族气魄。

此外，王举还了解到契丹族以"车马为家"，"贵日，每月朔日，东向拜日"。契丹人以东为尊，大聚会、议国事皆以东向为尊，门屋亦朝东，对太阳十分尊崇，期望王朝蒸蒸日上，如日中天。契丹族和当年的征战经历有关，这个民族从一开始就骁勇善战，最早的时候拉弓射箭，后来就发展出锻铁和蒸馏酒的技术。

契丹族发源于赤峰，统治时期的中心也始终在赤峰。赤峰是蒙古族的聚集地区，这里的人们都非常热情豪放。1997年，赤峰市邀请王举过去，创作一部歌颂契丹族文化的舞蹈。有了之前积累的关于契丹族的素材，王举接受了这个邀请。

王举来赤峰之前，曾经在内蒙古海拉尔开设全国编导班课程，学员里有一个来自赤峰的编导，名字叫高娃。高娃身材高大，性格泼辣，敢作敢为，敢爱敢恨。王举在高娃的心里，早已是一位才情卓越的艺术家，高娃对王举的情感也自然如火一般炽热、如水一般透明。

在编导班里授课的时候，王举不断地思考，应给学生们传递什么东西呢？一般的舞蹈性知识，任何一位舞蹈老师都可以来讲授，王举觉得还是应该把舞蹈最核心的理念告诉给学生。在这半个月的课程正式启动前，王举想解决两个问题。一是舞蹈情感的释放，二是舞蹈感觉的投入。这两点，王举想通过两个活动来呈现。

舞蹈的情感释放，王举是通过这样的程序来做的。王举让学生们站成一排，每个人的脚前方放着一只鞋。任务是在三分钟的时间内，一边感受自己的内心，一边用脚把这只鞋往前推。

三分钟过去了，王举来检查学生们的作业。大部分的学生只用了很短的时间，就把鞋子推到了终点。但有一个学生，低垂着头，紧闭着眼睛，满脸泪水。时间在她心里仿佛冻结成了冰块，三分钟的时间，她几乎没有离开原地。这个学生就是高娃。从此,王举对这个蒙古族的女学生留下了深刻的印象。

这个活动的目的是为了检验学生对自己内心情感的体验。丰富的情愫犹如月夜下的波涛,时而翻滚成汹涌的浪尖,时而退隐成薄润的细流。内心具有饱满的情感,才能将作品理解地透彻到位,也才能最终把作品以它最美的姿态呈现在舞台上。王举要通过这个小小的活动,告诉学生们,在任何一部作品面前,都不要做冷静的表演者,而要调动起自己所有的情感,把自己融化进作品的世界里,才能塑造出作品真正的神韵。

在学习舞蹈时,很多的学生都无法真正把自己沉浸在舞蹈的殿堂里。扭扭捏捏,顾左环右,仿佛身体里有一根根绷紧的皮筋,在束缚着学生的身体。尤其是在表演男女情感时,很多的演员无法把眼前的搭档想象成自己心爱的人。实际上是学生没有真正放下自己心里的一个个"魔咒",把自己和舞蹈隔离开来。为了打开学生的心扉,使学生摒弃内心的声音,王举让学生闭上眼睛,让大家先随意走动几分钟,然后做碰触练习,即把站立在自己身边的人当做自己深爱的人。学生们可以做出任何的姿势,只要自己感觉舒服就可以,心里不要有任何的顾虑。刚开始,学生们都立在原地,似乎谁都不好意思打破心里的枷锁。有的学生甚至会偷偷睁开眼睛,观察周围同学的反应。

王举走过去,关掉了电灯。屋子里立即漆黑一片,随之响起了不明缘由的议论声和短暂的慌乱声。

"同学们,只有你打开了自己,才能真正走入舞蹈的世界,才能真正读懂舞蹈。"王举的声音极具穿透力,把学生们心里的小魔咒齐整整地粉碎掉了。黑暗里开始了越来越响亮的动乱。王举知道,这些学生们正在释放真正的自我。

电灯重新亮起,大家被彼此千奇百怪的动作逗乐了。有的抓着前面人的鞋子,做出亲昵的样子,有的牵着后面人的胳膊,一幅小鸟依人的画面,有的抱着左边人的腰,沉醉写满了脸庞,有的拽着右边人的脖子,还有的直接把别人的头颅塞进了自己的胳肢窝里。但是,当笑声渐落,大家仿佛都明白了王举的良苦用心。在舞蹈面前,真的不必隐藏自己,只有自己拿出了真实,才能看到真实的舞蹈。在任何搭档面前,都没有情感的区分,才能在舞蹈里不设限。不约而同地,教室里发出了爆破式的掌声。

舞剧《太阳契丹》的创作在赤峰顺利完成。在王举的心里,契丹族就是太阳的民族,他们经历了金戈铁马,战胜了天灾地祸,怀着一种永不陨落的希望,给苍凉的历史增添了厚重的一笔。契丹,从太阳中走来的民族,必然拥有着太阳的光芒,在辽阔苍莽的草原上,锻造着自信威猛的民族魂魄。

《太阳契丹》上演后,研究契丹族的历史学家对王举表示敬佩:"王举老师,您太伟大了,能把契丹和太阳结合起来,来研究契丹族的舞蹈。"是啊,谁也不知道一千多年前的契丹族是如何跳舞的,但是王举通过几张壁画提炼出契丹族的几个动作,用舞蹈的形式把契丹族的精神保留了下来。

庆功会上,赤峰的朋友向王举频频敬酒,王举不仅为他们创作出了一部伟大的作品,一部具有历史价值和现实意义的舞蹈,更教会了他们如何来理解舞蹈,如何来感受舞蹈,如何来呈现舞蹈。突然,赤峰兄弟把王举高高抬起,直接用酒瓶子灌王举。大家欢呼着、跳动着、畅饮着、高歌着,这一晚,王举真的喝醉了。

夜已深沉,众人把王举送回了房间。迷迷糊糊地,王举感觉到房间里有什么细碎的响动。当王举挣扎着坐起来,想看看到底是怎么回事时,一个女子面带微笑地站立在眼前,王举定睛一看,原来是高娃。

"高娃,怎么是你?"王举带着一身的酒气,但意识却非常清醒。

"王老师,我只是想和你说说话。白天人太多,一直没有机会。再说你现在喝多了,也需要人照顾。"高娃蹲在王举的身边,一双清澈的大眼睛里闪烁着蒙古族女孩的果敢和真诚。

谁说契丹族在历史上已经了无踪迹,眼前的这位蒙古族女孩身上的这种勇敢和古老的契丹族不是极其相似吗?历史可以更换,但是人类民族的精神却是可以代代流传、生生不息的。

# 盛世金源

巍巍白山，泱泱黑水，苍苍密林，茫茫草原。在广袤的黑龙江版图上，阿城宛如沧海一粟，但却因为拥有原生态的大金文化，而在世界的文化宝库中，成为一块瑰丽璀璨的美玉。

女真族的前身是隋唐时期的黑水靺鞨。唐末、五代时，始称女真，为渤海国所统治。辽灭渤海国后，女真族又受辽统治。辽朝后期，契丹贵族日趋腐化。女真族的发展受到辽政权的阻碍。辽统治者残酷地剥削和压榨女真人，激起了女真人的反抗。女真人首领完颜阿骨打统一了北方的女真族，于1115年建立了金朝，定都上京会宁府，也就是今天的阿城。并于1124年成功消灭辽国。从此，一段辉煌浓厚的金源文化在阿城的土地上刻下了不朽的印记。阿城素有"女真肇兴地，大金第一都"之美誉。它位于黑龙江省南部，哈尔滨市东南23公里处的阿什河畔。古老的金源文化就是从这里兴起、发展、绵延近千年，影响几个世纪，至今仍为世界所瞩目。

金源，顾名思义，金水之源头。金源文化通俗地说就是金代初期的文化，不过却不仅仅限制于女真的民族文化，同时也吸纳和包容了中原和周边民族的文化，包括后来吞并的契丹文化。所以，金源文化里有许多都是契丹族文化的元素，比如冶铁、蒸馏酒。为了彰显积淀厚重的黑龙江人文历史，弘扬源远流长的黑龙江流域文明，2004年，黑龙江省委宣传部、省文联打算联合黑龙江省金源文化艺术发展中心、省文化厅、省市旅游局及大庆市委市政府合力打造一部金源旅游文化精品。这项工作的完成自然非王举莫属。

王举的创作核心，除了土地文化，就是民族文化。女真族是今日满族的前身。金源文化作为北方少数民族文化的代表，其中一定蕴含着符合女真民族特色的舞蹈艺术文化。王举为了搜集金源的舞蹈素材，前后四次来到金上京历史博物馆,来吸纳金源文化的精髓,捕捉那不被人所熟知的金源舞蹈艺术。

金上京历史博物馆前身是阿城博物馆。该馆建筑风格采用金代和现代相融合的形式,造型奇特,外观新颖,门前建有刀枪架,主楼仿建金代的中军大帐,帐前星、月旗帜迎风飘扬,气势壮观。内设九个展厅,地上五个展厅,地下四个展厅。地上五个展厅,包括序言厅、金上京发展历程展厅、经济文化展厅、金源文化艺术展厅和金代铜镜专题展厅。最吸引王举的就是金源文化艺术展厅和金代铜镜专题展厅。在铜镜专题展厅里共展藏铜镜226面,铜镜的背面用高浮雕法铸成各类故事体裁和艺术体裁的纹饰,如柳毅传书、张生煮海、月下闻筝、许由巢父、伯牙听琴、舞台镜、抚琴镜、双友镜、双鱼镜、童子攀枝镜。青铜镜反映了金源时期人类的社会生活,风情时尚,也成为金源文化里一道别致的风景。

在金源文化中,有一种叫海东青的鹰,体型中等,比一般鹰、秃鹫小得多。但爆发力惊人,且性情凶猛,可捕杀天鹅、小兽及狐狸。金代一位诗人把海东青扑击天鹅的场面描写为"搏风玉爪凌霄汉,瞥日风毛堕雪霜",可见海东青以小制大、坚毅勇猛的特点。甚至还有一个传说,说的是女真首领阿骨打率兵攻打大辽国,借助海东青助战以少胜多,大败辽兵获胜。在女真人的心里,海东青是最为神圣、最为勇猛、最为崇高的英雄。回首当年,女真人以虚弱于强敌许多的单薄势力,却在东北的白山黑水之间,建立了大金王朝,问鼎中原。女真人剿灭匈奴、消除大宋王朝的勇气不正如他们所崇拜的海东青吗,以并不强大的身躯敢于搏斗天鹅等野物。

女真族同其他中国古代北方民族一样,能歌善舞。创造了反映本民族战斗、渔猎生活及民族风俗习惯等方面内容的音乐歌舞艺术,比如刺虎、搏熊、捕鹿。节奏短促铿锵,表现了女真人质朴、奔放、旷达的民族性格。女真人的原始宗教是萨满教,所以萨满舞在女真的舞蹈中占有相当的比例。萨满舞在史书上多有记载。许元宗《宣和乙巳奉使行程录》中,描述了他在金上京酒宴上所见到的萨满舞:"五六妇人,涂丹粉、艳衣,立于百戏后,各持两镜,高下其手,镜光闪烁,如祠所画电母"。

了解了金源的历史和文化,王举最需要的还是女真人直观的肢体动作。于是，王举又来到了位于阿城市亚沟乡石人山南麓的崖壁，仔细观摩亚沟石刻图像。图像共两幅，一男一女，似夫妻并坐。左面的男像：面向西南而坐，一副武士打扮：头戴战盔，身着圆领紧身短衣，肩围披风，足蹬筒靴，左手扶靴，右手握剑，威武雄壮，表现了典型的女真人形象。右面的女像，是一贵妇人形象：头戴帽，身着直领左衽长袖衣，双手合于胸前，盘腿端坐，面容温和慈祥。生动逼真地展现出女真人健美勇武的风姿。

王举最后又来到黑龙江省伊春市金山屯，这里有金代舞乐浮雕石幢。这尊浮雕是在1973年出土，呈八面柱状体。石幢的每一个柱状体上都有一个金代人物浮雕，有的打鼓击乐，有的吹笙弄箫，有的拉琴弹弦，有的手舞足蹈，好像是在进行一场热闹非凡的文艺表演。浮雕上的乐器都是唐宋时期常用的乐器，可见女真对中原艺术文化的汲取。王举掏出随身带的小本子，把浮雕上跳舞的人物动作画了下来。在这个本子上，不仅有各种各样手舞足蹈的小人，还有好多动物的姿势，有马、骆驼、鹿、熊等，此外，还记录了名人描写的各种动物和人类的语段。

人类的智慧，就像是点缀夜空的繁星，一部分罩在艺术大师们的头顶，一部分散落在民间百姓的院里。所以，要想真正做出丰满的艺术，只向大师们取经，是远远不够的。必须深入田间地头，走进旧村老宅，坐上农家大炕，啃上窝头油饼，真正和农民建立朴实的友谊，农民才愿意把自己了解的艺术全部讲述给你听。为了收集女真人素材，也就是今天的满族的音乐特色，王举一天要去好几个乡镇，寻找民间的老艺人。有的时候，费了很大的力气才找到老艺人，老艺人正在忙活手里的农活，王举立即拿起农具，就和老艺人一起热火朝天地干起来。老艺人被王举的这种执着和热忱打动了，拉着王举回到家里，边沏一壶热茶，边比划着讲开了。在老艺人的帮助下，王举收集了很多关于女真的音乐元素，有山神调、火神调、萨满调、捕鱼曲、狩猎歌。有的老艺人直接就给王举跳舞，表演萨满的舞蹈。这些老艺人讲述的东西，非常具有原生态的特点，虽不华丽复杂，但却真实动人。

经过了几个月的加工打磨，大型音乐舞蹈诗《金源华章》于2004年12月在哈尔滨市工人文化宫首演。《金源华章》是第一次将金源文化以大型原创音乐舞蹈诗的形式搬上黑龙江的舞台,也是第一次将文化事业和旅游产业结合起来,填补了黑龙江旅游市场没有大型音乐舞蹈演出的空白。

舞台上,海东青、萨满、铜镜、十二生肖、白桦树、猎人、熊、小鹿、山神、土地神踩着金源时代的音乐节奏,慢慢走出历史的帷幕,走出沉睡的土地,走出冰封的岁月,走出博物馆的陈列。那岩石上的浮雕,那壁画上的女真,那早已成为历史的声音,巧妙地组合起来,让人有一种仿佛置身金源时代的奇幻般的感觉。

苍翠的白桦林里,灿烂的阳光洒满林间的小路,憨厚的熊妈妈带着可爱的熊宝宝来山林里玩耍,清新的空气,鸣叫的小鸟,盛开的野花,流淌的小溪,让这对熊母子尽情地在地上打滚。突然,一声猎枪在空中响起,惊飞了树梢上的鸟雀,吓跑了树根下的白兔,是狩猎的猎人到了。为了保护熊宝宝,熊妈妈挡在孩子的面前,准备和猎人做一场殊死的搏斗。望着熊妈妈无畏的眼光,猎人感动了。他收起猎枪,跳下马,友好地走到熊母子身边。熊妈妈和熊宝宝知道猎人不会伤害他们,就放下了警惕,和猎人成为了伙伴,一起享受大森林的幽静和安宁。

这只是《金源华章》里的一个小小的片段,但是却具有深刻的启迪。人与动物原本应该和谐共存,一起享受大自然的美好。所以,王举把原本对立的猎人和熊统一了起来,让他们成为好朋友,不再有杀伐纷争,不再有涂炭生灵,不再有悲哀的泪水,不再有永无休止的逃生。世界一片美好,人与动物共建和谐,这样,才有实现大同的可能。把创造和谐的理念传递给观众,人类一起努力,最终让我们这个社会更美好,是所有的艺术家共同的责任。

# 为浴火重生而舞

漠河，是中国最北端的一个县城，素有"中国的北极村"之美称。每年的夏至前后，便有可能观赏到神奇、绚丽、浩瀚的北极光。当北极光在天空中现身的时候，人们会顿感宇宙之辽阔，人类之渺小。绚烂的北极光时而如天女的霓裳，时而如花仙的秀发，时而如天体的光柱，时而如夕阳映山时的彩霞。漠河的夜是白色的，这种白是一种介于白昼和黑夜之间的色彩，不远处人影绰绰，依稀朦胧，只见其粗，不辨其细，天地一片苍茫。夜晚在漠河人的心里倒映出的是斑驳的黄昏美。

沿着县城北上，数十里的林木郁郁葱葱，时有采摘蓝莓和蘑菇的女子提篮穿梭于林间，婀娜的倩影宛如幽谷里的兰花，给这座边陲小城带来了浓郁的雅致情调。

今天的漠河美丽、整洁、宁静、悠扬，宛如一位妙龄少女展露着数不尽的风情；又像一颗晶莹清透的明珠，镶嵌在中国的最北方。

伫立在漠河的街道，如果没有老人们话说当年，如果没有新闻报道充斥耳边，如果不进入纪念馆寻觅从前，任何一位游行的过客都不会想到，今天的漠河在20多年前曾经历过怎样的灭顶灾难。

1987年5月7日傍晚，伴着八九级狂风的呼啸声，一大团一大团的火焰被卷入高空，飞跃100多米宽的大林河，炮轰似地砸向对岸的树林，原本于6日出现在西山的普通山火就这样借着大风的威力，死灰复燃，点燃了漠河县城。大火继续以飞跃的阵势，在漠河县城肆虐。这种火根本不是一般意义上的火，完全不是从地面上蔓延过来，而是直接从天而降，甚至像子弹一样从半空中腾飞而来。顷刻之间，漠河县城燃成了一片火海。大火烧毁漠河县城后，继续狂吼着向东奔去。晚9时许，大火进入图强林业局所在地图强镇，把图强镇烧得荡然无存；晚11时左右，大火飞入阿木尔林业局所在地劲涛镇，劲涛镇被大火烧成一片废墟。至此，包括县城所在的西林吉林业局在内,漠河县境内三个林业局局址全部被大火烧毁!

县城到处都是尖叫和哭喊声。但是大自然就是这样,轻易不发火,一旦动怒,那将是没有哀求余地的,更是非人力可以抗拒的。四万多人口在生与死的临界线上调动出人类求生的本能,四处逃窜着。一位24岁的年轻妈妈,已经有了2个女儿。大女儿5岁,小女儿才刚出生2个多月。大火烧过来的时候,表妹带着大女儿,她抱着小女儿,一起跑了出去。慌乱中,年轻妈妈只看到有两个火球腾的一声燃烧了起来,后来才意识到是表妹和大女儿烧着了。但是怀里还有小女儿,这位妈妈根本来不及去扑救,甚至都无力发出一声悲鸣,就继续往前跑去。结果在呛人的火焰中,她也倒了下去。当人们把她救出来的时候,小女儿早已在妈妈的怀里窒息,而她的双腿也被烧焦了。当丈夫第一眼看到她的时候,问她:"你怎么穿着水靴子跑出来了?"但很快,丈夫就明白了一切。火势继续蔓延着,有人直接跳进了大水缸,结果火舌飞过,水缸里的水瞬间沸腾,躲进去的人像鸭子一样被煮熟。火灾过后的景象更是惨不忍睹。在劲涛镇附近的一小树林内,卧着8具尸体,焦煳的胳膊和身躯,男女不辨,整具尸体不足半米。

这就是后来被称作震惊中外的大兴安岭"5·6"火灾的那场大火。火焰、火球、火团、火舌在大兴安岭的原始森林中躁狂地奔腾着。党中央、国务院、中央军委下令大兴安岭扑火救灾前线总指挥部:"不准冻死一人,也不准饿死一人。要让灾民有饭吃、有衣穿、有医疗、有学上。"5.8万多解放军官兵、森林警察和群众被紧急动员起来参加扑火。大火一直烧了28天,到6月2日才算全部熄灭。据统计,"5·6"大火森林受害面积达101万公顷,经济损失无可估量,受灾群众5万多人,193人在大火中丧生。

王举带着大庆市舞蹈团的演员们,赶到了漠河县。

整个漠河变成了一片废墟,残存的木头还在冒着黑烟,空气里还遗留着呛鼻的烧焦的味道。每次面临这种透着血腥的场面,地震、洪水、火灾、泥石流、病毒,王举的心都不由得一阵阵发疼。但灾难来临的时候,人类之间的情感也会变得非常真挚和无私。能够与死的力量相抗衡的,就是对生的希望。灾难中的人们承受着失去亲人和家园的悲痛,忍受着身体残缺的厄运,舔舐着被灾难挤压的心灵。而灾难之外的人都想着能为受苦的同胞做点什么,才能让灵魂得到安宁。这是一种民族凝聚力的体现,是华夏几千年传承下来的民族精神,也是每一个生命发挥个体功能的紧急时刻。王举不能寸步不离地守候在灾民身边,也不能帮着灾民们一砖一瓦地重建他们的家园,但是他可以利用自己的专业资源,给灾民们带去精神上的安抚。真正从精神创伤里站立起来,才能积极地行动起来,在最短的时间内,重建美好的家园。

在漠河千疮百孔的废墟上,王举带领舞蹈团的演员们搭建了一个简易的舞台。没有华丽的舞台背景,没有璀璨的舞台灯光,甚至没有鲜艳的演出服装,但是,每一个舞蹈演员都给漠河的人民带来了一种最为可贵的东西——一种纯粹、朴实、宝贵的人类大爱的情怀。

灰烬斑斑的土地上,一个个顽强的生命在跳动着,他们恐惧于大自然的淫威,他们害怕生命的丧失,他们担心家园的破碎,但他们没有逃避,更不会向灾难妥协;他们要勇敢,他们要团结,他们要抗争,他们要重振。这种蓬勃的生命力不是来自于演员的倾情演出,而是存在于每一个灾民的心中。因为勇气和力量是不能移植和栽培的,它们只能发自于人类的心灵内部。王举不是要把勇敢和坚强赐予漠河的灾民,而是要通过舞蹈的力量唤醒那本该自由翱翔的生存欲望。

"王老师,你们辛苦了!"漠河县负责人激动地对王举及演员们表达着感激之情。

"我们能做的也只有这些。另外,我还有个想法。从你们漠河县歌舞团挑选20位左右的舞蹈演员,由我们大庆市歌舞团来免费培养,两年之后再把演员送回漠河。您看怎么样?"王举考虑问题,总是能瞄准未来。

"王老师,太感谢您了!这对我们漠河县的文艺工作是最大的援助和支持。"负责人握住了王举的手,两颗灾内与灾外、灾前与灾后的心灵紧紧地贴在了一起。

王举从漠河县歌舞团的演员里挑选了10位男演员,8位女演员,准备把他们带回大庆,由他来亲自培养。

明天一大早,王举就要离开漠河县了。他毫无睡意,掀开帐篷,走了出来。

已经晚上10点了,漠河依然是清晰的白昼,到处都是炭火黑黢黢的痕迹，没有烧完的树木拖着残病的躯干，仿佛在诉说着那一场惊心动魄的劫难。渐渐地，光度有些降下来，仿佛天空飘过来几片阴云，遮盖住了中国纬度最高的县城。周围立即变得有些阴郁，这种氛围也许就是漠河县人民此刻的心境吧。天空的彩霞也慢慢失去了光泽，夜色就要降临了。正当王举准备返回帐篷时，天空霎时亮了起来，刚才那种阴郁的感觉像是被这明晃晃的光线蒸发掉了，天地又变得明媚了起来。王举在离开漠河的前夕，居然看到了难得一见的极昼现象。

　　王举的心情被这种奇妙的自然现象撩拨地亢奋了起来，刚才积攒的那么一点点睡意完全被漠河的风吹散了。人类难以避免要面对各种灾难，但是只要不放弃生活的信心，所有的磨难都会像漠河的夜一样，即使短暂地拂过面前，也终会被黎明所替换。

　　岁月的脚步铿锵有序，转眼 26 年过去了。当年的漠河在全国人们的共同关怀下，已经重新焕发出勃勃的生机。漆黑的天灾过去了，沉寂的漠河像是一张白纸，铺展在漠河人的脚下。最白的纸，才能描绘出最美的画。

　　经历了大风大浪、大雨大火、大悲大喜、大起大落的漠河，祝愿你永远闪烁着极致的光芒，安然于中国的最北方。遥望着漠河的方向，王举虔诚地祈祷着。

# 欢乐的达斡尔青年

英国著名诗人拜伦称激情为"诗的粮食，诗的薪火"。也有人说，激情是文学家、艺术家头上的光环。

我们且不去争论后一种说法的对错，先来感受下拜伦这八个字的浪漫和绝妙。诗歌是最能凝聚和喷发浪漫主义的一种文学体裁。它自由、轻灵、唯美、诗意，或深情真挚，或豪迈高亢，或深沉悠远，或薄凉激越。但无论是抒情诗歌，还是言志诗歌，抑或是其他题材的诗歌，都有喷涌的激情冲刷于字里行间。诗题坐着激情，诗头立着激情，诗中走着激情，诗尾奔着激情。诗人内心饱满的激情是成就一首诗歌的重要因素。诗歌是世界上最古老、最基本的文学形式，是一种阐述心灵的文学体裁。在这点上，诗歌和舞蹈这两种艺术门类其实有很多地方是共通的。对于舞蹈家或编导家来说，激情奔流，巅峰体验，对于舞蹈创作来说，都是最有效的状态。

1990年，王举正在排练组舞《北方音画》。一首节奏欢快、歌词简明的民歌从楼上某个演员房间的录音机里调皮地传来："清水河边有歌声，我急急忙忙走过去，以为我爱人在歌唱，水鸟对对双双飞。哪呀也哪呀也，哪呀呢也哪呀也。哪呀也哪呀也，哪呀呢也哪呀也。芦苇塘边有歌声，我急急忙忙走过去，以为我爱人在歌唱，鸳鸯对对双双飞。哪呀也哪呀也，哪呀呢也哪呀也。哪呀也哪呀也，哪呀呢也哪呀也……"跳跃而明朗的旋律，仿佛一堆迎风燃放的篝火，引燃着王举的激情，灼热着王举的心灵。

"这是什么歌？快拿下来让我听听。"王举暂时中断了《北方音画》的排练，催促着楼上的演员把录音机拿下来。

演员立即提着录音机，跑到了楼下排练厅。轻轻一按录音机上的播放键，刚才的那首民歌像是一弯甘洌的山泉，清凌凌地流过王举的喉咙，滋润爽滑的感觉让王举有种沉醉的感觉。动听热烈的节奏宛如一阵原野的清风，王举的神经就像是一丛芦苇荡，不由自主地随着旋律的走向而动情地摇摆。如此好听的民歌，比一坛陈年的佳酿，更能激发王举的兴趣。

这首令王举微微迷醉的民歌叫《忠实的心哪想念你》，是一首达斡尔民歌。整首歌里都表露着热恋中的青年对心上姑娘的情意，但是这份爱恋并不幽怨，也不沉闷，更不落俗套。没有那种露骨无拦的表白，也没有顾左右而言他。而是用一种活泼风趣的方式，把对美丽姑娘的情意寄托在青山碧水之间、水鸟鸳鸯之上。那种想见情人的急迫心情，那种对爱情情有独钟的坚韧，再加上达斡尔语言的独特声音背景，让人一下子就沉醉在这首歌里，不能释怀，不能作罢。

歌词一遍又一遍在排练厅里循环播放着，王举一边沉浸在动感的歌声里，一边在脑海中提取着之前学习过的几个达斡尔舞蹈的动作。这还是以前去内蒙古的时候，王举专门找达斡尔舞蹈专家满苏荣学习的。当英雄偶获一匹良驹，是无论如何也要跨上宝马，迎风驰骋一番，方能痛快。曾经积累的那几个达斡尔舞蹈动作像是几条灵巧的鱼儿，逐个蹦出了记忆的水面，在王举的意识里罗列着。

"我要给这首歌编支舞。"王举解散了《北方音画》的舞蹈演员，立即重新组织阵容。王举只觉内心的激情如山洪奔涌，只有把激情的能量转换为舞蹈，自己才能不再承受激情撞击胸腔之苦。

2个小时之后，一支名为《快乐的达斡尔青年》的舞蹈产生了。这大概是王举的创作生涯中，用时最短的一部作品。

"哪呀也哪呀也，哪呀呢也哪呀也。哪呀也哪呀也，哪呀呢也哪呀也……"携带着达斡尔民族歌风的音乐在舞蹈上响起，简洁明亮的灯光开启。从舞台左侧走出14位身穿达斡尔民族舞蹈服饰的演员。前排的7位男演员弯弓着腿哈着腰，时而两只手放在膝盖上，时而高举起双手快乐地伸向空中，踏着音乐的节拍，蹦跳着走向舞台的右侧。后排的7位美丽的姑娘，头系橙红色的头巾，身穿同样颜色的长裙，左手叉着腰，右手一下正常甩摆，一下高举过头顶，将达斡尔姑娘的自信和快乐展露无遗。

14位演员刚走进舞台右侧的幕布，7位男演员就立即登台，沿着舞台的对角线走出来。一会儿像是背着箩筐，跑跳在春暖花开的山路上，一会儿把双臂打开再收回，蹦跳着往前赶路。

以上这两个动作在舞蹈里反复出现，成为这支达斡尔民族舞蹈的经典动作。当《快乐的达斡尔青年》这支舞蹈正式演出后，获得了极大的轰动。所有的观众都控制不住自己的身体，跟着演员跳动起来。看着观众们热旺的情绪，王举突然又产生了一个新的想法，既然大家这么喜爱这支舞蹈，那何不把这支舞蹈作为一支广场舞，推广给所有热爱舞蹈的人们呢？舞蹈来源于群众，编导们把这些散落在群众中的舞蹈元素收集起来，通过自己的艺术创作，把它们组合成一部完整的作品，最后还是要把它们还给群众的。于是，王举立即对《快乐的达斡尔青年》进行进一步修改。广场舞是舞蹈的一种表现形式，由于其参与的人多，环境布置有限，并且大部分的舞者都不是专业演员出身，那广场舞就不能过于复杂，动作技术的难度也不能过大。根据这些原则，既适合专业演出，又适合广场舞版的《快乐的达斡尔青年》产生了。果然如王举所料，改版后的《快乐的达斡尔青年》更加受观众的喜欢。舞台上的动作非常生活化，比如其中一个动作是这样编排的：男、女演员站成两列，一对一对地往前走，男演员用两只手做出天热扇扇的动作，女演员左手做出扇扇的动作，右手则击打着音乐的节奏。这种原生态的感觉让观众们冲破了演员和观众的界限，真正让观众拥抱住了舞蹈。

《快乐的达斡尔青年》参加了黑龙江艺术节、中国艺术节、国际民俗舞蹈大赛，都获得了非常喜人的成绩。演出成功后，中国《舞蹈》杂志把王举制作《快乐的达斡尔青年》的场记都要过去了，并且在《舞蹈》杂志上发表；而达斡尔民族则把整个舞蹈带走了，达斡尔的人民说，这个舞蹈是属于达斡尔的。

用王举的话说：舞蹈《快乐的达斡尔青年》的动作非常简单，它之所以能取得这么大的成功，原因在于舞蹈的风格非常符合达斡尔这个民族，同时演员的情绪也非常到位。具有了以上两个条件，再加上现成的音乐，这个舞蹈自然就出来了。

舞蹈《快乐的达斡尔青年》最大的价值在于：王举把达斡尔民族的舞蹈制作成了广场舞，把达斡尔民族的舞蹈推广给中国热爱跳舞的广大人民群众。

完成《快乐的达斡尔青年》舞蹈的创作后，王举又继续投入到大型组舞《北方音画》的编排中。无巧不成书，不知道是不是沾了《快乐的达斡尔青年》的奇迹之光，《北方音画》也成了一部非常具有传奇色彩的作品。

《北方音画》里有三段双人舞——送情郎。

第一段，新婚不久的情哥哥要远行，情妹妹不依不饶，甚至扑到情哥哥身上，绞打着双腿，坚决不答应情哥哥远去。如果情哥哥非要远走，那就请把自己也带上。不管天涯海角，不怕风餐露宿，只要能跟在哥哥身边，就是妹妹最大的幸福。但是，直愣愣的情哥哥还是坚定地离开了情妹妹，留下情妹妹痛哭流涕、悲切地呻吟。

第二段，一位新婚的大老爷们牵着一根大红绳，拉出了比自己小很多岁的新娘子。新娘子羞涩地跟着男人往前走，一会儿耸肩拧背，一会儿缩头藏脸，但东北的新娘子不像江南的新娘子婉约含蓄，尽管刚刚新婚，也依然大胆地和自己的男人做着各种交流。男人虽然年龄比较大，但心中对媳妇的爱却是年龄无法屏障的。于是，大男人慢慢地靠近自己的小媳妇，并且急不可耐地掀开了小媳妇的红盖头。

第三段，一对分别的小夫妻。这个场景更具有普遍性意义。或者为了生计，或者为了淘金，或者为了换一种生活方式，男人要外出远行，女人尽管也有千万个舍不得，但是面对男人的坚持，女人选择了放手。临走时，女人把粮食挂在了男人的脖子上，不能陪男人走，但是也不想自己的男人在路上会饿着。男人走了，走得很远很远了，女人依然在痴痴地招手遥望着。

送情郎的东北歌唱起："（男）小妹妹送情郎啊，送到那大门外，手拉着那个手儿，问郎你多久能回来。回不回来我定会捎上封信儿哪，怎舍得让小妹妹时常挂心怀。（女）小妹妹送情郎啊，送到那十字坡。头上的那个金钗丢了一个，我无心回去把金钗找啊。宁舍得那个金钗，也舍不得情哥哥。（合）小妹妹送情郎啊，送到那石头桥。手扶着那个栏杆，眼望水长流，水流千载归大海呀。从小的那个夫妻，恩爱到白头。"歌声酸涩、凄楚、悠扬，纵然是粗犷豪放的东北汉子，心里也有那个扯不断的柔肠百转。纵然是泼辣爽朗的东北姑娘，也有着解不开的梦中情愫。

许多年过去了，在现实生活中，当年扮演第一段舞蹈的男演员离异，一直独身。扮演第二段舞蹈的男演员娶了一个比自己小七岁的小媳妇，过着恩爱甜蜜的生活。扮演第三段舞蹈的男演员也离开了自己的女人，但是由于走时，女人给了自己干粮，所以，这位男演员后来做了老板，过着衣食无忧的生活。

  王举的父亲是汉族人，母亲是满族人，所以，在王举身上流淌的血液，一半来自少数民族。那么，王举也是满族人的后代，或者说是一千年前的女真族的后裔。很多年前，有人对王举说，王举是一匹北方的狼，身上具有狼的智慧和血性，在极其艰苦的环境下依然能存活，并且存活得很好。实际上，王举也具有满族人最崇敬的图腾海东青的鹰气，奋飞不止，勇猛不屈。王举，在他的舞蹈世界里一直在做着一件事——以舞蹈天赋为砖瓦，以勤奋努力为钢筋水泥，以一位艺术家的责任感和使命感为油漆颜料，几十年如一日，盖出了两座摩天大厦，一座大厦叫"黑土地"，一座大厦叫"民族文化"。

# 第九章 经典永恒

星光·月光·灯光（61×42cm） 创作者：范垂宇

# 北方大辫子

王举喜欢经典的东西。

何谓经典，那就是，即使是一缕细细的花香，也能带给人恒久的芬芳回忆。在中国乃至世界，在过去或者现代，总有一种历久不褪的东西，匍匐在我们记忆的深处。每每提及，或有一股温暖萦绕于心田，或有一个高度无法去超越，或有一份感动让我们泪流满面，或有一种力量能把所有人的心墙洞穿。

1996年央视的春节联欢晚会的彩排化妆间里，著名的表演艺术家蔡明一边坐在化妆镜前化妆，一边心里还在被一个问题缠绕。今年的春节晚会，蔡明将和郭达一起合作小品《机器人趣话》。别的环节都没有问题了，但是蔡明始终找不到机器人说话的感觉。对表演要求严格的蔡明，就在化妆镜前练习起了台词："春节快乐，鼠年吉祥，能为您效劳，我三生有幸，嘀嘀嘀！"正在这时，一个恬静的声音在蔡明身后响起："蔡明姐，我觉得你的声音应该再修饰一下。"说话的人是何静。

蔡明立即转回头，立即问何静："什么声音？"

何静就和坐在身边的程前对话，现场给蔡明示范："你好，程前，好久不见，最近在忙什么呢？"

程前心领神会，立即用同样的带点卡通腔调的声音回答何静。

蔡明豁然开朗，迅速拿捏住了机器人说话的感觉。于是在春节联欢晚会的舞台上，我们就看到了一部非常诙谐幽默、情趣横生的机器人小品："遥控器已坏，现在进入逻辑混乱状态……"

17年以后，在央视《回声嘹亮》的舞台上，当何静和蔡明同时出现在节目中时，蔡明说出了当年的这个小插曲，引领观众把掌声送给何静。身穿一件黄色连衣裙的何静听完蔡明的讲述，眼睛里溢满了感动，依然青春靓丽的脸庞上，纷飞着娴静的笑容。何静不仅笑容秀丽，就连声音都是那么恬静，这样一个温和柔美的女孩，真的很难把她和这样一副海报联系起来。海报上的何静留着时尚新潮的短发，洁白的衬衣显露着一种休闲的味道，坚毅犀利的目光散射出中性的美感。更难把她和一首挟裹着猛烈东北风的歌联想在一起。而正是这首歌颂东北、歌唱北方的《向北方》让何静的名字在很短的时间内传遍了大江南北。

"北方北方我的北大荒，北方北方我的北大仓。冰肌雪骨你就想想想北方，烈火豪情你就来来来北方。黑黑的土地望不到边，窜出一条大河叫黑龙江。秋风落叶送你一片片的金，大雪漫天送你一片片的银。黑黑的土地养育了我，喊出一个名字叫黑龙江……"

1992年的冬天，在黑龙江电视台文艺部工作的导演黄恺来找王举。黄恺是小品演员黄宏的大哥，对于文艺具有非常高的鉴赏力，许多演员的成名，黄恺都发挥过重要的奠基作用。黄宏和妻子段小洁演的小品《超生游击队》，首先是在黑龙江电视台推出的，黄恺觉得这个节目很新颖就推荐给中央电视台导演张子扬。张子扬给黄宏找了个新搭档宋丹丹。在1990年元旦晚会上，《超生游击队》大受欢迎，黄宏、宋丹丹和张子扬都由此出名。歌星陈红原是哈尔滨消防文工团演员，黄恺请她来黑龙江电视台演唱。陈红形象漂亮，表演也很到位。几场节目后，陈红在省里小有名气了，接着又参加全国青年歌手电视大奖赛，一下子走红。

"王举，这是一首新歌，你来听听，有没有感觉？"黄恺说完，就把歌放了出来，这首歌正是何静的《向北方》。

"……北方北方我的北大荒，北方北方我的北大仓。都说那北方是好地方，叫一声朋友你敢不敢上。生葱生蒜你就生生的闯，闯进那闯进那北方是家乡。白山黑红红红红红脸膛，妞妞的小辫娃娃的糖。老汉的胡子雪戎装，还有皮被皮袄皮大衣，火盆火炉火墙大火炕。北方北方我的北大荒，北方北方我的北大仓。北方的小伙个顶个的棒，北方的姑娘有模有样。心直口快嗓门那叫亮，就像那东北秧歌二人转的曲儿，贼贼贼贼贼贼拉拉的浪……"

"黄恺，这首歌太棒了，太好听了！我一直都想找这样的一种感觉，一直都没有找到。这首歌是谁唱的？"王举还没有听完，就抑制不住激动的心情，立即询问黄恺这首歌的来源。

"这是一位新歌手唱的,歌手的名字叫何静。"黄恺也很兴奋,他有一种强烈的感觉,这首歌一定会火,何静一定会火。

"……北方北方我的北大荒,北方北方我的北大仓。兴安岭的红松是铁脊梁,大庆的石油在咱胸中淌。千里煤海是脚下的路,还有那阳光落地大豆黄。火烧云彩红红红红红红红高粱,三江平原三江的水养育了北方的好儿郎。这里有山有水有资源,咱们有胆有识有力量。北方北方我的北大荒,北方北方我的北大仓。北方的性格它咯嘣嘣的响,北方的脾气是大烟炮,北方的性格是嘣嘣的响。北方北方的情况就是不一样,就像冬天冬天里的一把火,贼贼贼贼贼贼拉拉的烫……"

听也听不够的背景音乐,道也道不完的东北故事,压也压不住的满腔激情,再加上何静那高亢嘹亮的歌声,王举怎么能够不激动、怎么能够不亢奋、怎么能够不心跳加快、怎么能够不跃跃欲试!何静似乎是为《向北方》而生,《向北方》似乎是为何静量声打造。而王举,完全可以用另外一种艺术形式——舞蹈来诠释他对这首歌的理解,确切地说,是王举对他所钟爱的黑土地、北大荒、北大仓、整个北方的理解。

情感饱满了,也找到释放的音乐了,但是通过什么方式,或者说通过什么具体的手段来呈现王举对北方的情感呢?王举想到了一个绝妙的意象——一根粗粗长长黑黑亮亮的大辫子。

"大阪城的石路硬又平呀,西瓜大又甜呀。那里的姑娘辫子长呀,两只眼睛真漂亮。"这两句歌词是形容新疆姑娘的,虽然新疆的姑娘辫子长,但是新疆姑娘们的辫子一般都会分成无数股细长的麻花辫,像一副乌黑的珠帘摇曳于腰间。但东北姑娘的辫子不仅长,而且粗。一身粉色的贴身小衣,一双合脚的绣花鞋,一根粗长的麻花辫从一肩斜垂下来,在辫尾再拴根红头绳或者蝴蝶结,这就是东北姑娘的清纯形象。一根粗长乌亮的大辫子成为了东北姑娘们的一大特色。

王举挑选了一批高挑美丽的女演员,专门为她们定做了一身黑色的服装,上衣的内衬是大红色,一根长长的大辫子成为演员最大的亮点,在辫子的尾部各系着一块大大的红手绢。随着《向北方》热辣辣的乐声响起,大辫子也热辣辣地在舞台上甩起来。全体女演员站成一排,背转过身,只留下大辫子随着演员的扭动而左右摇晃,大辫子在姑娘们的背后轻轻扫过，仿佛昭示着当年开辟北大荒的英雄们在如今这片肥沃的土地上，都曾留下了坚深的足迹。女演员左右舞动着，大辫子也跟着演员的舞姿，一会儿被演员从左边抛到右边，一会儿被演员握在手里，喜盈盈地甩动着。演员甩起来的不仅是一根普通的辫子，还有姑娘土生土长的东北性格，更有东北人不怕吃苦，创建美丽富足大东北的奋斗精神。随着甩动的辫子，人们仿佛又看到了那一张张亲切熟悉、流汗流血的脸庞。挺进荒凉的松嫩平原进行大会战的石油先辈们，跳进泥浆用身体当搅拌机的王进喜和他的战友们，会战胜利后胸戴大红花准备离开大庆的全国各地的兄弟姐妹们，为了祖国的石油事业常年驻守在野外的石油工人们，为了开垦贫瘠的北大荒而在烈日下犁地挖沟的东北农民们，为了发展东北的经济而把自己的一生都贡献给岗位的各条战线的工人们，以及为了促进东北科学艺术文化的腾飞而倾尽一生才智的各行精英们。正是因为有了他们不辞辛劳的身影，才有了东北这片神奇美丽的土地。

《向北方》成为了中国一首耳熟能详的歌，何静成为了一位家喻户晓的明星，而王举的辫子舞也成了一种舞蹈现象，从1993年开始，辫子舞开始在中国各地破土而出。不过后来的辫子舞就不仅仅是东北的大麻花辫了，而是在王举的辫子舞的基础上进行了各种发展，比如，有的辫子舞会把头发全部散开，演员根据情绪的发展，在舞台上甩动着自己的头发。

"好汉你就下马闹一场，别说那山高水也长。咱们走走走你就向北方，北方我的北大荒，北方北方我的北大仓。"当《向北方》这首歌再在我们的耳边嘹亮地唱起时，我们的脑海里就会浮现出一群美丽的东北姑娘，甩着长长的大辫子，迈着欢快热情的步子，一步步走向她们憧憬的那如诗如画的未来。

大辫子，甩在了激情飞扬的舞台上，甩在了姑娘们芬芳的身姿里，甩进了观众们着迷的心底，甩向了中国的大江南北，也甩进了波涛滚滚的岁月里。

# 东北大烟袋

人说东北有三怪：窗户纸糊在外，养个孩子吊起来，大姑娘叼着个大烟袋。

大姑娘指的是没有过门的少女，无论是在现实生活中，还是在电影、戏剧、电视剧、文学作品中，一般很少看到芳龄少女吸大烟袋的，但在过去的东北，大烟袋却曾是一道非常舒坦的风景。

春夏之交，东北的田地里一片一片的翠绿，深秋时节，东北的农家小院里则摊开一地一地的金黄，秋风吹来，空气里飘满了烟叶的味道。而到了冰天雪地时，东北人家开始猫冬，我们就可以常常看到这样一幅画面。在一个宽大的东北热炕头上，一位头发灰白，身穿布衣，盘腿而坐的老太太斜倚在炕上，面前放着一个装满烟叶的笸箩。老太太叼着烟嘴儿，吧嗒吧嗒地吸着烟，一条黄毛哈巴狗温顺地趴在老太太的腿边，仿佛在凑近老太太，也闻两下烟叶的香味。

为什么大烟袋在东北民间如此盛行呢？这其中有它的历史根源。

首先是肥沃的黑土地上盛产烟叶，这种便利条件就给大烟袋的流行提供了可行性。此外，烟叶具有多种功能。早期的东北，生活着来自四面八方的人。为了淘金、挖参、狩猎、放排，那些闯关东的人为了寻找活路，游走在东北的山林里。这些深山老林子里，不仅有野兽出没，还有毒蛇蚊虫。而聪明的东北人发现，烟叶燃烧的味道可以驱除蚊子，吓跑毒蛇。那么想要在林子里活动，就必须学会防虫防蚊防蛇的本事。否则老林子里的蚊子会蜂拥而至，让人吃尽苦头。对于旧社会里的妇女来说，大烟袋也是权利的象征。当自己从小媳妇熬成威严的婆婆，就可以躺在炕上，让新媳妇给自己点上烟袋，夯实着自己在家中的地位。到了近代，稍微上了一点年纪的妇女，她们在田间忙碌着，感觉到疲累的时候，就掏出别在腰间的烟袋，坐在地头吸两口，解完乏后，再继续干活。东北的冬天非常寒冷漫长，为了消磨时间，排遣寂寞，老太太们都会吸起烟袋，度过这难挨的冬天。几个女人聚在一起，往火热的炕上盘腿一坐，主人把盛满烟叶的笸箩往客人面前一推，烟叶就被揉碎了放在烟锅里，然后家长里短地就开始唠上了。唠着今年的光景，唠着对明年的憧憬，烟叶燃烧的味道就弥漫在东北的农屋里。

东北的大烟袋结构非常简单，由烟袋嘴儿、烟袋杆儿、烟锅儿组成。烟袋锅一般都是铜质的，烟袋杆儿铜木的都有，烟袋嘴儿则高低贵贱不一，有的是铜嘴儿，还有玉石、玛瑙、青金石、翡翠等多种。有一首非常著名的东北民歌就唱出了大烟袋在东北受欢迎的程度："打起鼓来敲起锣，推着小车我来送货。……老大娘见了我呀，也能满意呀！我给她带来汉白玉的烟袋嘴呀，乌木的杆呀，还有那锃光瓦亮的烟袋锅来啊呀。"

大烟袋结构简单，但是长短不一。在外面干活的人用的烟袋一般不超过半尺，这样可以方便携带。但是屋里的老太太用的大烟袋则都在半米以上，需要伸直胳膊才能点着火儿。甚至还有更长的烟袋，自己点不着，只能把烟袋锅儿伸到火盆里去点。

大烟袋，是东北人生活的一种必需品，也是东北人身份和地位的象征，大烟袋记录着东北的历史，记录着东北的生活，也记录着东北的风韵。研究东北黑土地的王举，自然不会错过大烟袋。

在大庆市舞蹈团里，有一位女演员。长相不算漂亮，身材也很平常，这对于演员来说，是很大的劣势。很多时候，这位演员只能眼睁睁地看着作品像是一条小溪从自己身边流走。王举始终坚持着一个理念，每个演员都有自己的性格和特点，只要本人用功练习，总有适合他（她）出演的作品。就算一般的作品，这个演员不适合，那么，王举也会根据这位演员的特征，给他（她）专门排练一个作品。看着这位终日愁眉紧锁的女演员，王举眼前一亮，一个创意产生了。既然不能表演那些唯美的舞姿，那何不让演员来出演一个比较特殊的角色。这个角色既要独特，又要具有东北的地域特征。王举想到了叼着大烟袋的媒婆。

王举从小生活在农村，经常在街头村口看到媒婆一路小跑着，左手提着长长的大烟袋，右手攥着一块花手绢，走得急了，就用手绢擦擦额头，再用干瘦的手捋一下跑乱的鬓角，也许是刚说成了一门收成颇丰的亲事，也许是刚听到了一番受到捧赞的好话，也许是赶着到下一家去吃酒席，头戴红花的媒婆忍不住停下来，捂着嘴笑了起来，笑罢，直起腰，用手一拍大腿，立即又屈起胳膊，乐颠乐颠地小跑着远去。那根大烟袋在媒婆的手里忽前忽后地晃悠着。

如何让大烟袋在演员手里活起来，而不仅仅只是一个舞台道具，王举回忆着记忆里关于大烟袋的种种情景。如果媒婆走在街上，看到前方有围在一起唠嗑的大姑娘小媳妇，不管认识不认识，媒婆都会开朗地过来打招呼，好为自己以后保媒多建立一些人脉关系，这是媒婆们生存的筹码。抽大烟袋的老太太们还有一项绝活，那就是可以坐在炕上，把嘴里的唾液吐到两米开外的地方，尽显东北女人的豪迈。老太太还可以举起大烟袋，朝着调皮的小孙孙的屁股蛋上轻打上两下，起到吓唬小孩的管教作用。东北的新娘子刚过门，还要给公公婆婆行"点烟礼"，只有给公婆点上了烟，这婚才算是真正完成。公公婆婆给了新媳妇点烟钱，也才算是真正承认了这个媳妇。

当得知《大烟袋》这个舞蹈是专门为自己编排的，这位条件并不出众的女演员非常感动。要知道，对于演员来说，没有作品可演，无疑是把她判了死刑。现在，自己不仅有作品可演了，而且还是女一号，这样的喜悦估计只有演员们才能体会地真切吧。所以，一定要拿出最好的水平，绝对不能辜负王举编导对自己付出的心血。

《大烟袋》上场了。女演员扮演的媒婆是舞蹈的核心，还有几个扮相年轻的姑娘也手持一根大烟袋，作为伴舞，展示着大烟袋的另一种风情。在老太太的手里，大烟袋是沧桑岁月过后的一种资历，在大姑娘手中，大烟袋则是精美年华里的一份装饰。大烟袋在媒婆手里如风轮般旋转着，仿佛媒婆玩弄在指间的不是一根大烟袋，而是几十年风雨人生的酸甜苦辣。大烟袋在年轻姑娘的手里挥舞着，召唤着姑娘们走进那段属于她们的美好人生。除了大烟袋，吸引观众眼球的，还有媒婆那虎虎生风的小脚和那如杨柳拂风般扭动的腰肢。媒婆迈着猫步，快速扭动着双肩，流转的双眼透着伶俐的天赋。对于媒婆们来说，最开心的时刻莫过于亲眼看着她促成的新人走进了洞房。媒婆的脚步远去了，媒婆的快语消失了，媒婆的大烟袋则永远地留在了东北古老的岁月里。

如今，东北的大烟袋正在逐渐低调，也许将来某一天，大烟袋只是东北人茶余饭后的一段情趣盎然的谈资。但是，无论时代发生什么变化，富有特色的事物犹如茶叶入水，随着时间的流逝，茶叶会渐渐沉到壶底，但那份淡淡的茶香却会永远氤氲于品茶人的唇齿之间。

东北的大烟袋只是王举从黑土地上挖掘出的一个小小的生活元素，这样挖掘的工作在王举的生活里是源源不断的。对于存在于黑土地上的事物，王举就有一种本能的情感，他要用舞蹈艺术的形式把这些事物提炼出来。哪怕不久的将来，大烟袋真的会退出历史的舞台，那时的人们也可以从这些影像里来追溯当年的岁月，感受东北的有滋有味。

# 女人纳鞋底

宝蓝色的月光下,夜风吹拂着白色的窗户纸,发出轻柔的嚓嚓声。一盏鹅黄色的煤油灯下,妈妈静坐在炕沿上,左手握着鞋底,右手拿着锥子和穿了麻线的针,头略微向左边倾斜着。妈妈先用锥子在鞋底上使劲儿扎一下,再把针从刚才扎出来的小眼里穿过去,然后再用钳子把针拽出来。接着,妈妈胳膊一扬,把针在头发上轻轻一抹,这个动作多么美丽呀,是那样的优雅和令人舒心。妈妈的这个纳鞋底的动作,就这样深深定格在了王举的童年记忆里。

70年代以前的农村妇女基本上都会纳鞋底。因为那个时候生活条件艰苦,很少有人能买得起鞋,但是又不能光着脚丫子下地,于是,家里的女人会纳鞋底,就成为和柴米油盐酱醋茶一样必备的生活条件。北方的女人纳鞋底,也成为清苦岁月里一道温馨的风景。

纳鞋底看似简单,实际上也有着许多的讲究。首先原料得配备齐全了,布头、糨糊、麻线、蜂蜡、鞋样、剪刀、锥子、顶针、钳子、针等。然后就是打夹子,找一块木板,铺满纸,把平时积攒的碎布条铺满纸板,刷上一层糨糊,接着再铺满碎布,再刷上一层糨糊,如此往复五六遍之后,就可以拿到太阳下面去晒,等晒干之后就可以做鞋坯子了。第三步就是把鞋样子找出来,把鞋坯子剪成鞋样子的大小,鞋底的形状就出来了。用白布条沿上边,和鞋夹子粘在一起,再用完整的好布包在上面,就可以用针纳鞋底了。由于鞋底比较硬,纳鞋底的时候,要先用锥子在鞋底上扎个洞,这样针就容易穿过去了。如果针没有完全穿过洞眼,那就用钳子把针拉出来,再用手或者工具把这股麻线拉紧,这样一针才算完成。一般的鞋子最少也需要五六百针,遇到脚大的,上千针都是有可能的。有的人说鞋底上能放多少粒芝麻,就可以扎多少针。评判一双鞋底纳得好不好,就得看针脚是否细密、均匀,还要看麻线勒进鞋子里够不够深。一般情况下，脚掌和脚跟的部位针脚要密集一些，脚弓部位的针脚可以相对稀疏一些。

清朝的文人余怀在《妇人鞋袜辩》中曾写道，吴地的妇人喜欢在鞋底镂刻上小巧玲珑的花纹，其间撒上异香，走起路来脚底留花，足迹生香。这是多么雅致的一件事。

在过去的岁月里，结了婚的女子都要纳鞋底，既可以解决穿鞋的问题，也可以增添生活的乐趣，还可以打发寂寞的时光。

纳鞋底的日子，寂静又安然，就像是秋天飘落在地上的一枚叶子。情感丰富的人会给落叶附上不同的意义，凄惨的，悲壮的，崇高的，渺小的。纳鞋底，原来只是女人手中的日子，却被王举赋予了更深刻的寓意。这些都体现在王举纳鞋底的舞蹈里，尤其是《情思》。

丈夫走了，伴着轻柔的摇篮曲，王二姐眺望着月光婆娑的窗外，想起身在远方的丈夫，王二姐心潮起伏，难以坐卧。没有发达的通讯，没有自由的出行，王二姐只能把心中对丈夫的思念悄悄诉说给无言的星星和月亮。情义滔滔，犹如那深夏里藤架上的紫葡萄，一嘟噜，一串串，颗颗粒粒都是一个女子对自己男人爱的结晶。夜已深沉，睡意全无。王二姐转身拿起笸箩，把笸箩放在穿着绣花罗裙的大腿上。翘起葱形的兰花指，把一根麻线含在嘴里，然后十指并搓，把粗糙的麻线捻成了一根细线，也把烦闷的等待变换成了透着希望光亮的门缝。王二姐把搓好的麻线穿过钢针，举起笸箩里的鞋底，就开始了漫长的纳鞋底生活。

王二姐满面红霞，羞涩喜悦，仿佛手里的鞋底就是一封情书，密密麻麻的针脚就是密密麻麻的话语，每扎一针，就像是用松软的毛笔在宣纸上给思念的人写下一个字，针脚越来越多，思念也越诉越浓，那千百个针脚就是王二姐要对丈夫诉说的千言万语啊。王二姐纳鞋底的速度越来越快，等待的日子也在纳鞋底的动作里越来越清瘦。也许，纳完手里的这一双鞋，丈夫就从远方回来了。

入我相思门，知我相思苦，长相思兮长相忆，短相思兮无穷极。古代的女子只会等待，也只能等待，她们在被动中渴盼幸福的降临，也在不确定中拼凑着自己的生命。这虽然是一个古代爱情故事，但王举却把故事进行了延伸，用来表现北方女人对爱情的愚忠。丈夫走了，女人就独守着空房，丈夫死了，女人也不愿意改嫁。在孤独寂寞中任由锦绣年华渐渐褪色，黯淡了往昔的红颜，剥离了曾经的相守，纵使四季萧条，青春远去，也无怨无悔。身在红尘，却心在古刹。独守空院的岁月，就像是与泛黄的经书做伴，木鱼声声，梵钟阵阵，没有欲望，没有私念，唯有等待，唯有苦盼。等来，是自己的幸，等不来，是自己的命。

  王二姐的鞋底纳好了，丈夫依然没有回来。怅然的叹息后，王二姐又拿起第二双鞋底，把那少得可怜的希望重新纳进坚硬的鞋底里。鞋底被穿破，希望在膨大，哪怕希望的缝隙就像鞋底上的针眼这么大，也足以安慰王二姐薄凉无助的岁月。钢针在鞋底上娴熟地穿梭着，王二姐的脸上又重新浮现出微微的笑容，可能，第二双鞋子纳好之后，丈夫就会出现在自己眼前。

  生活就是这样，无论多么灰暗，也要学会给自己种植一颗希望的种子，种子生长的速度虽然漫长，但总算心里有个盼头啊。有盼头的日子，就会有光亮。

  王二姐继续纳着手里的鞋，灵巧的手指在鞋底上翻飞，似乎是在编制一个又一个神异奇幻的梦。这段舞蹈是王举纳鞋底舞蹈里的一段经典，既生动逼真地再现纳鞋底生活的原态，又能让人领略到舞蹈的艺术性。王举的作品不是富丽堂皇的空中楼阁，而是以坚实的生活为根基，提炼了生活的精华，经过舞蹈的包装升华，就产生了沁人心脾的舞蹈艺术。惟妙惟肖的纳鞋底的舞蹈动作，凝结了王举观察生活的大量心血。

  东北女人纳鞋底的画面，在当今的生活里，已经寥若晨星。也许，终有一天，纳鞋底也会被历史的车轮碾成粉尘。王举从生活中提炼出女人纳鞋底的元素，一是希望能把这些最具原始生活形态的事物以舞蹈的形式保存下来，更是希望通过舞蹈来对过去陈旧腐朽的爱情观进行鞭挞。那轻而易举地满足，那夜以继日地苦苦等待，那份用封建观念挟持思维的愚昧，那种明知没有希望却让自己躲进幻想里的可怜，苍凉的生命终止时换来的只是人们一声长长的无奈的喟叹。

  王二姐纳鞋底的故事在舞台上继续讲述着，许是王二姐的执着和痴迷感动了上苍，许是为了使作品更具讽刺意味，当纳好的鞋底在王二姐身边堆成山的时候，王二姐的丈夫回来了。而这时的王二姐已经变成了一位目光浑浊、牙齿脱落、表情木然、手脚哆嗦的老妇人。王二姐佝偻着腰，久久凝望着丈夫，没有说一句话，而是伸出了颤抖的双手，把一双正在纳着的鞋底举在了丈夫面前。

凉爽的微风中，慵懒的阳光下，北方的女人三五聚在一起，边纳着手里的鞋底，边闲唠着各家的短长。但愿这样的风景里，不再有凄苦酸楚的气息，只有返璞归真后的惬意和舒心。历史沉淀下来的是一座座记载着人类足迹的丰碑，但愿所有闪烁着人类智慧光芒的文化艺术能永远传承下去。

女人纳鞋底，贤惠又美丽。风情指间生，历史永铭记。

# 香港回归颂

一九九七年五月，北京的空气里已经飘满了初夏的气息，宽敞整洁的街道上，树木苍翠，白云飘飘。金灿灿的阳光照耀着天安门广场，庄严、大气的天安门城楼上红旗招展，一种掩饰不住的喜庆气氛把京城渲染成了吉祥的海洋。再有一个多月，中国即将迎来具有历史性意义的时刻，作为英国殖民地长达一个半世纪之久的香港将回归祖国的怀抱。

这一天，中国将一洗百年的耻辱，以更加刚强昂扬的姿态屹立在世界东方。为了纪念这一伟大历史时刻，中华人民共和国文化部、中华人民共和国广播电影电视部以及中国人民解放军总政治部准备联合制作一台大型文艺晚会——《回归颂》，来庆祝香港的顺利回归。

五月的一个深夜，王举已经入睡。手机突然震动了起来。

"喂，您好。"王举一边揉着惺忪的睡眼，一边问候着手机那端的人。

"喂，您好。请问是王举老师吗？"手机里说话的声音很陌生，但却很客气。

"对。您是哪位？"王举立即清醒了些，因为他看了一眼手表，已经夜里12点多了，没有非常紧急的情况，不会有人这个时候给他打电话的。

"王老师，您好。我是北京文化部的，请您尽快来北京一趟。"对方斩钉截铁，既像是在下命令，又像是在礼貌地邀请。

"去北京有什么事吗？"王举感觉到了事情的紧急性。

"您来了就知道了。"对方留下在北京的碰头方式，就挂断了电话。

第二天，王举坐着飞机来到了北京，文化部的接机人员把王举送到了小汤山一家宾馆的会议室里，会议室里坐着阎肃等老艺术家，他们都是《回归颂》晚会的主创人员，赵安任总导演。他们正在商量晚会的文案。

"我们刚搭建了这个创作小组，正在策划香港回归的晚会文案，想邀请王老师负责文案的开头、肚子以及结尾部分。你回去先休息下，咱们晚上开会的时候,你就谈一下你的想法。"导演说完,会议就解散了。

夜晚,会议室里灯光柔和,主创人员们情绪兴奋。这是一台非常与众不同的晚会,所有进入创作小组的人员都感觉到一种沉甸甸的责任感和使命感。

"制作这台晚会的任务非常重要,今天把大家集中起来,就是为了给庆祝香港回归的晚会开头做一个东西,下面我们就把这项艰巨的任务分给王举了,由王举来负责。王举老师是舞蹈大家,很早之前,就开始给国家的电视舞蹈做了很多贡献。王举老师,你来谈谈你对这个节目的创意。"主持人隆重地把王举介绍给大家,在场所有的艺术家都认真等待王举的发言。

经过了一个下午的思索,王举已经构思出了一种创意:"我想用颜色来做。中国是太阳的颜色,是红色。无论是新中国成立前,还是新中国成立后,中国人民的生产生活都给人一种非常积极乐观向上的状态。我就想到了红色。但是在红色出现之前,应该先出现其他的颜色,用来表现中国各个民族文化,以及各个民族对色彩的崇尚。香港回归是百年的回归,是中国人都期盼的回归,也是世界人民期盼的回归。回归就是统一了,香港回来了,再也不是别人的殖民地了。我觉得可以这样做。在红色出现之前,先出现彩虹的颜色。"

"王老师,彩虹的颜色怎么出现呢?"有人追问王举。

"可以用绸子来呈现颜色,每个舞蹈演员手里拿一种颜色的绸子。这种绸子最短也要七到八米长。"王举细致地解答着。

"用绸子?那不是在跳东北秧歌吗?"有人发出了低低的笑声。

"不是跳秧歌。我想的是让演员把绸子抛到空中。当演员把各种颜色的绸子抛到空中时,那种感觉立即就会出来,像是礼花在空中绽放一样。观众的心情肯定不一样,既隆重,又热烈。赤橙黄绿青蓝紫,七种颜色的绸子抛到空中后,瞬间全部变成红色。并且江泽民总书记在这个环节最好能说一句话——香港回归了。"

老艺术家们听完之后,还是有些意外。他们原本以为王举制作出的是舞蹈,没有想到会以这样一种方式来做。

王举继续解释:"这个环节是个仪式,即便是用舞蹈来做,也是仪式性舞蹈。七彩的绸子象征着人们的心情，像七彩斑斓的礼花一样绽放。"

"可是这样的动作，演员很难完成。"有人隐隐地担忧。

"这个动作不能用专业的演员，必须由武警来做。现在是五月中旬了，距离七月一号的演出只有一个半月的时间，短时间，高素质，强训练，必须启用武警部队。"王举把其他人的顾虑一一排除。

大绸子，空中抛，武警演员，当这些词组合在一起的时候，创作团队立即被一种新鲜的创意感染了。

"王老师，你准备用多少武警演员？"

"我想用300人，中间再穿插一些职业的舞蹈演员，应该就差不多了。"

接着王举讲述了绸子需要多长，演员如何抛起绸子，江总书记说完"香港回归了"之后，七彩的绸子如何瞬间变成红色的绸子，红色的浪漫和红色的激情融合成红色的海洋。

"王举，就这么定了。"所有的主创人员都对王举的创意表示了赞同。

第二天，王举就分到了北京武警部队里。集合了260多位武警演员。当王举站立在这些武警战士兼武警演员们面前时，一种极其光荣的使命感奔涌在王举的胸腔里。王举从来没有像现在这样，感觉自己和国家是如此的密不可分。当国家需要自己的时候，那种潜伏在自己血液里的民族自豪感竟如万马奔腾，让王举有种热泪盈眶的强烈感动。

"同志们，战友们，在接下来的一个多月里，我将和大家一起迎接这项艰巨而光荣的任务。练习的过程肯定是非常辛苦的，大家要提前做好吃苦的心理准备。我们中国的军人是迎难而上的军人，我们中国的男儿是创造奇迹的男儿。大家有信心和我一起再创奇迹、同铸辉煌吗？"王举说完这番话，感觉到心脏在热血中用力地跳动。

"再创奇迹、同铸辉煌！再创奇迹、同铸辉煌！"260多位武警战士的声音洪亮如钟，在北京武警部队的天空下雷鸣般地回响着。

王举选择了七米半的长绸子，由于主要练习向空中抛绸子，这么长的高度，一般的小剧院容纳不下，武警部队里也没有适合的场所，所以，王举只能带领着战士们在部队的广场上练习。一个半月的魔鬼式训练在王举的率领下开始了。

北京的太阳辐射很厉害，尤其进入六月，灼热的太阳像是喷着烈焰的大火炉，倒扣在武警部队的露天广场上。现在距离正式演出的时间已经非常近了，为了能让节目顺利通过，武警战士们顶着毒辣辣的太阳，站立在广场上，成百上千、成千上万次地把手中的长绸子抛向空中。挥汗如雨的排练场上，一个又一个战士中暑了，晕倒了，皮肤晒出水泡了。但是，没有任何一个人喊一声累，更没有任何一个人提出要退出排练。一根根柔软的大绸子最后终于被战士们直挺挺地抛入了空中。

排练成功了，王举却在大汗淋漓中病倒了。经医院检查，王举患有室上速心脏病。心脏每分钟跳200多下，最慢的时候也要跳170多下，半个多小时后，王举的心跳才恢复到正常水平。也难怪，一个半月的时间，要排练难度这么高的节目，王举心里的压力可想而知。再加上北京的天气如此酷热，王举吃不好，睡不好，一个半月的时间，王举瘦了整整八斤。

《回归颂》正式演出前，中央的领导前来审查。当晚，中央领导给王举打来电话："王举老师，这个节目非常好，是一部非常具有时代性和艺术性的作品，给我们中国的文化留下了绚烂的一笔。"

七月一日，举国欢庆，华夏沸腾。在人民大会堂里，《回归颂》纪念香港回归大型文艺晚会正式演出。当王举设计、排练的大绸子开场舞开始表演时，全场的观众起立鼓掌，整个人民大会堂变成了欢乐喜庆的海洋。

望着舞台上激情飞扬的演员们，听着耳边的掌声如潮，王举的眼睛里噙着泪花，只在心里默默说了一句："这八斤掉得值！"

《回归颂》文艺晚会结束后，香港回归带来的激情还没有减退，在中国各地的舞蹈舞台上，又出现了红绸子热潮。大幕拉开，演员们就开始挥舞着大红绸子，喜庆祥和的氛围立即扑面而来。而王举，就是使红绸子这朵激情绚丽的舞蹈之花粲然盛开在中国舞台上的开创者。

"今夜无限美好，今夜欢笑如潮。我们圆了一个100年的相思梦，香港回到了祖国的怀抱。我们成功实现了'一国两制'的宏伟构想，为祖国的统一开辟了光明大道。1997年掀开了中华民族发展史上光辉的一页，香港同胞一定会把香港建设得更加璀璨，美丽的东方之珠将变得更加妖娆。1997年中国共产党将召开第十五次全国代表大会，让我们紧密地团结在以江泽民同志为核心的党中央周围，为实现社会主义现代化的宏伟目标而奋斗。中华民族迎来了最自豪的时候，祖国的明天将更加辉煌，更加美好！"

随着《回归颂》晚会的主持人字正腔圆、铿锵有力、激情澎湃的朗诵，鲜艳的五星红旗和香港特别行政区紫荆花区旗在香港会展中心已经冉冉升起，多少炎黄子孙激动得热泪盈眶，中华大地沉浸在一种灯火不灭、歌声不停、舞动不止、壮怀不已的历史时刻里。

在香港回归的七彩霞光里，一位来自东北黑土地上的编导——王举，曾经添上过浓重的一笔。

# 常回家看看

家是什么？家是蹒跚学步、牙牙学语时的鼓励陪伴，家是昏黄的油灯下补衣缝裤的老花眼，家是久病缠身却依然在电话里强忍住的心衰气喘，家是大年三十久立窗前的默默苦盼。家是在外面疲惫时首先想到的温馨港湾，家是繁华过后独自遥望的朱门铜环，家是受伤无助时获取的安抚尊严，家是走遍天涯也难以割舍的血脉相连。

1999年的年末，王举和黄恺一起，正在黑龙江电视台赶制省台春节联欢晚会。

深夜，一阵急促的手机铃声在王举的枕边响起。是中央电视台副导演打来的电话："王举老师，您得来北京一趟，春晚里有一个节目必须由您来做。"

"我正在省台做春晚，如果我现在走了，那不是给这边撂挑子了吗？"王举有些为难，既不想拒绝央视的邀请，又不想把黄恺一个人扔下。

"这个王老师您放心吧，我们已经和黄恺说好了，您只管过来，没有问题。"副导演胸有成竹地对王举说。

王举挂断电话后，立即给黄恺拨去了电话，把刚才电话的内容告诉给了黄恺。

"之前央视是给我打过电话，说北京那边如果需要，就让你过去几天。但是你走了，省台春晚就剩下我一个人了，所以一直没有告诉你。现在，既然北京那边提出来了，那你就去吧，给央视把节目整得出彩些。早去早回。"黄恺理解的话语，给了王举很大的安慰。带着对省台春晚的挂念，第二天上午，王举就赶到了中央电视台的影视之家，春节联欢晚会的剧组都在这里。

"王老师，陈雨露导演说让您先休息下，然后陈导会把音乐给您送过来。"接待工作人员彬彬有礼地说出了导演的安排。

"不用休息了,现在就把音乐给我拿过来吧。咱们还是先干活吧。"王举有些迫不及待,很想知道是什么样的一首歌,必须由自己来制作。

工作人员拗不过王举,就把已经准备好的录音机和磁带拿了出来,舒缓的歌声就在王举的房间里播放了出来。

"找点空闲,找点时间,领着孩子常回家看看。带上笑容,带上祝愿,陪同爱人常回家看看。妈妈准备了一些唠叨,爸爸张罗了一桌好饭。生活的烦恼跟妈妈说说,工作的事情向爸爸谈谈……"是陈红演唱的歌曲《常回家看看》。

听完了歌曲,王举动情地说:"这首歌真好,而且很感人。这首歌是谁唱的?"

"是陈红唱的。王老师,您觉得这首歌怎么样?"

"这首歌非常好。"王举很肯定地回答。

"那王老师您有什么想法了吗?"工作人员切入了工作的主题。

"我先想想。"

下午,陈雨露导演带领着春晚的几位副导演来看望王举。同行相见,朋友相聚,并且是为了给全国人民制作文艺大餐,所有的人都感觉到很兴奋。

"王老师,我们想听听您对《常回家看看》这首歌的想法。"陈雨露导演像是等待春雨一样,等待着王举的回答。

"这个节目非常好,可以作为整台晚会的主打节目,可以作为春晚最动情的一个节目。"王举回答完,所有的导演都激动地鼓起手掌,这样的一种定位是他们最期待的。

"那怎么让这首歌动情呢?我们都知道这首歌很好听,但是要让它很动情,比较有难度。王老师,您有什么好的方法吗?"陈雨露导演层层剥茧,她似乎已经看到了蝴蝶美丽的翅膀。

"这首歌给人一种很温暖的感觉,给人一种回家的感觉,首先这首歌必须定位在情景化上。"王举不紧不慢地叙述着自己的想法。

听完王举的诉说,陈雨露导演就有些疑惑了:"王老师,我们请您来是给我们搞舞蹈的,是来给这首歌伴舞的。"

"伴舞可以,但是必须把情感揭示出来,把舞蹈和情感放在情景中,才能让观众感动。"王举进一步阐述着自己的观点。形式必须为内容服务，这是王举一直都在坚持的舞蹈理念。

"那王老师您的意思是，这个节目就不跳舞了吗？"陈雨露导演还是有些不解，甚至觉得有些奇怪。

"不是不跳，而是这个舞蹈必须是表演性的。具体的我还没有想好。"王举如实对众位导演说。

"那咱们就一起听这首歌吧，来找找感觉。"陈雨露导演说完，陈红的歌声就荡漾在每个人的心里。

"我现在基本上有想法了。"歌声播放了五遍之后，王举对求贤若渴的导演表达出自己的感受。

"王老师，您快说！"

"这样，我先休息一下，咱们晚上再接着谈。"

到了晚上，下午的原班人马都来了，赵安导演也来了。

"我想在这首歌里用几扇门，把当今社会群体对老人的那种孝道拿出来。在舞台上布置各种空间，来表现儿女回家的感觉，来表现子女对老人孝道的感觉。"王举的想法已经成熟，整个舞台的布景都在自己的脑海里清晰起来。

"我们还是有些不明白。"导演们面面相觑，最后都把目光集中在了王举的身上。

"我想用六扇门，来表现儿女回家的各种场景。有子女回家，有夫妻回家，有孙子回家。演员一边在舞台上唱，老人们一边从门里出来，然后其他的演员们逐渐从门里走出来，代表着过年的时候，子女回家看望父母了。"王举一口气说完了心里的构思。

"王老师，这下我们明白了。"导演们如获至宝地离开了王举的房间。

第三天，王举就进入台里给演员们排练了。《常回家看看》这首歌是两段体，安排了两对演员来唱，陈红和蔡国庆一组，张迈和江涛一组。舞蹈演员来自河北省歌舞剧院，其他从门里走出来的演员都是当红明星，蒋大为、大山、张凯丽、于文华、尹相杰、郭达、蔡明等等。大山抱着孩子，而郭达则把自己的围巾给扮演爸爸的演员围上。

大年三十晚上，举国欢庆，年意非凡。央视春节联欢晚会的舞台上，陈红一袭红底白圈的紧身旗袍，蔡国庆一身白色西装，张迈搭配的是一套非常朴素的服装，江涛则穿着一身蓝色西装。随着四位歌唱演员的动情演唱，五扇朱红色的大门在舞台上来回移动，当歌曲进入高潮的时候，五扇大门前后重叠在一起，红门轻启，两位头发斑白的老人相互搀扶着从门里走出来，两对歌唱演员立即上前，站立在两位老人身边。刚才重叠的大门又一字排开，音乐再次达到高潮，五扇大门一起敞开，所有的明星演员们踏着回家的喜悦，从门里走出来。所有的儿女都紧紧围绕着爸爸妈妈，有的抱着老妈妈的双肩，有的伏帖在妈妈的胸前，有的把挡风的围巾给爸爸轻轻系上，有的还像小时候那样，向爸爸妈妈倾诉着心里浓浓的思念。

"常回家看看，回家看看，哪怕帮妈妈刷刷筷子洗洗碗，老人不图儿女为家做多大贡献，一辈子不容易就奔个平平安安。"歌声在电视里娓娓齐唱着，王举则在电视机前肆意泪流着。《常回家看看》是全天下父母对身在异乡的儿女的呼唤，更是对为人子女孝道的提示，又何尝不是王举内心深处对家的渴望、对儿子的疼爱、对早逝父母的深深思念啊。

在中国的流行歌曲里，有许多歌唱父亲、母亲的感人肺腑之作。

"想起老妈妈，如今她在乡下。一年四季从春到冬霜染了她的鬓发。劝她外出走一走啊，她说老眼昏花。催她四处转一转，她说活儿多放不下。孩儿，孩儿挣钱不容易，这份情意我领了。"

"总是向你索取，却不曾说谢谢你。直到长大以后，才懂得你不容易。每次离开总是装做轻松的样子，微笑着说回去吧，转身泪湿眼底。多想和从前一样，牵你温暖手掌。可是你不在我身旁，托清风捎去安康。时光时光慢些吧，不要再让你再变老了。我愿用我一切换你岁月长留。一生要强的爸爸，我能为你做些什么？微不足道的关心收下吧。"

"你入学的新书包有人给你拿，你雨中的花折伞有人给你打。你爱吃的（那）三鲜馅有人（他）给你包，你委屈的泪花有人给你擦。啊，这个人就是娘，啊，这个人就是妈。这个人给了我生命，给我一个家。啊，不管你多富有，无论你官多大。到什么时候也不能忘咱的妈。"

家是什么？家是白发苍苍时依然让孩子高飞远去的微笑挥手，家是老爸爸老妈妈佝偻着腰牵手等待的窗口，家是每天临睡前儿女打来电话时的合不拢嘴，家是操劳了一辈子后对儿女的无欲无求。当爸爸从俊朗挺拔的男人变成再也直不起腰的老爷爷,当妈妈从美丽优雅的女人变成满脸皱纹再也回不去的老奶奶,他们渴求的不是舒适的名车豪宅,不是奢侈的山珍海味,不是充足的存折信用卡,不是伺候周到的护士保姆,而是令他们日夜牵肠挂肚的孩子们啊。

《常回家看看》的节目刚演完,王举的手机就响了起来。

"王老师,看了《常回家看看》,心里非常感动。"

"王老师,《常回家看看》太好了,您真了不起!"

"王老师,我现在正在回家的路上,我要回家了。"

"王老师,我现在回家看我妈了。"

1999年的除夕,王举的手机成为了一部挂不掉的热线,王举一共接了40多个电话,每一个电话里都镌刻着"常回家看看"这首歌的名字。而打电话的人,有的是王举的旧知好友,而更多的却是被《常回家看看》感动的陌生人。

# 亚洲雄风

莹蓝色的舞台上，雄浑激昂的音乐声奏起，一个圆形的纯白色小舞台上，一位身穿红色背心、白色长裤的男舞蹈演员踩着音乐的节拍原地奔走，仿佛在初春的早晨拾阶而上，又好似顺着历史的常青藤，款步走来。走得有力，走得自在，走得洋洋洒洒，走得铿锵豪迈。

圆形舞台的外围，六块高低错落的舞台宛如六片摇曳在树梢的花瓣，每片花瓣上都站立着一对男女演员，身穿天蓝色的服装，摆出各种优美的舞姿造型。每一对静止在花瓣上的演员都像是一对凌空起飞的大雁，一飞冲天，双飞激海，三飞扑云，四飞扬土，五飞摘星，六飞跃山。

随着音乐的跌宕起伏，一个磁性铮铮的朗诵声在另一方舞台响起：

望三门，三门开，"黄河之水天上来"！神门险，鬼门窄，人门以上百丈崖。黄水劈门千声雷，狂风万里走东海。望三门，三门开，黄河东去不回来。昆仑山高邙山矮，禹王马蹄长青苔。马去"门"开不见家，门前空留"梳妆台"。梳妆台啊，千万载，梳妆台上何人在？乌云遮明镜，黄水吞金钗。但见那，辈辈艄公洒泪去，却不见，黄河女儿梳妆来⋯⋯

这是著名演员鲍国安在1990年中央电视台元旦晚会上朗诵的音舞诗画《三门峡歌》。为鲍国安朗诵伴舞的正是大庆歌舞团年轻的舞蹈演员。这支意境优美、磅礴大气的《三门峡歌》的舞蹈就是王举编创的。王举的舞蹈创意不仅在这一朵舞蹈花上闪耀，央视整台元旦晚会的舞蹈都是王举构思创作出来的。

晚会的开场舞是王举的《单鼓舞》。热闹喧天的锣鼓唢呐带着飒爽的东北风吹上了央视元旦晚会的舞台上。大庆歌舞团的演员们穿着火热的辣椒色服饰，挥着彩穗作饰的花棍，敲着咚咚锵的单鼓，舞动着迎接新年的激情，绽放着新春到来的喜庆。晚会开始一个小时后，王举的《腰铃舞》上场了。12位婀娜青春的东北姑娘充分利用挂在杨柳腰间的铜铃，一步一摇地奏响着东北的祝福之音。

1990年中央电视台元旦晚会,不仅给予了王举充分施展其艺术才华的舞台,还标志着中国迈进了90年代,更加预示着中国在下一年里即将迎接更加绚烂夺目的精彩,第11届亚运会将于1990年9月22日至10月7日在中国北京举行,这是中国举办的第一次综合性的国际体育大赛。

元旦晚会明天就要进入正式录制了,王举和演员们热火朝天地忙碌在晚会现场。

"王举老师,这里有一首歌,您看看能不能把它加到晚会里?"导演拿着刚在录音棚里录制的歌曲小样,让王举来试听一下。宏伟壮阔的歌声在王举的耳边荡起。

"我们亚洲,山是高昂的头。我们亚洲,河像热血流。我们亚洲,树都根连根。我们亚洲,云也手握手。莽原缠玉带,田野织彩绸。亚洲风乍起,亚洲雄风震天吼……"是韦唯和刘欢合唱的歌曲《亚洲雄风》,这首歌也是来年亚运会会歌的竞选歌曲。

"这首歌真好!"王举听了一阵亢奋和激动。

"王举老师,您给这首歌编一个舞蹈吧。"导演露出了舒心的笑容。

明天晚会就要正式录制了,现在要加进来一首完全没有经过彩排的新歌,而且还要给这首歌现编一支舞蹈,这是个不小的挑战。但是,这首歌太好听了,明年我们中国就要举办亚运会,确实应该以一种昂然的姿态给全世界看看。为了中国人的骨气,为了给中国举办亚运会鼓劲儿,王举决定要给这首《亚洲雄风》配一支舞。

可是时间确实是太仓促了,没有排练场所,而且歌唱演员韦唯和刘欢也没有到场,无法和舞蹈演员配合。越是紧急情况,越是需要冷静处理。歌唱演员不到位,那就先排练舞蹈,如果最后实在没有走场的时间,就采用抠像处理,把韦唯、刘欢和舞蹈演员们的镜头叠加。王举立即从自己带来的大庆歌舞团里抽调出8位演员,4男4女。

"王导,咱们没有排练厅,怎么排练呢?"

"对啊,而且咱们只有一天的时间。"

演员们围着王举,叽叽喳喳地讨论着。

演员们的顾虑也不是没有道理。但是,有条件要上,没有条件,创造条件也要上,这是咱们大庆的铁人精神,也是我们面对困难的制胜法宝。所以,这个任务必须如期完成,而且还要出色地完成。

王举的脑神经高速工作着,搜索着排练舞蹈的合适场地。演员们立地待命,目光随着王举的身影来回漂移。来回踱步的王举一拍脑门,欣喜地转过身,朝演员们一挥手:"走,到我住的宾馆走廊里去排练。"

王举住的宾馆走廊是一条宽约两米半的过道。走廊里不仅人来人往,还透着一阵阵嗖嗖的寒气。但目前来看,没有比这里更佳的排练环境了。别说是一条有着墙壁和玻璃隔挡的走廊,即使是冒着刺骨的严寒,在冰天雪地里排练,对王举来说也是义不容辞。

为了保证排练的顺利进行,王举安排了两位演员,分别站立在走廊的两侧,拦截过往的住客。其余8位演员脱下棉大衣,在王举的讲解和指导下,全身心地投入到《亚洲雄风》的恢弘气势和意境中。

《亚洲雄风》虽然是在歌颂整个亚洲的风姿,但是是由中国人来演唱的,那就要唱出中国人的气节和胆魄,这一点,韦唯和刘欢都做得非常到位。那么,现在王举要来给这首歌配舞,也一定要让演员们拥有和歌唱演员们同样的胸怀和气度。不仅表现出作为一个中国人的自豪和骄傲,还要敞开心胸,把整个亚洲的高山、江水、原野、林树、日月、星辰、风雨、雷电都要收拢于心中。这样才能在激情涌动的时候,迸发出覆盖整个亚洲的壮志和豪情。王举激情迸射地对演员们讲述着他心里的中国,他心里的亚洲,他心里的世界。王举仿佛站立在世界最高脊,俯视着全世界对亚洲的敬仰,对中国的称颂,对中国人的钦佩和由衷地肯定。亚洲,应该就是这样一股雄壮的罡风,以雷霆万钧之势,刮遍整个地球。

演员们都被王举激情的讲述震撼了,他们从来也没有看到他们的王导如此雄武的状态,演员们甚至都能感受到王举的声音里带着一丝克制不住的颤抖,那是王举的血流跟着亚洲的脉动在共振。如果说《回归颂》抒发了王举和国家的情感,《常回家看看》展示了王举对家庭和孝道的理解,那么《亚洲雄风》就是王举站立在世界的角度来给中国一个最恰当的定位。当然,中国要想在世界人民的心中刻下强大的烙印,需要多种力量的通力共进,科技、文化、经济、军事、医疗、教育、民族精神、国民素养,哪一项也不能成为木桶效应里的桎梏因素。但是,对于一个精心致力于舞蹈文化的王举来说，他能做到的只是把自己对国家的拳拳之心溶化进他的舞蹈里。爱国之情不分伯仲，爱国之心不分贵贱，如果我们每一位炎黄儿女都能把自己的心脏紧紧伏贴在国家的心壁上，随着国家的律动而心跳，给国家的血管里注入一滴新鲜的血液，那么中国一定能焕发出活力无限的能量，引来世界人民对中国精神的呐喊和礼赞。

经过了一天紧张而快节奏的排练，《亚洲雄风》的舞蹈终于排练完成，当天晚上演员们就进棚正式录制。果然如王举先前所预料的那样，韦唯和刘欢没有到场，不能和舞蹈演员们同步录制，那只能后期合成的时候，再编辑制作了。

正式录制开始了，录制现场座无虚席。璀璨的灯光把录制现场照射成了喜悦的天堂。观众们的掌声和欢呼声一次又一次把晚会推向了高潮。下面该轮到《亚洲雄风》出场了。

随着《亚洲雄风》音乐声响起，舞蹈演员们吸腿旁转两周半，激扬的情绪一下子被顶起，没有过门，没有序幕，甚至没有给观众酝酿情绪的时间，仿佛在不经意之间，猛然把站立在悬崖旁边准备蹦极的人推了下去，情绪瞬间达到了制高点。观众席上赞声如潮："这个技术太棒了！"

在王举的作品里，似乎看不到斧凿的痕迹，所有的情绪都是灵感的迸发。唯有这种真实喷发出来的情绪，才能让观众跟着激动，跟着兴奋，跟着喜怒哀乐。

就在1990年央视的元旦晚会上，《亚洲雄风》的歌名开始在中华大地上势如破竹，韦唯和刘欢的名字也被更多的歌迷所熟悉。每当听到《亚洲雄风》这首歌，我们仿佛看到体育健儿们在竞技场上激烈角逐的画面，也似乎听到了体育迷们在赛场外摇旗呐喊的狂热。但是，又有多少人能忆起这样一个场景，大庆歌舞团的年轻舞蹈演员们，为了完成给《亚洲雄风》配舞的使命，在一条两米半宽、寒风劲吹的宾馆走廊里，倾尽一切的努力，在跳、转、翻中硬是练习出了一支和歌曲一样富有震撼力的舞蹈。

## 第十章　鹤鸣湖

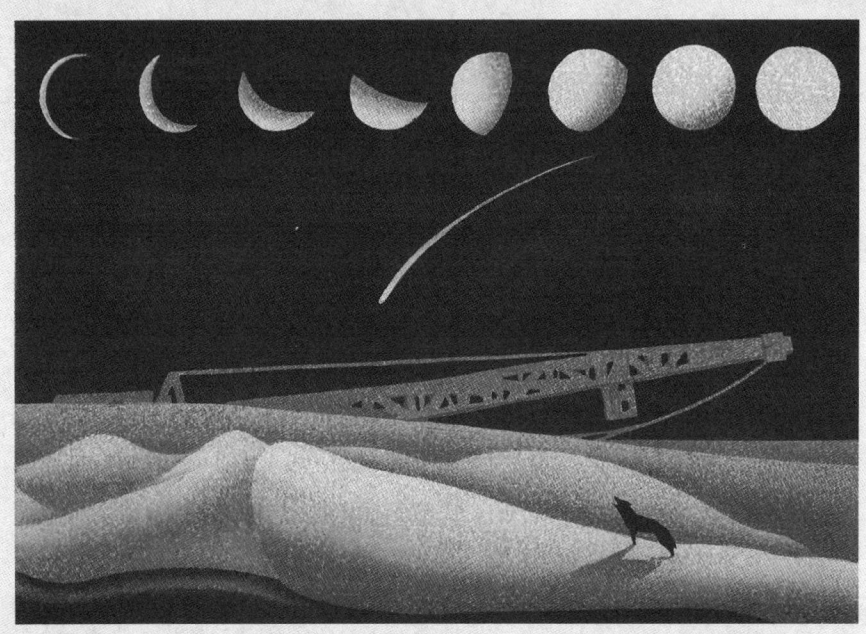

月亮升起的地方（45×57cm）　创作者：范垂宇

# 落泪的天空

青青草,雨纷纷,屋漏风吹袭三人。阿母温体护娇儿,阿嫂乳汁甜幼心。

贫苦日,亲情真,欢声笑语绕娘身。愿我儿侄多康健,相依为命度天伦。

阳光西斜的春日,一位温良的女子端坐在破旧的茅屋前,两个男童跪地而爬,玩耍的间隙,蹭到女子身前,或搂着女子的脖子,或把头躺在女子的怀中,撒娇的模样惹人疼爱。两个天真活泼的孩童,一个叫包勉,喊女子"娘",一个叫包拯,喊女子"嫂娘"。

日子虽然清苦,但是孩子的成长却是母亲最为快乐和欣慰的。当年在泥土里翻滚的男孩已经长高了许多。月光如水的夜晚,女子常常把两个孩儿唤到身前,给孩儿讲述古老的故事,教孩儿识字明理。两个孩儿摇晃着脑袋,认真把女子的话语记在心里。

秋风吹起,寒意渐浓。女子花容不再,但两个孩儿却长成了高大的少年。两人给女子拿来披风,轻轻给女子披在身上。女子一把搂过两个孩儿,过往的艰辛岁月如今都融化成了幸福的感觉。

光阴飞逝,曾经的少年均入朝为官。包拯两袖清风,刚直不阿,包勉却鱼肉百姓,贪赃枉法。多么可笑啊,一奶哺育的两个人却走上了截然相反的两条路,是天性不同,还是后天环境的熏染。当年捉蝴蝶捕蜻蜓的小手如今追逐的却是姿色妖娆的女子,当年素洁的粗布衣衫如今早已被绫罗绸缎替换,当年饱读圣贤诗书的高雅如今成为了酒肉之气的阶下囚,当年因踩死一只蚂蚁都流泪哭泣的孩童如今成为了草菅人命的暴徒。这一切,该去责怪岁月对人的潜移默化?世事对人的蹂躏摧残?还是该去质问那颗藏污纳垢的心灵、那个缺乏定力的灵魂?荣华富贵自然能给肉体以舒适享受,但是如果不给良知以方寸之地,最后只能拖着一具重度腐蚀、光华尽失的躯壳陷入回头无岸的歧途。

叫苦喊冤的百姓,手足之情的侄儿,包拯的心承受着极度的煎熬。情与法像是两把钢刀,拷问着包拯的心。一边是对自己有养育之恩的嫂娘,包勉是嫂娘唯一的儿子,一边是朗朗乾坤、天子犯法与庶民同罪的国法。在情与法不能并存的情况下,是选择做一个"无情"之人,还是选择做一个"无法"之人?做一个"无情"之人,对不起的是嫂娘,而做一个"无法"之人,对不起的将是黎民苍生。一入朝堂,身不由己,自己不再是那个布衣少年,而是大如天的国法的秉持者。摘下头上的乌纱帽,包拯心痛万分地做出了决定。虎口铡刀在包勉脖颈之间咔嚓一声合上。

心碎欲裂的嫂娘手拖巨型的白纱上场,痛不欲生地步步逼近包拯。包拯跪倒在嫂娘面前,五脏俱痛。巨型白纱抽之不尽,在空旷的舞台上形成里外三层,每一层都有一排代表嫂娘内心情绪的女舞者。白纱之外,嫂娘在责怪包拯,嫂娘在怨恨包拯,嫂娘在发泄着自己悲痛欲绝的情绪。白纱之内,几十位女舞者或伸手问天,或颓然倒下,或绝望翻转,或几近崩溃。一种难以诉说的悲情在白纱内外撼天动地。

面对嫂娘的肝肠寸断,面对嫂娘的痛失爱子,面对嫂娘的愤恨幽怨,面对嫂娘崩溃的情感,包拯哀同心受。自己心里流淌的是嫂娘哺育的恩情,没有嫂娘,就没有今日的包拯。可是,自己头上顶着的却是乌纱之冠、百姓之托、国家之法啊!嫂娘把包拯的乌纱帽砸在地上,没有想到,自己含辛茹苦哺育成人的夫弟居然亲手杀了自己的儿子,这叫一个柔弱的女子何以来承受。包拯把脑袋磕在地上,纵使亲情似海,又怎能扛得过国法如山!

草青青,泪纷纷,苍天何怜断肠人。夫弟铡杀我亲儿,留我凄苦无依身。

亲情重,国法深,叫我如何愧乾坤。天理昭昭除恶孽,千古传唱乌纱魂。

这是王举在1991年推出的舞剧《乌纱魂》,改编自东北二人转《包公

## 第十章 鹤鸣湖

赔情》。北宋年间，开封知府包拯去陈州放粮，途径长亭，发现亲侄包勉在沙县任官三年中，贪赃受贿，吞没灾粮，逼伤人命，即将包勉斩首。包勉的母亲王凤英惊闻此讯，悲痛难忍，盛怒之下，要杀包拯。包拯不忍看着嫂嫂悲痛，诚恳地向嫂嫂赔情。

用家喻户晓的历史故事做素材，其实容易冒陈旧无新的风险。但是，《乌纱魂》却从俗套中脱颖而出，只从《包公赔情》的故事里采摘下几缕人物情感的火苗，组成一束灼热浓烈的情感之焰，烘烤着观众的情绪，撞击着观众的心弦。能让观众不由自主地跟着流泪，擦完泪水后再陷入深深的思索，就是一部作品成功的标准。而《乌纱魂》不仅做到了以上两点，同时再次印证了王举用现代的意识探索中国舞的科学和成功。《乌纱魂》里没有人物对话，没有清晰的故事背景，没有连贯的故事发展脉络，只是把几个看似零碎的片段串联在一起。但是这样的串联却另辟蹊径，给人耳目一新的感觉。宛如一艘情感之舟，牵引着观众的注意力，驶向瑰丽的彼岸。

《乌纱魂》编排完成后，王举邀请大庆市长张立中来观看。张市长来的那天，天空降落着不小的雨。这是一座五层楼高的排练厅，由于年代已久，每逢降雨，屋顶都会漏雨。冰凉的雨水沿着裂开的屋顶洒进来，顺着斑驳的墙壁往下淌，墙上残存的石灰粉被雨水浸湿之后，纷纷跌落在墙角。真像是一位年事已高的妇人老泪纵横，让人看了不由得心尖一疼。

张市长默默地坐在排练厅的最后面一排，距离张市长不远的墙壁下放着演员们装衣服的柜子。《乌纱魂》的音乐变得凄婉起来，包拯悲痛地跪倒在嫂娘面前，祈求嫂娘的原谅。看到这里，张市长再也控制不住自己的情感，流下了一位领导少有的泪水。嫂娘在流泪，包拯在流泪，市长在流泪，天空在流泪。

"王举，你现在还需要什么？"张市长擦了擦脸上的眼泪，认真地问王举。看到王举没有接话，张市长接着说："我给你盖个排练厅吧，这个排练厅不能再用了，都快成危房了。"

听完张市长的话，王举高兴地握住了市长的手。对于演员们来说，他们最想要的就是宽敞、舒适、安全的排练厅。如果舞蹈作品是花朵，那排练厅就是土地，只有拥有了营养丰富的土地，才能生长出娇艳芬芳的花朵。

"王举，你明天就打个报告，给市里报上去。"张市长又交代了一遍，才在感动的余韵中离开了歌舞团。

王举按照张市长的嘱托，第二天就把建设舞蹈排练厅的报告递呈给了大庆市政府。几天之后，张市长就把王举找了过去。

"王举，关于建设排练厅的报告已经通过了。这两天你就陪我去一趟北京，咱们去北京歌舞团里勘察一下，争取建设一座国内先进的排练厅。"张市长的每一句话都带给王举莫大的感动，王举没有想到，市领导能如此重视舞蹈事业的发展，更加没有想到张市长能对排练厅的事情如此上心。这不仅是市领导对大庆市舞蹈事业的支持，也是市领导对王举个人的支持。

两天之后，王举就跟随着张市长赶往了北京等七座城市。一年之后，一座两层楼的新型舞蹈排演厅在大庆的土地上崛起。这座排演厅由大庆市政府投资了四百多万，在当时称得上是国内最大最先进的舞蹈排演厅。

《乌纱魂》是王举对正义的一首赞歌，是王举对情与法的选择，更是王举对现实社会中官民关系和谐的一种美好的寄托。

# 一封联名告状信

男人是一片天空，可以容纳阴晴圆缺；男人是一座山，可以静观四季更迭；男人是一条路，可以接受狭窄宽阔；男人是一片海，可以包罗大江小河。这是王举对男人的认识。

1987年的秋天，王举正带领着大庆市歌舞团的演员们在广州深圳热火朝天地巡回演出，一个关乎王举仕途的电话从大庆打给了远在南方的王举。王举被大庆市委、市政府任命为大庆市文化局副局长。这对于30多岁的男人，而且这个男人还是一位跳舞的编导来说，无疑是一种意外之喜。但是南方的巡演由不得自己有半点分心，王举挂掉电话之后，像是一只蹲坐在荷叶上的青蛙，稍作喘息之后，就又一个猛子投进了演出的池塘。这个时候的王举并没有想到，自己回到大庆之后，即将面临一场突如其来的疾风骤雨。

"王举，今天叫你来是想让你看一个东西。"李溪园副市长把刚刚巡演回来的王举叫到了办公室，从抽屉里拿出一封信，推到了王举面前。

"李市长，这是什么？"王举并没有急于看信件的内容，但是从李副市长凝重甚至有些气愤的表情上来看，这封信冒着火药的气味，并且这封信和自己有关，否则李副市长也不会这么急匆匆地把自己找来。

"这是一封联合署名的告状信，集体反对让你当这个文化局的副局长，"李副市长说完，点燃了一支烟，把打火机远远地扔在了办公桌上，"这些人简直不可理喻，市委、市政府作出这个决定，那是经过了深思熟虑，并且由领导班子讨论决定的。他们在这个时候居然出来反对，真是唯恐天下不乱。"

从李副市长紧凑的话语里，王举已经猜测到发生了什么事。其实，自从王举从南方回来，就已经断断续续听到了这种反对的言论。是啊，自己只是一个跳舞的，而且还这么年轻，就可以当局长。那些早就盯着这个位置的人自然心生不悦。况且，王举是一个有着革新思想的人，做歌舞团团长的时候，王举就提出歌舞团要让真正懂舞蹈的人来领导，这项主张注定会损害一部分人的利益。大家怨声载道，反对王举上任也就是情理之中的事情了。

"署名的人都在这上面，你看看吧。"李副市长说完，又把告状信往王举这边推了推。

王举却把告状信推给了李副市长。对于这些告状的人，王举恨不起来。

王举明白，自己提出的改革建议，违背了很多人的利益。所以，大家联合来告自己、反对自己，也是情理之中的事情。对于这件事，王举自有自己的看法。

在王举的心里，人与人之间是一个共同体，对方安然，自己亦会安然。在利益面前，一定要先想着对方的利益。先把收获给了别人，自己获取到的那份成果才更加甘甜。如果把别人摒弃在自己之外，那么，即使自己硕果累累，也会少了一种喜悦的味道。生命是一种回声，你如何对待别人，别人才有可能以同样的方式回应你。别人在你眼里是一座山谷，你在别人眼里也是一座山谷，在原声和回声的来往穿梭中，生命才不会孤独，灵魂才不会漂泊。男人如果没有这种胸襟，即使做了领导，一般情况下，也很难有大作为。王举坚定地说。

离开了李副市长的办公室，王举独自行走在回家的路上。深秋的大庆寒意袭人，焦黄的叶子落了一地，只有那片像透明玻璃的天空还在努力展示着秋天的最后一丝风韵。王举紧了紧风衣的衣领，继续步履缓慢地沿着路边的人行道向前走着。

舞蹈，原本是一门独立的艺术，但是随着人们对舞蹈的误解，以及舞蹈有些畸形的发展形态，舞蹈渐渐成为了其他艺术种类的附属品，古老的舞蹈穿插在歌曲、戏剧、小品、影视作品里，仅仅是一种锦上添花的点缀，这让王举非常着急。再加上"文化大革命"的冲击，大庆市舞蹈事业成为了沼泽地里的一株藤蔓，没有生长的支架，只能在泥泞的土地里延喘生息。要想使舞蹈恢复应有的活力和地位，必须依靠内行的人按照科学的方法，一点一点地给予其营养，所以，王举才坚持让艺术家治团，这也是

## 第十章 鹤鸣湖

拯救大庆舞蹈事业最有效的手段。可是，真正支持王举这一改革主张的人并不多，甚至在很多人的心里，王举提出的这一说法，只是为了给自己仕途升迁提供便利条件的一面幌子。

改革，在任何时代，都是需要付出巨大努力和沉痛代价的。无论有多少人反对，王举会把坚持进行到底。因为王举深信，自己的判断不会错。

反对王举的呼声在大庆的土地上像病毒一样漫延着，李副市长放下手里一切的工作，没有带任何随行人员，悄悄来到了大庆市文化局。对于大庆市委、市政府来说，王举的任命工作举足轻重。

"哐当"一声，李副市长一脚踹开了文化局办公室的门，门内顿时鸦雀无声，所有的工作人员都被李副市长的突然到访弄得措手不及。

"你们到底想干什么？王举为什么不能当这个文化局的副局长？谁能带领大庆市舞蹈事业发展壮大起来，这个局长就是谁的。你们有本事，可以做出比王举更大的成就，让大庆在全国一炮打响，我就把这个局长双手捧着送给你们。"李副市长叉着腰，在办公室里来回踱着步，愤慨的双眼盯着屋里的每一个人。作为大庆市的领导，李副市长多么希望大家能完全放下个人的私利，在面对大庆市文化事业发展的紧要关头，能齐心协力拧成一股绳，一起往大庆市的舞蹈火苗里添柴加油，让大庆的舞蹈之火燃烧得更旺盛，更热烈，更激动人心。

李副市长亲自出马，反对王举的声音渐渐虚弱，王举也顺利上任。但是王举有个条件，自己可以做这个文化局的副局长，但是无论何时，自己都不能离开舞蹈。这个是王举和王申来商谈后达成的一致结果——局长的身份是用来为舞蹈服务的。

在王举"艺术家治团"的主张下，大庆市舞蹈事业风生水起，一项又一项荣誉像是隆冬的白雪，降落在大庆的土地上。而当初反对王举的人在日后的工作中，成为了王举真诚的合作伙伴。尤其当王举在1998年成立自己的舞蹈学校时，这些退休的老人都主动请缨，来到王举身边，为王举出谋划策，有钱出钱，有力出力。经过了十几年的岁月验证，王举的改革是正确的，而当初他们抱着"小我"的心态来反对王举，则是错误的。他们都希望能为王举做点什么，来弥补当初的偏执和狭隘。

1980年5月，一封题为《人生的路啊！怎么越走越窄?》发表在《中国青年》杂志上。一个署名叫潘晓的23岁少女饱含着泪水的激越诉说，在1980的夏天引发了全国范围的一场关于人生观的大讨论。王举被其中一句话深深影响——我为人人，人人为我。人是情感的动物，当你投之以李，对方起码会报之以桃。如果人人都不想付出，那么情感的园地就会荒芜。而如果你献出一粒苹果籽，他拿来一粒香蕉籽，我栽下一粒樱桃籽，那么人间将会处处飘满水果的清香。

　　王举，从一个喜欢太阳的孤儿，变成了吉林省艺术学校舞蹈专业的一名学生，毕业后成为吉林省前郭县歌舞团的一名舞蹈演员，调到大庆后，又成为大庆市舞蹈团的业务团长，再变成如今的大庆市文化局副局长，这条路走起来似乎很漫长，但是王举却走得喜悦，走得从容，走得认真，走得无怨无悔。

# 大庆所向何方

自从地球有了石油，人类的生活发生了翻天覆地的改变。

一望无际的波涛上架起了横跨两岸的大桥，天堑变通途；蔚蓝的海洋上有巨型船舰在巡逻，维系着国土和人民的安全；澄澈的天空中飞翔着千万架飞机，极大地缩短了人们的出行时间；世界各地的航天火箭发射升空，在浩瀚的宇宙里恣意遨游，探测天体的奥秘和神奇；一座座摩天大楼拔地而起，给人类的居住提供了更加广阔的可能性；奶酪、蛋糕、冰糖葫芦、冰淇淋、蛋卷、水果、粮食、汉堡包涌进人们的饮食生活；治疗人体肝、胆、脾、肺、肾等器官疾病的各种西药陆续问世，延长了人类的寿命，提高了人类的生活质量。石油使生命变得丰富精彩，摇曳生姿，顺畅安泰。

可是，假如石油在地球上瞬间消失，人类的生活会发生哪些变化呢？

腕上的手表会断裂开来，做饭的煤气灶会突然熄火，电视遥控器将混乱失灵，光洁亮丽的油漆会剥落不堪，大中小电器均无法生产，车水马龙的大街上将变成锈迹斑斑的汽车躯壳，所有的电脑及通讯设备都将停止工作，帅哥靓女们身上风格迥异的名牌服饰都将化为乌有。世界将陷入极度的恐慌和瘫痪。

大庆拥有中国第一大油田、世界第十大油田——大庆油田，是一座以石油、石化为支柱产业的工业城市，每年保证5000万吨的原油生产量，保证了国家的经济命脉强劲有力地弹跳。可是，地层之下的石油总量是有限的，如此开采挖掘下去，总有一天会枯竭殆尽的。到了那个时候，大庆这座石油之城将何以保持发展的态势。大庆，不可避免要面对发展危机，王举，也陷入了深深的思考。城市如何来转型，发展如何来和国际接轨，大庆如何继续在东北的天地间流芳，这些问题都让王举愁眉紧锁。

20世纪60年代以前，大庆油田尚未开发，贫瘠的盐碱地上到处都是寸步难行的沼泽地和迎风舒展的芦苇荡，草凭雨水而丰枯，人迹罕至，水泡遍地，大庆基本上处于原生态。随处可见的水泡子给采油施工造成了很大的麻烦。人们对这些水泡子没有好感，填平了不少的小水泡。施工过后，水泡上面都浮着黑色的原油。

但随着岁月的流逝，无声的沼泽地陡然转换了容颜，一片片静谧的湖泊像是一块块翠绿的水晶石镶嵌在大庆的土地上。尤其是位于大庆市东部的龙凤湿地自然保护区，已经成为油城的一张缤纷的名片，成为无数人慕名而来、流连忘返的地方。龙凤湿地夏天沙鸥高翔，莲花满地，芦苇摇曳，碧波千里，冬天则白雪覆盖，水冻无影，玉树琼枝，天地肃静。

当初杂乱污浊的水泡子怎么变成了今日美丽迷人的湖泊呢？这种天然的改变在王举的内心划过一波又一波的惊喜和某种蠢蠢欲动的激情。但是，王举心中关于大庆城市走向的迷惑依然没有得到解决。

2006年，为了展示我国城市发展成就，推进全国城市化进程，为参展城市打造出一张推介形象的名片，中央电视台举办了中国十佳魅力城市颁奖晚会。大庆和库尔勒、雅安、满洲里、运城、永安、丽江、湖州、苏州、湘西一同荣获"CCTV2006年度中国魅力城市"称号。

晚会现场，大庆宣传片在大屏幕上播映。宣传片解说词娓娓吐露着大庆的美丽：在中国东部松嫩平原的中部，有一片2.1万平方公里的神奇土地。1959年9月26日，在新中国10周年庆典前夕，一条黑亮亮的石油巨龙在党中央和全国人民的翘首期盼的目光中不可遏止地喷薄而出，这里就是大庆油田。喷出那条巨龙的是著名的松基三井，它和铁人第一口油井、铁人纪念馆、铁人广场、石油科技博物馆等构成了大庆石油文化独特的风景线。大庆油田勘探开发技术成果与"两弹一星"的重大科技创举共同载入中国科技发展史册。大庆勘探队伍已经在世界25个国家和地区参与国际竞争。近两年，大庆每年上缴国税超千亿元，国家财政收入每一百元中就有一元来自大庆。大庆市区纵横布局，围湖建城，与草原湿地相隔，快速通道相连，湖在城中，城在绿中。每至春夏，百湖荡漾，芦苇摇曳，游鱼成群，百鸟翔竞，堪称城市景观一绝。诗人描绘大庆时：半城塔炉半城湖，一片楼群一片绿。大庆天蓝水碧，物我和谐，空气质量常年达到国家二级标准以上。大庆先后获得联合国迪拜改善居住环境范例奖和中国人居环境范例奖。创建百年油田，发展接续产业，建设和谐社会。大庆将以现代化、科学化和人性化的全新形象屹立在世人面前。大庆精神、铁人精神是这座城市永恒的灵魂。创业无止息，创新无止境，是这座城市涌动激情的永久魅力。绿色油化之都，天然百湖之城，中国大庆。

中央电视台主持人王志宣读了中国魅力城市展示组委会为大庆写下的颁奖词："这里拥有中国最大的油田，这座城市创造的精神和物质财富，深刻地影响着共和国。她既是一座能源城市，又是一座环保城市，在对自然的索取和付出之间，他们掌握了平衡的秘诀，丹顶鹤也选择了这里。蕴藏着巨大能量的地方———黑龙江大庆市。"

大庆市委书记韩学键从节目主持人敬一丹手中接过"十佳中国魅力城市"奖杯，并发表了热情洋溢的获奖感言。他说，"大庆荣获2006年度中国魅力城市称号，令人振奋，更令人自豪。回想起来，每一座城市在展示各自魅力的进程中，都是一个感人而优美的故事。描绘创造魅力的轨迹，充满了诗情与哲理。它点燃了我们劳动和创造的热情，更激发了我们想象和设计的灵感。同时，它也以事实和成功雄辩而有力地告诉我们，如何拓展和延伸一座城市的魅力。大庆要努力实现经济社会的可持续发展，要巩固壮大自身的魅力，任重道远。温家宝总理最近视察大庆，给我们以巨大的鼓舞。面对新的发展机遇，我们要努力创造新的辉煌、新的奇迹。我们深知，今天面临的挑战，远远超过当年创业时期的艰辛。我们要战胜前进路上许多前所未有的客观困难，更要不断同自身头脑中不适应科学发展的思想和理念抗争。我们敬重的老英雄铁人王进喜讲得好，'井无压力不出油，人无压力轻飘飘'。参加本届中国魅力城市展示活动，我们最大的收获是获得了奋发向上的压力和动力。让我们以此为新的起点，传承历史、开辟未来，共同打造我们中华民族灿烂的无限的魅力。在这里，我诚挚地欢迎海内外的朋友，走进大庆、感受大庆、领略这座'绿色油化之都、天然百湖之城'独特的生态神韵和人文景观，大庆人民感谢你，欢迎你！"

整个颁奖晚会都令王举心潮澎湃，作为一名大庆人，作为一位有责任感的艺术家，这样的殊荣如何不让人激动万分。但在主持人王志的颁奖词中，有一个美丽而神奇的关键词粲然绽放在王举的意识里——丹顶鹤。

丹顶鹤也叫仙鹤，因头顶有红肉冠而得名。丹顶鹤繁殖地在中国东北平原的松嫩平原和三江平原、俄罗斯的远东和日本等地。它是东亚地区所特有的鸟种，因体态优雅、颜色分明，在这一地区的文化中具有吉祥、幸福、忠贞、长寿的寓意。丹顶鹤非常高贵，就像是美丽优雅的天鹅，配偶死去后，另一方会孤独终老，不再另择配偶。这么珍贵的丹顶鹤也会选择来大庆定居，那么大庆适合人类居住，也就不在话下了。

丹顶鹤来大庆生活，是因为大庆有大量的湿地。这些湿地不仅发挥着防洪滞洪功能，调节城市的小气候，增加空气湿度，滞留与降解自然降水中的有害物质，每年还补充着地下水近千万立方米，恢复了大庆地区地下水生态环境，同时它还是物种栖息和繁衍的场所。在总面积5050公顷的龙凤湿地内，共生存着鸟类76种，鱼类45种，维管束植物314种。还有，它也是防控沙尘暴的一个重要"卫士"。因为有了石油，大庆像是钢铁一样坚硬，因为有了湖泊，大庆又变得如丝绸一样柔软。

开采石油，是人类向大自然索取，但是这种索取不能长久，更不能过度。人类与自然只有和谐共处，才能长生久安。丹顶鹤，湿地，人与自然，生态文明，这些词语关联起来，在王举的心底滋生出了一片灿烂的阳光，把王举内心关于大庆转型的迷茫一扫而光。王举知道自己应该朝哪个方向前行了。

这个时候，王举的思想里已经确立了生态意识。但中国第一次明确提出建设生态文明的目标，是在2007年党的十七大报告《全面建设小康社会的奋斗目标》的新要求中。王举，看起来只是一位普通的舞蹈工作者，但是他对整个人类、整个社会、整个时代的观察力和思考力，却远远超出了一个舞蹈工作者的高度和深度。

王举摩拳擦掌，跃跃欲试，他知道，又到了自己该做一些事情的时候了。

# 从《鹤鸣》到《鹤鸣湖》

2007年4月5日上午8点30分，一场关于大庆转型题材舞蹈诗剧的讨论在如火如荼地进行。参加会议的有时任大庆市委书记的盖如垠，文化局副局长王举，中国舞协副主席冯双白，《舞蹈》杂志社常务副社长赵士军，空军政治部文工团国家一级舞美设计孙天卫，国家一级编导、演出总监李绍栋，以及大庆市其他主要领导。

市委书记盖如垠首先开场："欢迎从北京来的舞蹈家、舞台美术家。今天主要是向你们学习、请教。王举同志有了这个想法，请到了各位艺术大家，同时也希望我们支持这件事。我们大庆经过几年的努力，大剧院基本上就要建成了，很先进，推拉、升降、旋转都有。没有文化的城市是不行的，需要搞一个大型的作品，如同芭蕾舞剧《天鹅湖》是俄罗斯的名片一样。"

中国舞协副主席冯双白接着说："舞剧对一个城市影响很大。中国舞剧产量在世界排名第一。一谈到大庆，首先想到的是石油、铁人和荒凉，但看了大庆的宣传片后，感觉完全不一样了，大庆是那样的美。作为舞剧要有一个情节，鹤舞的形象，和谐的力量，文化及精神的个性。这部舞剧主题应该是人与自然的和谐。"

孙天卫说："现在舞剧太多了。但好的舞剧一定要有创新，要找准定位。我们排的这台戏，一定要找准定位。代表大庆，拿出去就成功。作为比较时尚、年轻城市的名片，一定要运用高科技手段，从大都市、大工业化、新文明的背景出发，利用好新剧院的先进设备，创作出反映当今大庆、有生命活力的、突出人与自然和谐的舞剧。总之，这部舞剧应该是现实题材的，主题应该是关爱地球，关爱自然。"

赵士军说："大庆是百湖之城，跟鹤有必然联系。所以这个定位很准。能够走市场的未必都是精品，但精品一定可以走市场。大庆作为一个年轻城市，在文化建设上应该成为像工业一样知名，所以这部舞剧要做充分的准备，演员要按照剧情要求在全国招聘，好的剧目要有好的演员。"

李绍栋发言："谈四点意见。一是以'大文化'建设和发展文化产业的目标定位该剧。市委书记亲自抓一个剧目，这在全国也不多见。充分体现了对文化的重视。二是以特色为支点。打造'绿色'、'天然'品牌，这是共享的主题，这个主题抓得好。三是以创新为灵魂。要从本土和地域文化中解脱出来，让世界人享用。四是以市场为导向。有这些位大师参与，我认为该剧拿大奖不成问题，但进入市场更是双重检验。应按照现代芭蕾舞剧的特点，以强烈的、扣人心弦的情节冲突，多元的视觉、听觉效果吸引观众。"

市委书记盖如垠听完北京专家的发言后，接着说："大家谈的想法和意见都很好，比如特色问题、主题定位问题、风格问题、艺术形象问题。下面就舞剧《鹤鸣》我谈几点建议。一是要尊重艺术规律，不要把它搞成领导的政绩介绍和直白的城市宣传，而是要呈现出真善美，为世人创造一部经典剧目。今年我们大庆要创造两大文化产品，一是舞剧《鹤鸣》，二是电视剧《铁人》。二是作品立意要高远，主题是人与自然的和谐，定位是国际一流；三是艺术形象要有特点，要塑造一个崭新的艺术形象，要在像和非像之间，给人一种似曾相识的感觉；四是艺术风格要有特色，主题、题材决定艺术风格，艺术风格服务艺术形象。我赞成用后现代主义的手法来创排这部舞剧；五是故事情节要有矛盾冲突，要认真研究一下鹤的生命，研究一下鹤给人类带来了什么，研究一下鹤的神奇、神秘和无助。要让观众看完之后，更加了解鹤，关爱鹤，关爱人类共同的家园。六是要抓紧时间创作和排练。市委、市政府会大力支持这部戏的创作，专家可以在今年六、七月份来大庆体验生活，今年年底把戏立起来，先在大庆彩排试演，然后再不断加工、修改、完善，最后不但要走向全国，还要走向世界。"

听完大庆市领导以及自己邀请的北京方面专家诸多诚恳而专业的发言，王举的心里更加坚定了创作一部大型舞剧的信心。在筹备会议之前，王举已经有了初步的构想，并且把这部舞剧定名为《鹤鸣》，意为鹤鸣九州，代表着大庆的丹顶鹤能把世界叫响。但《鹤鸣》的创作理念能得到大庆市政府和中国顶级专家的一致认可,还是让王举异常欣喜。他激动地说:"在中国魅力城市的颁奖晚会上,中央电视台主持人王志宣读了中国魅力城市展示组委会为大庆写下的颁奖词,从而使我产生了创作灵感。丹顶鹤是吉祥、幸福的象征,它同自然、同人类和谐相处,它的形象和它的声音给人类带来美好的想象。赞美它就是赞美我们这座城市,赞美它就是赞美这座城市对美的追求和向往。"

会议结束后,《鹤鸣》就开始乘着新生的生态文明的翅膀,在千万双眼睛的密切关注下,在大庆的舞台上愈发地成熟。后来,有人建议,如果《鹤鸣》想走国际化的路子,那么最好把名字改成《丹顶鹤》,因为丹顶鹤是世界的。王举采纳了这个建议,把《鹤鸣》改成了《丹顶鹤》。半年之后,王举就被夏立华市长请了过去。

"王举,《丹顶鹤》这个名字不行,应该叫《鹤鸣湖》,这样才有家园的意味。鹤鸣湖可以做成品牌,有大庆这座城市的味道,丹顶鹤做不成品牌,也没有城市的感觉。"夏市长坚定地对王举说。

"《鹤鸣湖》,好,就用这个名字。"仔细揣摩夏市长的意思后,王举表示了完全的赞同。

为了把《鹤鸣湖》打造成精品,一支国内一流的主创队伍在大庆的天空下诞生了,从策划、创意、编剧、编导到音乐、舞美、服装设计,集聚了国内顶尖的专家。王举任《鹤鸣湖》总编导,编剧罗斌是中国舞蹈研究所所长、博士生导师,著名的舞蹈理论家、评论家。创意、艺术总监、主题诗作者戴立然为国内知名中青年诗人、著名词作家,现为大庆文化集团副董事长,曾出版《孤独之岸》、《咖啡伴侣》、《感悟人生》等多部诗歌集、歌词集,创作的歌词《钻塔颂》等文艺作品多次荣获国家大奖。作曲贾达群是上海音乐学院教授、博士生导师,国务院学位委员会艺术学科评议组成员,全国艺术硕士专业学位教育指导委员会委员,上海音乐学院研究生部主任,被国际乐坛喻为"中国结构主义作曲中最有才华的青年作曲家之一"。舞美、灯光设计孙天卫是空军政治部文工团国家一级舞美设计,我国著名的舞美、灯光设计师。由他担任舞美、灯光设计的现代舞剧《红梅赞》、大型歌舞《云南印象》等都已成为我国的舞台精品剧目。艺术总监赵士军是中国舞蹈杂志社常务副社长,我国著名舞蹈编导,由他执导的多部舞剧都曾荣获国家大奖。服装设计韩春启是国家一级舞美设计师,教授、研究生导师,现任北京舞蹈学院艺术设计系主任。王举的儿子王铎也放下中国铁路文工团的工作,亲自担任《鹤鸣湖》的编导。如此阵容庞大、明星荟萃的主创团队是王举的创作要求,一部真正的舞剧精品,一定要从各个角度都做好最极致的准备。

好的剧目要有好的演员,好的剧目同样需要一个好的编导。《鹤鸣湖》的演员招募过来之后,大部分都距离《鹤鸣湖》的演出水平有一定的差距,王举就采取老办法,一边把舞蹈的元素给演员,加强演员们的基本功训练,一边针对《鹤鸣湖》的剧情需要,进行舞剧的排练。每位演员都像是一颗具有两用功能的螺丝,时而安放在基本功训练上,时而安放在舞剧的排练上。整整三个多月的时间,儿子王铎住在舞蹈团里,犹如大禹治水一样,没有回过一次家。

# 中国版的《天鹅湖》

湛蓝的天空呵护着大庆市高新技术开发区，一座由紫红色墙砖装饰的建筑矗立在开发区的一角，建筑正前方铺设有绿草黄花的景坛，一条长长的廊桥从地面通向建筑的二层平台，五个金黄色的大字"大庆歌剧院"镶刻在建筑的正上方。大庆博物馆、大庆远景规划馆、群众艺术馆以及东北石油大学，哈尔滨医科大学大庆分校，黑龙江八一农垦大学等东北著名的大学点缀在歌剧院的周围，给这座艺术建筑增添了浓郁的文化气息。

这就是大庆市委、市政府为完善城市功能，加强城市文化基础设施建设，创造良好的城市文化氛围而建设，并由我国著名诗人、歌剧《白毛女》作者贺敬之先生题写院名的大庆市歌剧院。

沿着廊桥信步而上，一种梦幻般的感觉油然而生，仿佛就这样走下去，就可以走进另一个精美绝伦的艺术殿堂。走进歌剧院大厅，陈列着一个书画艺术展，油画、国画、水彩、水粉画、装饰画，行草篆隶各类书法作品跃然眼前，让人顿时感受到大庆浓厚的艺术底蕴。走进大庆歌剧院的演出大堂，立即心胸开阔，宏伟大气的装修风格让人再次强烈感受到大庆的精神，简约的外壳下包裹着高档的内核。歌剧院可以容纳1450座的观众，包括一层观众席以及二层、三层楼厅看台。大庆歌剧院拥有先进的舞台机械、灯光、音响系统，剧院各项指标均按国际标准设置。整个舞台分成几个部分，各部分可以升降、平移、旋转，结合剧情的要求，演员的表演可以腾飞，也可以沦陷，还可以进行时空轮转。配合声光电、投影的效果，能够表现出各种舞台艺术场景。日、月、星、辰，雨、雪、风、雷电，山川、河流、湖泊、平原，森林、花卉、草地、动植物，建筑、家具、电器、甚至车辆，都能随着导演的创意，淋漓尽致的表现出来。这些在之前的舞台上是很难表现的。有了先进的歌剧院，大型生态舞剧《鹤鸣湖》才能采用各种现代手法，把一个唯美、传奇、写意、浪漫、感人的故事展现在观众面前。

在大庆祥和、安宁的湿地泽国里，生活着一群美丽的丹顶鹤，它们幸福、自在地翱翔在泽国的天地间，过着平静美好的日子。到了春暖花开的季节里，公鹤和母鹤相互吸引，沐浴着爱情的甜美和喜悦。一个叫庆的人类男子也生活在这片湿地王国里，守卫着鹤群，保护着鹤群。公鹤和母鹤相亲相爱，一只小鹤蛋降生在鹤巢里，整个鹤群欢呼雀跃，共同迎接新生命的到来。就像是人类的世界一样，动物的世界里也充斥和潜伏着各种邪恶势力，比如风魔、雪魔、水魔、火魔等自然界的破坏势力。两个恶魔悄悄靠近正沉浸在幸福之中的鹤群，试图把小鹤蛋抢走。面对恶魔的步步紧逼，公鹤挺身而上，与恶魔进行殊死搏斗，但势单力薄的公鹤怎么会是恶魔的对手，爱子心切的公鹤栽倒在恶魔的手里，临死前还伸出颤抖的手，呼唤着自己的妻子和那还没有出世的孩子。眼看母鹤和小鹤蛋危在旦夕，这个时候庆及时出现，继续着与恶魔的抗击，带领母鹤和小鹤蛋逃离而去。

在庆的奋力保护下，母鹤和小鹤蛋转危为安，湿地王国重新恢复了早先的欢乐。在湿地大家庭的喜庆里，小鹤破壳而出，一只优雅美丽的丹顶鹤来到了鹤群里。湿地王国里的成员们——芦苇、花仙、小草、青蛙、昆虫等等都为小鹤的诞生而欢呼雀跃，载歌载舞。刚刚出世的小鹤展开嫩小的翅膀，在湿地上自由地奔跑着，一不小心陷入了沼泽地里，小鹤惊恐地拼命呼叫，叫声引来了庆。庆把小鹤拉出了沼泽地，而自己却陷入了进去。小鹤脱离了危险，但是小鹤并没有离去，而是用自己弱小的身躯去拽庆那庞大的身体。在拽拉的过程中，鹤妈妈和鹤群陆续赶来，大家首尾相连，一起往外拽拉庆。但是沼泽地就像是一个露出狰狞面孔的恶魔，无情地一点一点吞噬着庆的双脚、小腿、膝盖、大腿、腰肚、胸膛、脖子、嘴巴、鼻子、眼睛，最后，庆完全消失在沼泽地里。望着庆逐渐地下沉，直至消失，鹤妈妈和小鹤无助而绝望地瘫倒在地，发出撕心裂肺的悲鸣声，无数的羽毛从阴沉的天空中哀婉地徐徐降落。把整个舞剧推向了最高潮。

在庆的誓死捍卫下，丹顶鹤在湿地王国里发展壮大，繁衍生息。一轮巨大的红日在天空中升起，庆的身影出现在红日里，庆的灵魂得到了永生，就像天空中的太阳，永远照耀着湿地里的鹤群。

## 第十章 鹤鸣湖

时光回溯到一个半世纪之前的俄罗斯，伟大的作曲家柴可夫斯基喜爱原野，向往自然，乌克兰那欣欣向荣的春，金黄万里的秋，总是能给柴可夫斯基以创作的灵感。蔚蓝的天空，洁白的云朵，静谧的湖水，动人的爱情，让柴可夫斯基于1876年创作出了历久不衰的世界名曲《天鹅湖》芭蕾舞曲。这是柴可夫斯基所作的第一部舞曲，取材于民间传说，剧情为：公主奥杰塔在天鹅湖畔被恶魔变成了白天鹅。王子齐格费里德游天鹅湖，深深爱恋奥杰塔。王子挑选新娘之夜，恶魔让他的女儿黑天鹅伪装成奥杰塔以欺骗王子。王子差一点受骗，最终及时发现，奋击恶魔，扑杀之。白天鹅恢复公主原形，与王子结合，故事以美满结局。从此，《天鹅湖》以舞美、乐美、人美、情美风靡世界各地，成为芭蕾舞的经典剧目，也成为俄罗斯最具魅力的一张名片。想起《天鹅湖》，人们自然就会想起俄罗斯。多少人感慨：《天鹅湖》就是为芭蕾而生的。

而大庆的《鹤鸣湖》被人称为"中国版的《天鹅湖》"，带领着大庆走出国门，走向世界。让人们感受到，大庆不仅是一座石油之城，还是一座生态之城；不仅是一座化工之城，还是一座宜居之城；不仅是一座坚硬之城，也是一座柔软之城。这些就是王举创作《鹤鸣湖》的初衷。

《鹤鸣湖》是王举最具现代感官的一部作品，也是王举第一次用生态的方法来制作的一部舞蹈诗剧。

舞台上不再是清一色的黑色幕布或者单调的背景，而是采用了先进的布景手法，一会儿带领观众走进高大的森林，一会儿带观众步入静谧的星空下。极富视觉冲击力的舞台布景，带给观众奇妙的心理感受。舞台上时而是硕大的太阳，时而是金黄的月亮，时而是七彩的羽毛，时而是漆黑的空间。扮演丹顶鹤的演员身吊威亚，在空中飞翔、旋转。庆拯救小鹤后陷入沼泽地，舞台则渐渐下沉，让人感受到是庆在沼泽地里沦陷。

《鹤鸣湖》里也上演了许多唯美的舞蹈段落，让这部舞剧也渲染上了经典的色彩。漆黑的舞台上，灯光齐灭，只有一轮金黄色的圆月高挂在舞台背景上。随着静谧悠扬的音乐，一群丹顶鹤踩着优雅的步调款款走来。演员们直举手臂，勾握手掌，上身低倾，臀部高翘，单腿前迈，一副惟妙惟肖的《丹顶鹤静立月夜图》唯美地展现在眼前。这样身临其境的画面，是王举多次亲临湿地，观察丹顶鹤的站姿，研究丹顶鹤的生活所提炼到的结果。

　　唯美浪漫的《天鹅湖》在一百多年的历史岁月中，向人们讲述了一个感人肺腑的爱情故事，那气势恢宏的交响乐章，那精美绝伦的芭蕾舞姿，那永垂不朽的经典舞段，那技艺高超的芭蕾演员，让人们感受到了什么叫做经典，什么才是真正富有美感。而王举的《鹤鸣湖》则同样用唯美诗意的手法，给人们开启了一副人与自然和谐共生的生态画卷，那静谧深邃的月空，那翩然回首的丹顶鹤，那人鹤共存的和谐，那天地同悲的凄婉，使《鹤鸣湖》也踏入了时光的洪流，恰似一颗璀璨的珍珠，泛出生态文明的光泽。

　　如果说俄罗斯的《天鹅湖》带给人更多的是精神上的享受，那王举创编《鹤鸣湖》，则是想带给人们更多的思考。在我们不断向自然索取的同时，我们是否也可以稍微放慢索取的速度，用短暂的时间来关照一下我们当下的行为，究竟是在延续我们的生活，还是在逐渐毁灭我们的生存。只有真正懂得尊重自然的规律，懂得与自然同生共存，自然才不会被激怒，也才能最终避免自然反过来报复人类的行为。

　　《鹤鸣湖》的诞生，标志着大庆转型时期的开启，也代表着王举对大庆这座城市的情愫情感的转型。王举何尝不是一滴蓄积能量的石油，时刻与大庆的脉搏以相同的频率跳动着。

　　随着《鹤鸣湖》的成功上演，大庆市林甸县境内一片叫郭氏渔村的湿地把名字改成了鹤鸣湖，原本充满乡野气息的湿地陡然拥有了一张绿色的文化和旅游名片。鹤鸣湖等旅游项目的开发，赋予了大庆新的发展空间。

# 湿地文化

王举还清晰地记得自己刚来大庆时的情景。贫瘠的盐碱地像是一个头发稀疏的中年男人,青一块白一块的碱地裸露在杂草和芦苇之间,让人不觉有一种蛮荒之感。可再看看如今的大庆,湿地丛生,湖泊成群,芦苇荡漾,水波清凉,鱼游浅底,百鸟飞翔。到了夏天,湖水上绿草如茵,红莲争艳,碧绿的叶子漂浮在水面上,撑一支竹篙,沿着逆行的湖水,逶迤而上。耳边是淙淙的水声和簌簌的风声,原汁原味的自然美便如画卷一样在眼前展开。

大庆,在自己到来后的短短二十几年里,就神奇地成为了湿地的天堂。这一百多条湖泊和广阔的湿地是大自然对大庆这座城市的恩赐,也是对王举进行舞蹈创作的恩赐。大庆究竟是因为什么原因从盐碱地变成湿地的呢?作为自然地理的一部分,大庆湿地的形成也遵循着地质变化的规律。

据大庆石油学院地球科学学院的相关专家考证,在中生代白垩纪时期,包含大庆在内的东北地区曾是一片广阔的大湖,有学者称其为"古松辽湖"(或松辽大湖)。由于当时气候温暖湿润,湖中的水生生物极为丰富,就是它们孕育了我们宝贵的石油资源。

斗转星移,到距今200万至300万年前的第四纪,整个东北地区发生了一次较大的地质变化。当时大兴安岭慢慢崛起,小兴安岭也随之上升,南部地形也微微隆起形成现今的松辽分水岭,其间地壳相对下降而形成盆地。当时有两条水系流经这片盆地,它们就是现在的松花江和嫩江水系。这"两江"从周边的山地携带大量泥沙在盆地内沉积,形成了广袤的松嫩平原,大庆就处于这片平原的腹地。

由于大庆地区地势低洼,平均海拔一般在150米以下,属于松嫩平原的低平原地区,所以大庆地区的地表水流动不畅,也就排不出去,这些地表水在现代嫩江河流形成的河漫滩上，或在嫩江的古河道内和阶地平原的低洼处，就聚集形成大小 200 余个湖泊。这 100 多个湖泊就是目前大庆所有湿地的先祖。

然而具体到全国最大的城内湿地——大庆龙凤湿地身上，它的形成还有一些特别之处。在 20 世纪 80 年代以前，龙凤湿地就是一片沼泽，地势比较低洼，但由于缺水，尚未形成现在的面貌，后来，该地区经历了一场大洪水，洪水聚集在这片低洼地带，从而使龙凤湿地有了今天的风貌。

水是一种可再生资源，水给大庆的发展带来了希望，也给王举的创作注入了力量。水是城市之源，水也是生命之源。湿地被称为"地球之肾"，是一种非常重要的自然资源。湿地与海洋、森林并称全球三大生态系统，并且是全球价值最高的生态系统。全国 1/30 湿地在大庆，大庆近六成面积是湿地。大庆的当奈湿地、龙凤湿地以及百余湖泊和低水浅滩等，共同构成了全市奇美的湿地景观。王举又迸发出了一种新奇的创意，想制作一期关于百湖之水的节目，通过歌颂湖水，歌颂湿地，让大庆市民对湖泊、对湿地、对大庆、对时代有一个全新的认识。王举把这一想法和夏立华市长沟通，双方一拍即合，决定以湿地文化节的形式来展示和颂扬大庆的湿地资源，夏市长建议首届湿地文化节的主题是"亲近湿地，感知大庆"。

由于是首届湿地文化节，需要确立文化节的标识。"移动杯"中国（大庆）首届湿地文化节标识征集活动在 2008 年 1 月 16 日正式启动，至 2008 年 2 月 29 日结束之日，共收到来自 10 多个省市 209 名作者所投递的 271 件创作作品，最终，由柳庄设计的湿地文化节的标识入选。这个标识非常漂亮：一池湛蓝的湖水，一片望不尽的芦苇，一只水鸟在湿地的湖水中悠闲地漫步，涟漪中，它的倒影被荡漾成抽油机的图形。水中漫步的鸟儿体现了对湿地的"亲近"，抽油机的倒影彰显出了"感知"大庆的意境。鸟的原形叫长脚黑翅鹬，是大庆湿地常见的鸟类，抽油机又是典型的油城符号，用文化的"文"字与水鸟形象的有机结合，则突出了文化节的主题特色。

为了办好湿地文化节，栾莹副市长派出活动领导小组赴青岛、潍坊、大连考察。青岛啤酒节、潍坊风筝节、大连服装节，都是享誉国内外的文化盛会，到这 3 个城市考察，对举办好湿地文化节很有借鉴意义。市委书记韩学键说:"举办湿地文化节是全体大庆人的事,要把大庆最闪光的一面展示给世人。要把一个现实的大庆,一个蒸蒸日上、欣欣向荣的大庆,一个充满现代气息的大庆,一个呈现强劲发展势头的大庆展示给全国,展示给世界。湿地是大庆的自然禀赋,湿地文化节更要体现大庆的文化,这种文化就是大庆的现代文化和先进文化,也包括大庆的历史文化。要围绕主题,不断创造、探索湿地文化节的内涵,挖掘自己的特色,丰富活动内容,办一个不落幕的湿地文化节。"

首届湿地文化节有一个非常具有意义的环节,那就是由夏市长带领九位代表从黑鱼湖、龙凤湿地、乘风湖、碧绿湖、新华湖、鹤鸣湖、当奈湿地、肇州湖、松嫩两江汇合处码头和黎明湖等十处湖泊采集圣水。6月17日上午10点左右,夏市长来到黎明湖岸边采水容器前启动按钮,蓦地,湖中心缓缓升起一条8米长的金龙和一朵含苞待放的莲花,随之,金龙喷出水柱将莲花打开,既而吐出一颗龙珠;两名白衣少年将龙珠内的圣水鼎取出捧交给夏市长。霎时,黎明湖畔欢声四起,数千只信鸽冲向蓝天。

2008年6月18日,中国(大庆)首届湿地文化节隆重拉开帷幕。从此,大庆也有了自己的节日,并且是全体市民参与的节日。首届湿地文化节将推出五大系列活动篇,主推的"五大篇"分别是畅游大庆篇、文化广场篇、民俗风情篇、绿色田园篇、经贸发展篇。在旅游方面,大庆将推出9个主题景区。百湖览胜、龙凤观鸟、鱼湖赏莲、黎明夜色、当奈探幽、连湖度假、湿地人家、松嫩访古、铁人故里。

晚上7点整,中国(大庆)首届湿地文化节在大庆宾馆开幕。开幕式上,伴着美妙的音乐,夏市长等十位采集圣水的代表手持十种容器缓缓走上台前,代表们手里的容器也是各具特色,是大庆文化的一种表现形式,有月牙形弯杯、当年松基三井的采油桶、一滴油、铁人戴过的头盔、肇州"青马湖"的青马杯、芦苇编制的鸟巢、古代文物铜制水舀子、蒙古壶、鹤鸣杯等。这10位圣水采集大使,是大庆市各行各业的代表,有工人代表,有新闻文化行业代表,有白衣天使,有武警官兵,有农民,有头发花白的老军人,有活泼可爱的孩子,他们端着手里的圣水,最后将圣水汇集到一起。

圣水汇集完毕,市长夏立华动情地发言:"此刻,我与其他的采集大使一样激动和自豪。为我们这座城市骄傲，为我们这座城市能够拥有这么多的湿地，拥有天蓝、树绿、水美、草肥的优美环境而自豪。但是，作为一个市长，我感受更多的是责任和压力。因为这责任和压力，同样来自于这座城市。作为一个因油而生的资源型城市，大庆不仅要续写工业文明，还要书写生态文明，不仅要建设能源基地，还要建设现代都市，不仅要适合创业，还要适合人居。只有和谐同步发展，才能实现真正的可持续发展。发展不能以牺牲环境为代价，不能以破坏生态为成本，这是我们全市人民形成的共识。这份责任是重大的，这份压力是巨大的。我们任务艰巨、任重而道远，请各位放心，我们一定会为此而不懈奋斗，不懈努力，不断进取。我宣布，大庆湿地文化艺术节开始！"开幕式会场上响起了热烈的掌声。夏市长的这番话仿佛一张鼓荡的风帆，推动着大庆乘风破浪地前进。

在鼓掌的人当中，最为激动的其实还是王举。从提出举办湿地文化艺术节的构想，到筹划整个活动的方案，再到今天看到文化节成功开幕，王举的心跳势如春雷，在自己的胸腔内咚咚作响。

首届湿地文化节持续一百多天，吸引了无数外地游客的来访。为大庆带来先进技术的交流，增加社会就业，增加地方财政收入，并促进了城市与城市之间的交流。当然，湿地文化节也把大庆的美丽带到了祖国各地，甚至是异国他乡。

2009年，在夏市长的大力支持下，大庆又成功举办了第二届中国（大庆）湿地文化节，主题是"珍爱湿地，走进大庆"。并且邀请大连、大理、大同等三座城市来共同举办。寓意是四座城市的名字里都有一个"大"字，合起来即为连理同庆。"连理同庆"这个寓意天然地把四座城市连在了一起，既连着深情厚谊，也连着无限商机。

从2008年开始，中国（大庆）湿地文化节作为大庆最重要的一个节日，每逢盛夏，都会在大庆的土地上举办。湿地成为了大庆第二张宣传王牌，把大庆的美名远播到世界各地。天人和谐的理念和铁人精神一起，成为了大庆的文化内核。

王举说，自己之所以能在大庆这片黑土地上生存下来，与大庆市各界领导的关怀和支持是分不开的。市长、市委书记视王举为朋友、为知己。

当黑龙江大学邀请王举担任艺术学院的院长时,夏市长立即找王举谈话,同意王举为黑龙江大学工作,但是绝对不能把关系转过去。为了留住王举,夏市长把王举的关系从大庆市文化局转到了大庆市文联,让王举担任大庆市文联名誉主席。

绿色油化之都,天然百湖之城。前者的开采者是王进喜,后者的发掘者是王举。王进喜、王举,在大庆的建立和发展上一脉相承,使大庆的工业和艺术的双项美名双飞寰宇。而夏立华市长也促使铁人精神、大庆精神走进学校,使大庆的精神文化和历史文化得以传承和保留。

王举的作品里到处都洒满了太阳和雪的痕迹,有的作品直接把"太阳"或"雪"放在名字里,如《大荒的太阳》、《太阳契丹》;有的作品把整个背景设置为雪地,在舞台布景技术比较落后的时期,王举直接让工作人员把大米运到舞台上方,从空中倾倒大米,以制造下雪的氛围;有的作品让剧中人物或者某种精神在太阳里得到永生,比如《鹤鸣湖》里的庆,为了保护小鹤葬身沼泽,但庆的精神却像太阳一样,永久升腾在鹤的记忆里,人与动物达到了和谐共生。

## 第十一章 绽放的生命

生灵之爱（45×57cm） 创作者：马洪文

# 火车上的巧遇

当中原和南方已经进入初夏时,大庆还停留在春天的影像里。妖娆的桃花还在风中盛开,温和的空气里香气阵阵,宛如身边站立着一位透露着天然体香的倾城佳人。苍翠的凤爪槐倾吐着一串串绿色的故事,让人的思绪不由得又飘回到那个叫作春天的季节。

2006年,王举踏上了一列开往哈尔滨的软席火车,此次去哈尔滨,是要去省里办事。

人生就是这样,在一个又一个时光的拐角,种植着许多意想不到的惊喜。王举没有料到,就在这列火车上,有一位风华正茂的有志青年正紧紧尾随着他。青年戴着一副很斯文的眼镜,儒雅的外表里透露着一种睿智的洞察力。青年静静地走在王举的身后,没有看到王举的正面,但王举颇具艺术风范的外表深深吸引着青年。王举个子不高,但留着披肩的长发,举手投足之间,尽显浓厚的文艺气质。

青年根据车票上的座次信息,找到了自己的位置。真是无巧不成书,青年的座位居然和王举紧挨着,王举坐在靠窗边的座位,青年坐在过道的位置。这个时候,青年看清楚了王举的长相,一种似曾相识的感觉便在心底弥漫开来。青年坐下来,把目光从王举的脸庞上移开,就静静地陷入了对回忆的搜索中。

"在哪里见过这位先生呢?"王举周身散发出来的那种与众不同的气韵让青年坚信一定在哪里见过王举。青年的大脑飞速旋转着,关于王举的记忆渐渐浮出了神经系统的水面。这位青年叫贾德俊,在黑龙江省委组织部人才处工作,负责全省的院士、省级专家和学者的人才数据库的建立和管理。王举作为舞蹈领域的专家,自然也成为贾德俊工作的对象。在登记王举的个人信息时,贾德俊曾经给王举打过一个电话,需要王举的一张个人近照。王举清澈的嗓音,平稳的语调,谦逊的态度和语言里渗透着的艺术信息，都在贾德俊的脑海中镌刻下了深深的印迹。很快，王举的照片发过来了，贾德俊仔细端详着王举的照片，一头略卷的长发，一件蓝底白条的衬衣，宽阔白皙的脸庞上洋溢着淡淡的笑容，眉宇唇齿之间都彰显着一位艺术家的风度，只需轻轻一瞥，就给人一种大家的气度。

"不愧是艺术家。"贾德俊凝视着电脑屏幕上王举的照片，心里不由地发出一声充满敬佩和倾慕之情的感慨。再打开王举的个人信息简介，卓越的艺术成就像是馥郁的果香，扑面而来。

王举，男，1954年1月出生于中国吉林省，汉族，大专学历，国家一级编导。中国舞协荣誉理事、黑龙江省舞协副主席、黑龙江省文联副主席、大庆市文联名誉主席、黑龙江省人大代表（七、八、九、十届）、民盟大庆市委副主委。荣获黑龙江省第三届德艺双馨文艺家、全国首届德艺双馨文艺工作者代表。黑龙江省突出贡献中青年专家，享受国务院政府津贴。现任大庆文化体育旅游集团创意总监。

王举创作了270多件舞蹈作品、12部舞剧和舞蹈诗剧。其中，《大荒的太阳》、《关东女人》、《鹤鸣湖》等62部作品获中宣部"五个一工程奖"、文化部"文华奖"、"群星奖"金奖、文化部全国舞剧比赛编导金奖、中国舞蹈荷花奖编导金奖等国际、国家级大奖。

王举先后40多次在中央电视台元旦晚会、春节联欢晚会、春节歌舞晚会、《心连心》、《同一首歌》、《欢乐中国行》、《激情广场》、庆祝香港回归大型文艺演出《回归颂》、庆祝建党80周年大型文艺晚会《红旗颂》等国家、省部级大型文艺晚会中担任舞蹈总监或编导；多次率团赴法国、德国、俄罗斯、奥地利、匈牙利等国演出，出任国际华人华裔舞蹈联合会唯一国内理事；曾担任第三届亚冬会和第二十四届世界大学生冬季运动会开幕式执行导演、舞蹈总监；被聘为中国舞蹈荷花奖专家评委，中央电视台CCTV舞蹈大赛专家评委。中华人民共和国成立六十周年之际，王举荣获中国舞蹈艺术"突出贡献舞蹈家"称号并享受国务院政府津贴。

王举在不懈地追求艺术创作同时，还积极致力于艺术教育事业。先后创办了黑龙江艺术学校大庆分校、大庆艺术学校，创建大庆歌舞团并对东北民间舞蹈在舞台上进行全新演绎和创新。独辟蹊径提出了现代中国舞的艺术主张。创办了王举北方舞蹈学校，培养了500多名优秀舞蹈专业人

## 第十一章 绽放的生命

才,就职于各地艺术院团,部分学生已成为国家、省、市专业艺术团队的骨干文艺工作者,多名学生在世界舞蹈比赛和全国现代舞比赛中获得最高奖项。

王举先进事迹被《中华百年人物篇—现代卷》、《中国当代青年名人大辞典》、《中国艺术大家》、中共中央党校《求真务实——"三个代表"践行风采》、《艺术中国》等全国重要书目先后收录。

详细读完王举取得的艺术成就,这位出生于70年代的青年不由得对王举的艺术功力发出了由衷的赞叹。在黑龙江的土地上,居然有这样一位德艺双馨的艺术家。作为一名为全省专家人才服务的工作者,贾德俊的心里翻卷起自豪的涟漪。世事变幻,没有想到,在火车上,自己居然与王举老师不期而遇,并且是如此近距离地接触。贾德俊重新注视着身边的王举老师,一种想要说话的冲动在自己的喉咙里涌动。

"不行,如果眼前的这位先生只是和王举老师长相相似,万一认错了人,那多尴尬呀。"贾德俊压抑住了自己想开口说话的念头,奔驰的火车发出一声长啸,车身就缓缓启动了。

王举静静地望着车窗外的景色,几朵流云铺展在碧蓝的天空中,一盘耀眼的太阳高悬在东方,轨道外侧的树木挂着嫩绿色的泪痕,依依不舍地眺望着加速行驶的火车。就在这个时候,王举的手机铃声响了起来。

"呼书记,您好。我现在在去哈尔滨的火车上,去省里开会。"王举的语调舒缓,轻柔,和自己当初在电话里听到的那个声音极其相似,坐在一旁的贾德俊又变得激动起来。

"要给大庆出一本《舞蹈卷》,那太好了!呼书记,等我回来咱们再好好商谈一下这个事,好吗?"得到呼书记的同意后,王举就挂断了手机,静静地望着车窗之外那一架架橙黄色的磕头机。正是刚才这两句简短的对话,已经让贾德俊深信不疑,坐在自己身旁的就是王举老师。贾德俊再也控制不住满心的兴奋,主动和王举搭起了话。

"您是不是叫王举?"贾德俊小心地询问。

"对呀。"王举转过头,和蔼地望着身边这个陌生的青年。

"王举老师,您好。我叫贾德俊,在省委组织部人才工作处工作,咱俩曾经通过电话。没有想到这么巧,我们今天在火车上不期而遇。"贾德俊言简意赅地亮明了自己的身份。

"德俊，你好。"王举亲切地伸出了手，和贾德俊紧紧握在了一起。王举和贾德俊在南行的火车上交谈甚欢，原本孤寂的旅程一下子变得温暖了起来。王举平易近人的性格，真诚待人的热情，高雅脱俗的修养，以及对艺术的独到认识让贾德俊甘愿做一名舞蹈大门之外的学生。而贾德俊努力实干的精神，对事物准确的判断和对艺术的认知见解，也让王举对其产生了深深的好感。

就这样，在这种相遇的意外喜悦中，王举和贾德俊结识了。而这场看似巧合的邂逅，既让贾德俊拥有了一位资历高深的艺术家老师，也让王举收获了一位可以在事业上并肩而行的得力助手和在思想上坦诚交流的忘年朋友。

"乘客您好，本次列车的终点站——哈尔滨火车站就要到了，请下车的乘客提前做好下车准备，下次旅程再见。"列车员甜美的到站提示音在车厢内响了起来，王举和贾德俊不得不暂时中断谈话，站立起身，随着下车的人流，走下了火车。

"老师，我这里有两张舞剧的门票，是由哈尔滨松雷集团投资的舞剧《回家》。老师忙完工作，如果有时间，可以去看看。"贾德俊从包里掏出两张舞剧观赏票，递到了王举手里。

"好，有时间我一定去看看。"王举欣然接受了贾德俊的门票，这对于搞舞蹈的王举来说，是最会心的邀请。贾德俊细致而周到的安排，让王举对刚刚认识的这位青年才俊更多了一份喜爱。

# 大爱在传递

2012年5月11日,中央电视台新闻联播里的一条新闻吸引了王举的注意。

5月8日晚上,黑龙江省佳木斯市第十九中学里的一名叫张丽莉的语文教师正在客车前疏导学生,突然,原本静止的客车猛然直冲了过来,在这千钧一发之际,张丽莉先把身后的学生推到后边,又纵身向前扑去,把站立在前方的两个被吓傻的学生推开。当学生脱离危险后,几米之外的另外一位老师大喊:"快救张老师!"学生们慌乱作了一团,纷纷惊呼:"张老师怎么了!"张丽莉被救护车送到了医院,由于全身多处骨折,双腿受伤严重,必须高位截肢。一位年仅28岁的年轻老师,为了拯救学生,而不惜冒着生命的危险,把生的希望留给别人,把死的危险留给自己,这样的大美大爱,这样发自本能的救护行为,让王举不由得流下了感动的泪水。

第二天,王举拿起手机,给贾德俊打去了电话。

"德俊,你看了昨天央视的新闻联播了吗?里面报道了一个叫张丽莉的老师,为了救学生,自己被碾断了双腿。"王举对贾德俊讲述着新闻的内容。

"老师,我看了。确实非常感人!我们现在的社会需要这种见义勇为、奋不顾身的英雄行为。"贾德俊的声音有些微微颤抖。

"你说对了。张丽莉的精神需要进一步弘扬,应该让更多的人来了解张丽莉,学习张丽莉。我觉得张丽莉的事迹是一个非常好的素材,我想根据她的故事来编排一部舞蹈诗剧。但是前期需要投入一笔资金,这个需要你的帮助。"王举来不及等待更长的时间,就直接对贾德俊说出了自己的想法。

"老师,我也觉得张丽莉的事迹值得传颂和弘扬,她的经历正好符合社会主义核心价值观和社会主旋律,这样,我把你的想法和我们集团领导沟通一下，你等我电话。"此时贾德俊已经离开了省委组织部的工作岗位，转到了黑龙江省一家大型国有企业辰能投资集团有限责任公司，从事企业董事会、党务和企业文化工作。

自从那次在火车上的偶遇，贾德俊对王举的了解就更加深刻了，他明白王举看准的事情，一定有它合理的理由。为了能尽快给王举回复，贾德俊很快就把王举的想法传递给了集团领导。集团领导也认为这是一项传递社会正能量的善举，决定为张丽莉这部舞剧投入前期启动资金。

解决了资金问题，王举就开始考虑这部舞剧的名字。为了挽救学生，张丽莉不惜付出生命的代价，倒在了汩汩的血泊中，像是一朵盛放的娇艳花朵，向这个呼唤大爱的人世间绽放着人性的光芒。对，就叫《绽放的生命》，张丽莉老师在保全他人的同时，自己的生命也得到了完美地绽放。

各电视台高密度播放着张丽莉的病情进展情况。5月12日晚上11点，昏迷中的张丽莉被转院，离开佳木斯中心医院，转往哈尔滨医科大学附属第一医院。当医护人员护送着张丽莉，推开医院病房大门的一刹那，早已在外面等候的人群里爆发出了如雷的掌声。当张丽莉被抬到救护车上时，许多许多普通市民都围拢在救护车的四周，扒着救护车的车窗，朝车里心焦地张望着。一名男子动情地说："她能够舍生忘死，祝她好运！"说完，男子双手合拢，作出向上天祈祷的姿势。当救护车驶入通向哈尔滨的高速公路口时，数百辆出租车和私家车排列在道路两侧，点亮车灯，为张丽莉在暗夜里引导方向。

电视上和网络里关于张丽莉的报道虽然铺天盖地，但是要想创编成一部舞剧，就需要尽可能多地搜集素材。为此，王举想专门去拜访张丽莉，希望能获得更多有价值的信息。王举想更深入地了解一下，到底是什么样的成长经历，让一个看起来柔弱的女子能做出如此惊天动地的壮举。但是张丽莉正在医院里接受治疗，不适合接受任何的采访。

就在王举产生要去探望张丽莉这个想法的同时，中共中央政治局委员、国务委员刘延东打电话给黑龙江省委书记吉炳轩，向张丽莉及其家人表示诚挚的慰问，并转达对张丽莉的崇高敬意。她说，张丽莉在危急时刻挺身保护学生被轧断双腿，体现了一个人民教师的深厚慈爱之情，令人感动，可钦可佩。刘延东同志要求黑龙江省委、省政府一定要全力以赴做好

## 第十一章 绽放的生命

救治工作,祝愿张丽莉尽快脱离生命危险,并能早日康复。吉炳轩同志当即向佳木斯市委、市政府传达了刘延东同志的慰问,并请佳木斯市委、市政府尽快向张丽莉及其家属传达,要求医疗部门不惜一切代价对张丽莉进行精心治疗。中国残联主席张海迪惊闻张丽莉奋不顾身勇救学生的事迹后,在5月14日向张丽莉发去慰问信。张海迪在慰问信中说:"惊闻您在客车撞向学生瞬间奋不顾身勇救学生,而您却重伤至今昏迷的感人事迹后,我非常感动!知道您身受重伤我又感到非常心疼。请允许我向张丽莉老师表示崇高的敬意和诚挚的慰问!也请将最亲切的问候转达给她的亲人。张丽莉老师在危难时刻舍己救人,体现了一个人民教师的崇高风范,她爱自己的学生,不惜用自己的生命保护他们。她让孩子们懂得了什么是高尚的品德,什么是勇敢的精神。张丽莉老师是一个真正的女英雄,也是我们大家学习的好榜样。"最后,张海迪还向张丽莉老师送上了自己的祝福:"我期待张丽莉老师早日康复!中国残联愿为张丽莉老师的康复尽最大的努力。"

5月20日,刘延东赴哈尔滨医科大学附属第一医院,代表党中央、国务院看望佳木斯市第十九中学教师张丽莉。在哈医大一附院重症监护病区,刘延东向张丽莉转达了党中央、国务院的亲切关怀和问候。刘延东说,张丽莉在生死攸关的危急关头,将生的希望留给学生,将危险留给了自己,用无私大爱谱写了一曲生命赞歌。张丽莉奋不顾身勇救学生的感人事迹在全社会引起强烈反响,不愧是高尚师德的典范。中央领导同志牵挂她病情变化和治疗情况,多次作出重要指示,并派出国内最好的医生参与救治,衷心祝愿张丽莉早日康复,回到她热爱的校园和学生中间。

无法直接去医院探望,王举决定到张丽莉工作的学校——佳木斯第十九中学去采访。

# 佳木斯的茉莉花

5月中旬,王举来到了佳木斯第十九中学。当王举赶到的时候,已经有30多家媒体正在校园里收集关于张丽莉的信息。王举找到了学校的校长、张丽莉的同事以及张丽莉所执教的初三年级的学生,想通过各种角度来了解张丽莉日常的工作情况。

张丽莉出生在一个教育世家,从小就立志要当一名光荣的人民教师。1999年,张丽莉如愿考入依兰师范学校,2004年专升本进入大庆师范学院,毕业后任教于佳木斯市第十九中学,做了一名普通的初中语文老师。张丽莉所带的这个班有65个孩子,她亲切地称呼他们"宝贝儿"。

张丽莉非常喜爱自己的这个班集体,在张丽莉的心中,这间教室就像是自己的第二个家。为了给自己的宝贝儿们创造一个温馨的学习环境,张丽莉总是想方设法地把教室打扫得干净整洁,黑板的下角和讲台上没有粉笔屑,教室两侧的墙壁上悬挂着各种励志的名言警句,每个窗台上都摆放着一盆鲜花,教室的空气中飘散着淡淡的花香,学生们在学习之余一抬头,一回眸都能感受到一抹亮丽。教室后方的黑板上则书写着许多优美的文章,文章之内还描绘着各种好看的花边。

张丽莉在课堂上,经常对学生说,生活实际上很美好,希望孩子们学会爱别人,能够传递爱。但是如果想让孩子们去爱别人,她就要先去爱孩子,孩子们感受到了爱的温暖,学会了爱别人的方式,才能做一个爱别人的人。体育中考时天下起了雨,张丽莉把手中的雨伞递给了学生,她自己则跑进了雨中。到了冬天,有的学生不吃早饭,张丽莉知道后,就自己拿钱买了一箱桃酥放在教室后面,告诉学生们谁饿了就吃几口桃酥,千万不能空腹学习,否则不仅影响学习效果,还会损害身体的健康。

在张丽莉的65个宝贝儿里,有一个孩子,家庭条件非常贫困,父亲去世,母亲患有严重的肾炎。张丽莉在家访的时候,了解到学生的情况,就从自己每月的工资里拿出 100 元，偷偷塞进学生的课桌里。还有一次，在马路上，一辆自行车飞速向一个女生奔来，张丽莉一把把学生搂进自己的怀里，自行车挂住了张丽莉的裤子，裤子上裂开了好长一条口子。张丽莉爱学生，学生们也爱张丽莉，学生们都亲热地称呼张丽莉为"丽莉姐"，在学生的眼里，张丽莉就像是自己家的亲姐姐，无微不至地关怀着他们，让他们能像绿苗一样，在春天里欢快地成长。

由于要带领学生出操，张丽莉每天早上 5 点多就起床，赶到学校，和学生们一起运动。因为活动量太大，张丽莉流产了，这个时候她才知道，原来自己已经有了身孕。失去孩子的痛苦和身体的虚弱，让张丽莉卧床不起，但是张丽莉惦记着学生，只在家里休息了几天就立即返回到了课堂上。

张丽莉知道，自己对不起丈夫。张丽莉和丈夫李梓烨相识于 2007 年，两年之后，两人步入了婚姻的殿堂。张丽莉对丈夫说，等她送走这一届学生，他们就要孩子，可是没有想到，孩子还没有来到这个世界上，甚至都还没有成形，就永远地离开了自己。作为一个妻子，作为一个儿媳，作为一个母亲，自己都没有尽到最基本的责任。可是，自己还有 65 个孩子，他们正处于人生当中的关键时刻，不能因为自己而耽误了孩子们，所以张丽莉压抑下自己的伤痛，依旧带着甜美的笑容站立在孩子们面前。

张丽莉介绍自己的名字时，总爱这样描述：第一个丽是美丽的丽，第二个莉是茉莉花的莉，只要你想起我是一朵美丽的茉莉花就可以了。是啊，张丽莉以茉莉花自喻，素雅芬芳，宁静无私，她总想着自己该如何做，才能再多给孩子们一点爱，让孩子们的心中都充满温暖的爱。可是，很少有人知道，张丽莉也有着不为人知的酸楚。在她 18 岁的时候，母亲因病去世，只留下张丽莉和年迈的父亲。所以，2006 年，张丽莉从大庆师范学院毕业时，她实习过的单位大庆油田宣教中心想留她，被她推辞了。这可是多少人争着抢着要去的地方，但是张丽莉说，她要回佳木斯，她要陪自己的爸爸，她要登上那方三尺讲台，她要实现从小的心愿，做一个普通的教师。

在介绍张丽莉的经历里，王举还敏锐地捕捉到一条重要的信息——张丽莉毕业于大庆师范学院。

大庆师范学院坐落在大庆市让胡路区。走进校门，著名的教育家陶行知的教育名言"捧着一颗心来，不带半根草去"的牌匾矗立在学校的花坛边。"学校无小事，事事是教育"的横幅高挂在甬道上。"自强不息，臻于至善"、"为人师表"、"德才并育，知行合一"、"博学笃学、敬业精业"、"对祖国尽忠，对社会尽责，对事业尽心，对学习尽力，对父母尽孝"、"师恩难忘"的文化石散落在校园的青草地间。漫步在大庆师范学院，仿佛每一口空气里都能嗅到师德的气息。大庆师范学院是以大庆精神铁人精神为办学育人的标准。张丽莉在这片美丽的校园里生活了两年，七百个日子里吸纳了多少人性崇高的精华。再加上张丽莉从小接受到的优良的家庭教育，拥有一个闪烁着金子般光芒的品格，就是情理之中的事情了。

张丽莉，铁人精神，幸福的童年，浪漫的爱情，挚爱的事业，崇高的品德，王举寻找到了创作的灵感。王举找到黑龙江省委和大庆市市委的相关领导，表达了要给张丽莉创作一部舞蹈诗剧的想法。黑龙江省委和大庆市市委立即给予肯定，并且黑龙江省委把此项计划列入宣传张丽莉活动的重点之一，同时也把《绽放的生命》这一舞剧作为省委宣传部向党的十八大献礼的重点剧目之一。

5月27日，躺在医院病床上的张丽莉用自己受伤的手给她的学生们写了一封亲笔信，因为张丽莉担心学生们会因为自己的病情影响即将到来的中考。张丽莉的伤还没有痊愈，所以短短的一封信，她却写了整整三天。当学生们收到张丽莉老师写给他们的信时，都落下了感动和心疼的泪水。张丽莉在信中对学生们这样写道：

我最最亲爱的宝贝儿们：

今天是我醒来的第10天，距离你们中考仅有一个月的时间了！醒来的每一天第一时间想到的都是你们！你们丽莉姐的大脑里，无一刻不浮现出所有人每分每秒积极学习、努力付出的画面。相信我善良、可爱、幸运的宝贝儿们必定会在中考之时获取辉煌战果！因为手还比较肿，所以只好打字给你们。但是不要担心我，我的身体恢复得很快，可以说一天一个样，连医生都诧异于我强大的生命力！而且，对于当时那一瞬间的选择，我从未后悔过，对于今后的生活也早已欣然接受。实际上，我真心地感谢上苍，让我在迎接每一天的曙光时，

## 第十一章　绽放的生命

真切地感慨——活着真好！今后，我会更加精彩地活，为了这个世上所有爱我的人！所以，孩子们你们要记得，你们每个人都是这个世界上最幸福的人，因为你们能够健康、快乐、平安地生活！

"展雄风，恣奔腾，三班才子胜卧龙；夺金魁，勇无畏，三班佳人最珍贵；拼百天，赢明天，才子佳人创佳绩！"——还记得我们的百天誓言吗？很抱歉我食言了，原本说好无论怎样我都会陪伴你们走到最后的，可如今我却只能遥想祝福了，原谅我的未信守承诺吧！但就像我经常说的一样，老天是不会辜负真心付出的人儿的！愿你们时时谨记"长风破浪会有时，直挂云帆济沧海"，早日拥有"会当凌绝顶，一览众山小"的感受！

另外，平日里上下学一定要注意安全，要懂得保护自己。最后送一首蔡琴的《我心是海洋》给你们，我们彼此共勉！加油，孩子们！

永远爱你们的丽莉老师

2012 年 5 月 25 日

看到电视里对这封信的报道，王举又再次流下了眼泪。要为张丽莉创作出一部舞剧是不容置疑的，也是刻不容缓的。

得到了省委、省教育厅和市委的充分肯定和高度重视，又有了贾德俊所在的企业——辰能投资集团提供的创作资金，王举就开始选取舞蹈演员。张丽莉是教育战线上一名普通的战士，在平凡的岗位上展示出了高尚的情操，《绽放的生命》是一部感人的人性之曲，所以，王举决定采取专业演员和业余演员相结合的方法来排练，专业演员从大庆市舞蹈团里选取，业余演员就从张丽莉的母校——大庆师范学院艺术学院的学生中选择。要表演和宣传的是自己学校里的人物，那么所有参演的学生肯定都会倾注所有的情感，这样出来的作品一定会感人至深。王举和大庆师范学院的校领导取得了联系，也立即得到了全力配合的回应。

就此，黑龙江辰能投资集团出资、大庆舞蹈团编创、大庆师范学院演出的三足鼎立的局面形成了。辰能投资集团负责人说，赞助大型舞蹈诗剧《绽放的生命》，是因为张丽莉老师不仅是黑龙江省的英雄，更是这个时代的英雄。她的大爱情怀，感动了我们每一个人，她的英雄精神更值得社会各界学习。无论我们是什么身份，身处哪个领域，都要尽到我们的责任，用心对人，用心做事。大庆师范学院艺术学院院长助理孙永波说："张丽莉老师在危急关头舍命一推，恰如当年铁人王进喜在井喷时刻舍身一跳，一样的选择，一样的壮举，彰显出一样的担当，一样的情怀！她从2004年进入我校汉语言文学教育专业学习开始，三年时间里，大庆精神铁人精神的营养就不断化为她骨骼里正直善良、厚德大爱的成长力量，化为她'在有生之年，不倾城、不倾国、只是倾尽所有去爱'的崇高职业理想。作为她的母校，我们要用各种形式来宣传她，包括群众喜闻乐见的艺术形式。"王举更是满怀激情地说："丽莉老师是时代的英雄！她在生死危急时刻舍己救人的大爱情怀，鼓舞着我们文化工作者，我们要尽我们的责任用优秀的作品鼓舞人、用高尚的精神塑造人。这个时代呼唤更多的英雄！"

为了将《绽放的生命》打造成一部歌颂人性的艺术精品，王举再次动用自己的人脉资源，邀请到了全国的专家，一起加入到舞蹈诗剧《绽放的生命》的创作中来。经过了周密的筹划，《绽放的生命》由王举任舞剧总导演，王铎任执行编导，中国著名音乐制作人牛阿海作曲，主题诗由黑龙江省著名作家、诗人戴立然撰稿，北京舞蹈学院王歆宇任舞蹈编导，亚洲戏剧教育研究中心事业部副部长边文彤任舞美设计，荣荣负责服装设计，大庆师范学院舞蹈教师孙越扮演张丽莉。

大庆市委宣传部郑新英部长指出，舞剧《绽放的生命》的创排充分发挥了大庆的文化优势，展现了大庆精神铁人精神的育人成果。她表示，将以此次巡演为契机，进一步掀起学习宣传张丽莉的热潮，向党的十八大献礼。

张丽莉就像是挺立在万绿丛中的一朵洁白的茉莉花，淡然地生活在佳木斯的土地上，身在病房中的她并不知道，在大庆那块充满温暖情意和深厚艺术气息的土地上，有一支激情澎湃的创作团队，正在为当代的社会制作一道精神大餐，这道大餐的主角是张丽莉，而为这道大餐掌勺的就是王举。

# 大美在人间

搜集完张丽莉带着人性芳香的故事，经过了舞台各方面的筹备，7月13日，以张丽莉为原型创作的舞蹈诗剧《绽放的生命》排演动员大会在大庆师范学院隆重举行。40天后，确定舞剧宣传主题是"大美在人间"。8月28日，舞蹈诗剧《绽放的生命》首演媒体见面会在大庆师范学院召开，《黑龙江日报》、大庆记者站、《大庆日报》、大庆电视台等十余家媒体记者参加了见面会。在接受媒体采访时，王举如是说："在当今的社会里，出现了很多令人忧心的现象，道德滑坡，不讲诚信，利益当先，信仰缺失。而张丽莉老师则为我们提供了一个最生动的教材，解决了如何给自己一个价值定位的问题。所以，我们要大力弘扬丽莉老师的这种大美、大爱，用行动去呼唤人性的美好。"

从媒体见面会开始，《绽放的生命》就不停地在修改，从舞剧内容到灯光、服装等各方面一直在精益求精。原本计划在教师节前夕进行首演，但为了能使舞剧以最美的姿态绽放在舞台上，首演一直推到了10月中旬。

10月15日，由大庆歌舞团、大庆师范学院共同演出的舞蹈诗剧《绽放的生命》在北国初冬的寒冷中正式开幕了，首演会场定在大庆歌剧院。黑龙江省委宣传部、省文化厅、省教育厅、大庆市委领导以及大庆师范学院千余名师生一同观看了汇报演出。演出结束后，乔良建议，《绽放的生命》应该在舞蹈编排上再精彩一些，要突出特色，通过动作的张力更好地使强烈的情感迸发出来。省委宣传部也下发了文件，要在全省各地市进行舞蹈诗剧《绽放的生命》巡回演出。同时，黑龙江省教育厅厅长徐梅刚上任的第二天就提出《绽放的生命》在全省教育界巡演一百场的决定，省教育厅艺体卫处处长梁秀海和副处长龚彦立即出台巡演的文件。

10月27日，《绽放的生命》巡演活动启动仪式在东北农业大学音乐厅隆重举行。音乐厅外，寒风吹拂，音乐厅内，热泪滚流。

"时空在虚幻中倒转,追寻着故事的起点。大美在滴血中绽放,定格了永恒的瞬间……"随着一段如诗如画的朗诵,舞台的帷幕徐徐拉开。一位身穿白色长裙的女孩高高站立在舞台正中央,七彩的灯光射向20米的纱裙,在裙摆上投影出旋转流动的光斑。时钟滴答滴答地响着,突然,一声惊爆声乍起,女孩洁白的裙摆瞬间变成了鲜红色,女孩原本如蝶展翅的双臂颓然垂落了下来。

这副揪人心肠的画面就是张丽莉出事前后的对照图。舞剧先是通过音、诗、画的手段,给观众渲染了一个唯美的意境空间,当观众沉浸于这份诗意的美好时,突然把观众带入了一种始料未及的悲惨世界里。简约的艺术勾勒,就让观众体验到了一种青春折翅的伤痛。一个那么光芒四射的女孩,宛如古罗马神话中的维纳斯,把真善美的甘露洒向人间,却在那个漆黑的夜晚,跌入了命运的深渊。舞台的张丽莉没有鲜明的舞蹈动作,只有一个轻轻的张臂和一次缓缓的转身,但由彩色光束到红色灯光的转换,仿佛是在平稳的高速上紧急刹车,让观众的心灵不由得一疼,一种人性的味道渐渐弥漫在观众的感觉里。

一册素雅的画卷翻开,红色的丝绸如波浪般在画册底部涌动,几行黑色的大字在画册上逐个浮现:公元2012年5月8日晚,年仅29岁的年轻女教师张丽莉,在生死攸关的瞬间,将生的希望留给了学生,将危险和残缺留给了自己,用无私的大爱谱写了一曲生命的赞歌。

循着欢快的青春乐曲,时光开始了回溯。在2004年的秋天,张丽莉带着对知识的渴求来到了大庆师范学院的校门前。那双清澈的眼睛闪烁着新奇的光彩,崇高的师德如山间的甘泉将心田的葱绿灌溉。再次置身于象牙塔里,可以在知识的海洋里遨游,这样的幸福时光像是一片片秋天的枫叶,让整个青春的日子都泛起鲜艳的色彩。

神圣的课堂上,铁人王进喜的伟岸形象矗立在张丽莉的心空里,流血流汗却不流泪的石油工人踩着前赴后继的铿锵脚步,撼动着张丽莉的心海。张丽莉带着一位热血青年的赤诚,打开历史的尘封,触摸那一个个光辉的灵魂。就在张丽莉靠近那个金黄色的石油世界时,张丽莉仿佛也变成了石油工人中的一员,以同样的呼吸频率、心跳速率,向着未来大踏步地前进。

## 第十一章 绽放的生命

张丽莉也曾有一个幸福的家，有疼爱自己的爸爸，还有视自己如珍宝的妈妈。可是，就在自己18岁那年，妈妈永远离开了自己。张丽莉无数次在梦中一遍又一遍呼唤着"妈妈，妈妈"，可是，妈妈去了一个好遥远好遥远的地方啊，遥远地任凭张丽莉发出多么大的声音，妈妈也听不到一字一句。爸爸抚摸着心痛的女儿，告诉女儿要学会坚强，只要自己能在世间生活得快乐、充实、幸福，远方的妈妈会感应到的。张丽莉擦去了脸上的泪滴，从伤痛中站立了起来，想象着妈妈欣慰含笑的样子，张丽莉把对妈妈的思念投入到了学习和生活中。

从大庆师范学院毕业后，张丽莉做了一名塑造人类灵魂的教师。在自己的心里，孩子们就像是一朵朵含苞待放的花骨朵，自己把无私的爱撒播到孩子们的花瓣上，孩子们就可以在花期到来的时候，释放出最迷人的花香。张丽莉爱班上的每一个孩子，从绿色的春到红色的夏，从黄色的秋到白色的冬，张丽莉像是一把大大的遮阳伞，为孩子们挡风遮雨，为孩子们播撒荫凉。

在《茉莉花》的轻音乐中，张丽莉躺在了病床上。时空翻越，世事无常。曾经健康的身体早已化为过往的云烟，自己再也没有那双灵活轻便的双腿了。这段是舞蹈诗剧《绽放的生命》里最精彩的篇章。尤其是道具的使用，非常地巧妙。首先是把病床竖立了起来，这样便于观众观看。其次是在舞台上摆放了几扇透明的玻璃门。这些玻璃门在张丽莉身边不停地变换着，一会儿是医院外面的护栏，一会儿是病房的大门，一会儿又成为病房的窗户。玻璃门内是生死未卜的张丽莉，玻璃门外是社会各界对张丽莉的爱心呼唤。有张丽莉的学生在流泪哭泣，有学生家长在殷殷祈祷，有家人朋友在心如刀绞，有医生护士在默默感动，还有无数陌生的热心市民也聚集在医院外面，等候着张丽莉转危为安的消息，怎么也不肯离去。隔着看似薄薄的一层玻璃门，所有人都作出呼唤的姿势，他们多么想用最大的力量，来挽留住张丽莉这个美丽、善良、勇敢、坚强的生命。在人们的感动心痛中，毛阿敏的歌声在舞台上飘荡："倾听你的呼吸，感受你的心跳，你在呼唤我，我时刻会听到。你是我的兄弟，我是你的同胞，我在呼唤你，你一定要听到。我在呼唤你，一声低一声高。你要等着我，每一分每一秒。哪怕你远离生的希望，也要让你回到爱的怀抱。"玻璃门在张丽莉两侧一字排开，人们纷纷蹲在地上，深深地祷告，突然，所有的人都站立了起来，有人捶打着玻璃门，有人掩面痛哭，有人颤抖着伸出双手，再次呼唤张丽莉的苏醒。

舞剧进入尾声，舞台前方的女演员手里擎着巨大的花瓣扇，舞台后方的男演员高举着鲜艳的红绸，舞台的背景上是冉冉升起的党旗，在花瓣和红绸汇聚的波浪中，张丽莉又恢复到了事发前的白色长裙的唯美造型。只要有大情，只要有大爱，只要有大美，只要有大怀，纵使生命跌落命运的谷底，也会吸纳天地之间的精气，绽放出最夺目的风采。

2012年，在中央电视台感动中国的颁奖晚会上，主持人白岩松这样介绍张丽莉："在平常的日子里头，说到老师，大家会知道这是一个职业，传道授业解惑。然而在突如其来的意外发生的时候，有的人却告诉我们，老师不仅是职业，还意味着一种精神和德行。"感动中国推选委员陈雨露说："她播撒下的大爱的种子，必将被无数的奔跑接力，从黑土地传向四面八方。只有教师心中有爱，孩子的世界才会绽放光芒。"推选委员孙伟说："危急时刻，她凭直觉挺身而出，那直觉的背后，是最具魅力的纯正师德。"推选委员余秋雨说："世上一些崇高职业的本性，是由一个个杰出从业者的名字来不断刷新的。2012年春天，全国民众一起从北方天域重新读解了教师的含义，这含义只有三个字，叫'张丽莉'。"最后，在茉莉花做点缀的大屏幕上，出现了感动中国组委会给予张丽莉的颁奖辞："别哭，孩子，那是你们人生最美的一课。你们的老师，她失去了双腿，却给自己插上了翅膀。她大你们不多，却让我们学会了许多。都说人生没有彩排，可即便再面对那一刻，这也是她不变的选择。"

从这一刻开始，"冰雪为容玉做胎"这七个圣洁的字就成为了张丽莉最美的诠释。与此同时，王举的舞蹈诗剧《绽放的生命》也开始在黑龙江的几个城市巡回上演。

《绽放的生命》是王举最新的一部大型舞蹈诗剧，同时也是王举的艺术成就被推向巅峰的一部力作。尽管整部舞剧里面没有太多高难度的舞蹈专业技能，但是《绽放的生命》却将王举的政治责任感、社会责任感和他的个人情感完美、有机地融合在了一起。在创作这部舞剧时，王举不再仅仅从本人的情感入手，而是把自己的舞蹈艺术与国家的核心价值观、时代对民族精神的呼声结合了起来,以张丽莉的故事为原型,在事实的基础上,又融入了艺术加工的手法,从张丽莉身上抽取出了中华民族人民教师这一典型的光辉形象。王举在呼唤时代英雄,社会在呼唤时代英雄,国家在呼唤时代英雄,世界在呼唤时代英雄,这个多元价值观的时代也在呼唤时代英雄,王举站立在全世界、全人类和时代的高度,通过舞蹈诗剧《绽放的生命》做了一次最为广阔、最为有力、最为辉煌、也最有代表性的呐喊。在使"最美女教师"张丽莉的生命如花般绽放的同时,王举扛着时代、国家、民族的三重责任感,让自己的生命也得到了最彻底的绽放。

只有像雪一样无私地把自己奉献给土地,只有像太阳一样具有喷薄释放的能量,一个人的政治情怀才能显露出博大的光芒。

# 中国"突出贡献舞蹈家"

2009年11月27日,中国舞蹈家协会成立60周年纪念大会在北京人民大会堂举行。来自全国各地的一大批舞蹈艺术家和优秀舞蹈艺术工作者代表参加了纪念大会。王举作为黑土地孕育出来的一颗璀璨的珍珠,也在初冬时节来到了北京。他要和众多的舞蹈明星们一起见证这具有历史意义的神圣时刻。

中国舞蹈家协会成立于1949年7月21日,是一个与共和国有着同样年龄的同盟协会。当全国人民还沉浸在庆祝中华人民共和国60周岁华诞的喜庆气氛中时,中国舞协也迎来了它的60岁生日。在纪念大会上,舞协对中国优秀的舞蹈工作者颁发了中国舞蹈荷花奖"终身成就奖"、中国舞蹈艺术"卓越贡献舞蹈家"、"突出贡献舞蹈家"、"优秀组织工作者"等荣誉证书。王举,由于其30多年的杰出表现,荣获中国舞蹈艺术"突出贡献舞蹈家"荣誉称号。至此,王举用自己不懈的努力和对舞蹈事业几十年的挚爱,收获了艺术生涯中最厚重的一枚硕果。

28日晚上,人民大会堂里华灯高照,群星闪耀。中国文学艺术界联合会和中国舞蹈家协会联合推出的《舞动中国》——庆祝新中国成立60周年暨中国舞蹈家协会成立60周年舞蹈精品晚会将在这里隆重举行。

一幅巨型的签名板竖立在人民大会堂的入口处,烫金的"舞动中国"四个字印刻在国旗的颜色里,彰显着一种恢弘的气势和沧桑的历史印迹。踏着豪壮的音乐,来自全国各地的舞蹈明星们踩着红地毯,走到签名板前,留下了一个个耳熟能详的名字。王举也在一双双火热崇敬的目光中,走进了人民大会堂,走进了祖国的心脏,走进了自己艺术的殿堂。

《舞动中国》晚会在北京明亮的月光下准时上演。开幕仪式前,12位荷花仙子在仙气袅袅的舞台上娉婷展舞,诉说着舞蹈艺术出淤泥而不染的高洁典雅,也诉说着舞蹈这朵躯体协动之花在60年的风雨中光彩越加迷

第十一章　绽放的生命

人的成长和蜕变。

荷花仙子退场之后，大屏幕上出现了标志着中国舞蹈60年岁月风貌的代表作品。《饥火》、《游击队员之歌》、《红绸舞》、《鄂尔多斯舞》、《牧马》、《盘子舞》、《丰收歌》、《荷花舞》、《飞天》、《草笠舞》、《春江花月夜》、《快乐的啰嗦》、《艰苦岁月》、《花鼓舞》、《战马嘶鸣》、《摘葡萄》、《龙舞》、《义勇军进行曲》、《农乐舞》、《阿哥追》、《木鼓舞》、《刀郎赛乃姆》、《藏民骑兵队》、《草原上的热巴》、《不朽的战士》、《三千里江山》、《花鼓灯》、《大刀进行曲》、《铜鼓舞》、《夜练》、《草原女民兵》、《洗衣歌》、《花儿与少年》、《孔雀舞》、《思凡》、《雁舞》、《喜送粮》、《葡萄架下》、《人民胜利万岁》、《宝莲灯》、《鱼美人》、《五朵红云》、《小刀会》、《红色娘子军》、《白毛女》、《东方红》。晚会把中国古典舞、民族民间舞、芭蕾舞、当代舞、国标舞等各个舞种进行了荟萃展示，用精妙的裁法，把中国舞蹈的霓裳裁剪得完整、绚丽、洗练而光华。

望着中国舞蹈60年的命运沉浮，王举的心中不觉涌起一种海浪般的情愫。30多年的舞蹈创作，像是一条绿色的藤蔓，在王举的脑海中螺旋般地向上攀援着。王举的艺术之花在白山黑水之间渐次发芽、抽枝、结果。沿着时间的长河来追溯，王举的舞蹈创作生涯大体上可以划分为三大阶段。

第一个阶段，从70年代中期到80年代中期，此时，王举是一个出色的舞蹈故事家。他用朴实的舞蹈语汇给观众们讲述了许多许多美丽的故事，故事里有温暖、有感动、有坚持、有勇敢，有一种深沉的爱。

1975年，王举创作出了三人舞《雪映深情》，一个洋溢着浓浓军民情和民族情的故事在北京的舞台上产生轰动，孤寡老人，善良孩童，一片雪地，一份温情，随着"双双小手暖胸怀……"的歌声在舞台上响起，一种叫作人间真情的情感在观众的心底里被激发。

《牧人之子》和《绿色生命》是王举亲自演出的独舞，讲述了牧民和马之间的故事。通过激情奔放的肢体动作反映了牧民和马之间的深厚情感。王举头缠方带，凌空一跃，像是一位武林侠客，大有飞檐走壁之势。王举的蒙古舞跳得很富民族情感。尽管王举和北方的少数民族都结下过创作的缘分，但首先扑入王举内心的是蒙古族，粗犷、豪放、旷达的民族性格深深打动着王举。乌兰图噶的逃生,让王举认识了一位普普通通的蒙古族老额吉,虽然素不相识,但却出手相救,指引着王举走向新生的希望。

《我爱萨日朗》是王举80年代初来到大庆后创作的第一个群舞,讲述了一个关于草原花朵的故事。青春靓丽的舞蹈演员,曼妙婀娜的身段,柔中带刚的表演风格,以及整齐划一的舞蹈动作,像是一缕清新的草原之风,吹拂着观众如秋千荡漾的心海,带给人们一种美丽的视觉享受。《我爱萨日朗》来源于王举对草原生活的体验,取材于一种生长在草原上的花——萨日朗,表达了王举对大庆市文工团里女舞蹈演员们的赞美和歌颂。同时,《我爱萨日朗》也开创了王举对女子群舞的研究先河。女子的阴柔,女子的细腻,女子的身姿,女子的情感,都成为王举勾勒舞蹈的重笔,也成为王举创作群舞的一大特色。

《油城小夜曲》是王举来到大庆后开始石油题材创作的开端。在《油城小夜曲》里,一群艰苦奋斗、为国奉献的石油工人成为了舞蹈的主角。崇高的精神风貌,饱含激情的演出,贴近大庆生活的实际。《油娃》也是王举亲自演出的独舞,通过一个石油工人后代,展望了石油事业后继有人的美好前景。

第二个阶段,从80年代中期到90年代中期,王举从舞蹈故事家转为了舞蹈诗人。王举把生活凝练成诗,把舞蹈编排成诗,把思想表达成诗,用最美丽的方式来抒发他内心的情怀。

《高粱魂》是王举具有里程碑意义的一部作品。既开辟了王举创作舞蹈诗剧的新天地,也展示了王举的作品最大的一个特点——释放人性,还人性以自由。《高粱魂》是王举创作历史中非常具有挑战性的一个作品,在王举之前,没有编导敢把男女性交的动作搬上舞台,在那个年代,男女之事是绝对不可能放在大庭广众之下去言谈的,更不可能把它们放在舞台上任人观赏。可是,王举坚信,《高粱魂》正是有了野合的段落,才使整部作品具有了生命力。所以,王举顶着层层压力,冒着极大的风险,在最后一刻,还是坚持自己的想法。《高粱魂》成功了,引起了观众的强烈共鸣。王举的名字开始在舞蹈界里不胫而走,大庆这座城市的名字除了和石油相关,还和文艺有着割不断的联系。从《高粱魂》开始,王举开始注重作品的发力点,找准舞蹈的感觉和情绪来源。比如,在表演男女情爱时,演员一定要通过恰当的方式，把自己的情感调节到最激情的状态，这样才能使表演具有震撼人心的力量。

《乌纱魂》是王举的第二部舞蹈诗剧，出于王举对官场上情与法的思考。抛去完整叙述故事的惯用手段，王举标新立异，用现代的观赏意识去对整个作品谋篇布局，重在演员情感的抒发，而不在情节的符合逻辑。王举紧紧抓住演员内心的情感，把演员的情感不断地放大，放大，再放大，与观众们的情感世界相碰撞，让观众看到了一部有血有肉的舞蹈作品。

《黑土地》是王举对北方民间文化、民族文化的高度提炼，也是用诗的手段展现黑土地的特色。《黑土地》像是一部东北民间艺术文化的百科全书，每掀开一页，都能感受到一股来自北方的浓郁的艺术气息。苍阔的北方历史，蘸着舞蹈的浓墨，在王举的艺术舞台上，描摹出一幅幅东北风情艺术画。东北的天，东北的地，东北的人，东北的情，东北的悲，东北的喜，东北的过去，东北的现在，像是一颗颗璀璨的星星，点缀在《黑土地》的夜空中。

《梦姐》是王举舞蹈创作中的一部可以称为经典诗的作品。在这部作品里，王举挖掘出了许多个经典的舞台造型。其中有一段长度为9分钟的双人舞《情愫》，把东北地区男人和女人的情感状态演绎到了极致。《梦姐》成就了赵冰心，也标志着王举的舞蹈创作达到了前所未有的高度。此外，还有《单鼓舞》、《花棍舞》、《手绢舞》、《腰铃舞》、《冬猎》和《欢乐的达斡尔青年》都让观众感受到诗的艺术文化。

第三个阶段，从90年代中后期开始。王举用20多年的艺术创作，发现了舞蹈的真谛，用一个又一个作品给中华民族找到了支撑力，开始书写伟大的人类精神和科学的时代内涵。这些作品更加具有时代的呼声，更加彰显人性的光芒，更加符合自然进步的规律，也更加催生社会发展的力量。

《大荒的太阳》是王举歌颂大庆石油工人的力作。把王举在油田前线体验到的生活素材整合了起来，通过艺术的方式，让观众了解到石油工人的平凡和伟大，煎熬和浪漫，艰苦和乐观，对石油工人在极端恶劣条件下释放人性光芒的生命力进行了高度的讴歌。《大荒的太阳》最大的一个意义就是打破了舞剧中没有工业题材的魔咒，把石油华美地搬上了舞台，给舞蹈创作填补了最艰难的一块空白。王举就是要这样做，打破一个陈规，再创作一个神话。《大荒的太阳》是王举对石油的歌颂,对大庆的歌颂,对人性的歌颂,对自己心中生命的太阳的歌颂。

《关东女人》是王举对东北女性诗意般的颂扬。这部舞蹈诗剧囊括了王举对已逝母亲的爱、对妻子的爱、对东北所有女性的高度赞美。在王举的心中,女性不是柔弱的,而是比男人还要刚强。东北女人自有一种别具一格的特点,但是如何编创才能来表现这种独特性呢?王举挑选了一个非常普通的东北女性的形象,通过这个女子一生的命运变迁来展示东北女人的勇敢、豪爽和大义,关东女子初恋时的情感萌动,成婚时的喜悦幸福,丧夫之时的悲怆哀鸣,育子之时的满怀希冀,重建家园的坚定热情,劝子上战场的刚毅果敢,痛失爱子之后的惨烈心碎,以及最后重新崛起的柔韧坚强,都在一个女子的身上得到了集中的体现。越是普通的事物越是具有广泛的代表性,剧中的关东女人没有与众不同的特色,但正是因为这种平凡才更加触动观众的心灵,因为这样的关东女人就在观众的寻常生活中。

《鹤鸣湖》是王举在大庆城市转型期时的一部原创性舞蹈诗剧,也是王举第一次用生态的视角来关注转型中的大庆。在《鹤鸣湖》里,王举把声、光、电等现代化的创作手段集中在一起,给大庆打造了一张极富现代化气息的名片,让大庆实现了完美转型,使大庆渡过了发展中的迷茫和彷徨。《鹤鸣湖》反映了王举的时代意识,也是王举给自己生活的这座石油城市最有利的回馈。"绿色石油之都,天然百湖之城"是世界认识大庆的两条流光溢彩的途径。王举在感受大庆坚硬的脊梁时,又给大庆增添了一种柔和之美。

《绽放的生命》是王举的时代意识、政治意识、民族意识和精神意识都达到巅峰的一部舞蹈诗剧。在价值观多元化的当今社会,人类的精神世界正承受着最严峻的考验,而张丽莉却用健康的身体和生命的危险做代价,给了浑浊的意识一次最有力的洗刷。精神家园如何建设,道德力量如何施展,时代文明何去何从,王举通过舞剧《绽放的生命》做出了最简洁、最诗意、最深刻、最完美的回答。

王举的创作,从再现还原生活到用诗锻造生活,再到生发喷薄精神,舞蹈作品的转变也同时体现了王举个人思想意识的成长和成熟。袒露赤诚的灵魂,拥抱生命的永恒,是王举对自己一生从事舞蹈创作的总结。

## 第十一章 绽放的生命

王举把身体靠近舒适的软椅,耳边回响着自己受聘于英国皇家艺术研究院终身荣誉院士时的感言:"非常荣幸受聘成为英国皇家艺术研究院终身荣誉院士,感谢贵院对我的厚爱与信任,感谢贵院领导对我的关爱和认可。在我人生对艺术追求的过程中,离不开社会各界人士的帮助,是我的祖国和人民培养了我,给予我机会,让我实现对艺术的追求,并实现了自己的理想抱负。在对艺术自我学习与创作的过程中,通过不断的实践与提升,我对现有工作充满了信心!我会把在英国皇家研究院的工作当作自己的事业来做。这次能被受聘成为英国皇家艺术研究院终身荣誉院士更是对我今后工作的一种鞭策。我会更加严格要求自己,把自己的工作做得更完美,为中国的艺术事业和全人类的艺术事业贡献出自己的一份绵薄之力。"王举,"中国舞蹈艺术突出贡献舞蹈家",用40年的艺术创作,给中国的舞蹈增添了一道生动的色彩。这40年里,有苦涩也有欣喜,有酸楚也有感动,有无奈也有坚持,有失败也有成功,百味俱全的人生,才更加令人动容。

11月末,北京的夜晚寒意袭人,清冷的冬风肆虐地刮过人们的脸颊和耳边。王举推开人民大会堂的大门,独自走进了无边的夜色里。

《舞动中国》的乐声还在耳膜里回响着,但王举的激情却在渐渐变得冷静。虽然自己马上就要步入60岁的门槛了,但对舞蹈的创作热情丝毫没有减退,这就说明自己还可以在舞蹈的世界里继续倾注所有的情感,还可以把舞蹈创作作为心灵的一种寄托。心不老,情依在,志不衰,爱未减,是王举想起"舞蹈"这两个字时最大的感受。编导,是要不断地创新,不断地创造,把舞台上原来没有的东西给创作出来。这就意味着编导要永远走在时代的前列,要把时代扛在肩膀上,要走别人没有走过的路,要吃别人没有吃过的苦,当然,等到作品完整呈现在舞台上的那一瞬间,编导们会感受到一种从来没有感受过的幸福。

# 流泪的获奖者

2011年9月26日，大庆歌剧院前红毯铺地，红球飘空，乐声如涛，笑声如潮。今天，这里即将举行"9.26大庆创业纪念日——大庆文学艺术奖颁奖盛典"。

1959年9月26日，松辽盆地松基第三口基准井喷出了工业油流，以王进喜为代表的石油大军挺进了松辽大地，从此轰轰烈烈的石油大会战拉开序幕。为了铭记历史、为了时代传承、为了激励后人、为了续写辉煌，2009年8月27日大庆市人大常委会通过决议，将每年的9月26日确定为大庆创业纪念日。但是，今天的主题不是大庆的石油，而是大庆的文艺。

红地毯一侧的入场舞台上，身着一袭白色拖地长裙的女主持笑靥如花地介绍入场的盛况："现场以及电视机前、收音机前的观众、听众朋友们，大家上午好。为了激励与表彰，为了回顾与展望，今天，中共大庆市委、大庆市人民政府将在这里隆重地举行大庆文学艺术奖颁奖盛典。这里就是大庆文学艺术奖颁奖盛典的入场现场，我现在就站在大庆歌剧院的广场前，此时，大庆电视台百湖频道、大庆人民广播电台《百湖之声》、大庆网、大庆网络广播电视正在为您进行同步直播。今天曾为大庆的文学艺术事业做出过突出贡献的作家、剧作家将会在这里踏着红地毯，步入大庆人的金色大厅，收获一份属于他们的光荣和喜悦。我们期盼已久的时刻已经到来，下面有请工作人员为我们开启象征光荣与梦想、辉煌与希望的红地毯。"主持人的声音刚落，广场上响起了高亢的音乐声，红地毯的尽头悬浮着四只大红色的气球，气球的下端是一面金灿灿的旗帜，上面书写着11个鲜红的大字"大庆文学艺术奖颁奖盛典"。四只气球缓缓撤向红地毯的一侧，像是一扇无形的大门在人们眼前隆重地开启。随着红气球的渐渐远离，五颜六色的彩屑喷向了红地毯的上方。大庆人民广播电台总编室主任潘峰已经站立在了入场舞台上，一个浑厚又充满磁性的声音荡漾在广场上："52年的油田，32 年的城市，这是一部恢弘的英雄史诗，正是在这可歌可泣的 52 年里，一代代、一批批的作家、艺术家坚守着责任和使命，饱含挚爱和真情，用他们的聪明才智赞美着大庆，讴歌着时代，表现着生活，创作出了一部部光彩夺目、脍炙人口的文艺精品。他们是爱与美的吟唱者、伟大时代的记录者、城市精神的守望者。看，我们的作家、艺术家正神采奕奕地向我们走来！"红地毯的尽头，早已有一辆黑色的小轿车停了下来，车门开启，王举和大庆市剧作家杨利民走了下来，并肩踏上了红地毯，尽情感受属于他们的至高荣耀。一辆辆黑色小轿车依次在红地毯前驻足，从车上走下来的是代表着大庆这座城市文学和艺术领域的领军人物。

此刻，大庆歌剧院里人声鼎沸，观众席上蹦跳着一颗颗激动飞扬的心脏。"发展繁荣都市文化"、"建设北方文化名城"的巨大横幅悬挂在观众席上方。王举和杨利民作为大庆市的两位文艺核心人物，率先进场，坐在了那个早已等候他们多时的位置上。

"9.26 大庆创业纪念日——大庆文学艺术奖颁奖盛典"正式开始。主持人开始介绍王举的作品："由大庆文艺工作者创作并演出的大型舞蹈诗剧《鹤鸣湖》曾经荣获中国舞蹈专业最高奖项——荷花奖的编导金奖。它揭示了人与自然和谐共生的主题。被誉为大庆的'天鹅湖'。接下来请欣赏《鹤鸣湖》的片段——鹤舞祥瑞。"

黛蓝色的湖泊上，摇曳着金黄色的芦苇，璀璨的星光在湖面上倒映出珍珠般的光泽，皎洁的月光倾泻在湖面上，这里是一片自然的天堂。一只小鹤在湖面上翩翩起舞，用柔软的肢体和欢快的舞姿诉说着湿地乐园里美丽而古老的故事。随后，15 只高贵优雅的丹顶鹤信步上场，细长的脖颈，曼妙的身段，洁白的羽翼，纯洁的神态，把整个会场都载入了一处童话的殿堂。最后，舞台定格在了丹顶鹤那流畅而唯美的身姿里。

"接下来我们要颁发的是——终身成就奖。终身成就奖是为了表彰那些致力于文艺事业发展，专职从事文艺工作 30 年以上，曾获得国家级重要文艺奖项，其艺术成就具有国家水准，在全国具有广泛影响和知名度的老一代的作家、艺术家而设立的。该奖项的获得者共有三位，请看大屏幕。"随着主持人目光的转移，舞台大屏幕上出现了终身成就奖的介绍。荣获此项殊荣的有美术家范垂宇、剧作家杨利民和舞蹈编导家王举。

"王举，黑龙江省文联副主席，中国舞蹈家协会理事，国家一级舞蹈编导，享受国务院特殊津贴。从事舞蹈编导工作36年来，他先后创作了280多个舞蹈作品，12部舞剧，代表作有《黑土地》、《高粱魂》、《大荒的太阳》、《关东女人》、《鹤鸣湖》等。其作品先后多次荣获中宣部五个一工程奖，中国舞蹈荷花奖编导金奖，文化部群星奖金奖等国家级大奖。他先后40多次在央视春晚、心连心、第24届大冬会等国家级晚会中担任舞蹈总监和执行导演，并被聘为中国舞蹈荷花奖、CCTV舞蹈大赛专家评委，同时，他还获得了全国德艺双馨文艺工作者、新中国成立60周年有突出贡献的舞蹈家、黑龙江省'六个一批'有突出贡献的专家级人才等荣誉称号。"

大屏幕静止在王举获得的荣誉证书和奖杯上，主持人满含激情的声音再次为王举响起："用生命的激情舞动人生的感悟，用无限的挚爱回报脚下的土地。接下来有请荣获大庆文学艺术奖'终身成就奖'的获得者——王举上台领奖。"

王举款款走上舞台，站立在舞台中央，深情地对所有的观众鞠了一躬。王举接过奖杯和鲜花。整个会场上鸦雀无声，大家都在屏气凝神，等待着他们热爱的艺术家的发言。

"今天非常激动，我来大庆已经32年了，正好这个奖颁给我。我首先感谢我的夫人，因为她陪伴我到现在，给予我支持，给予我力量。还感谢30年来我们市委、市政府以心血共处。大庆出了自己的品牌，也就是大庆除了有石油，还有自己的文化、自己的文化品牌。我还感谢这片土地，这片土地我曾生活了五十几年，我感谢它，是因为有了这片土地给我的厚爱，给我的关怀，才有我的今天，才有我今天的成长和我今天的成就。因为土地是根，是我生活和创作的命！谢谢！"王举的声音在哽咽和铿锵中交替着，他的这番获奖感言像是地下的石油，渗透进了这片广袤的东北黑土里。

"王举，掌控艺术灵机，操控观众的灵思，他是艺术思维的舞者，取精髓展现真髓，以抽象还原具象，他洞悉肢体表达的秘密。280多部舞蹈作品，12部舞剧、舞蹈诗剧，他温文谦逊地营造瑰丽强大的艺术气场。德大无形，艺精无境，幻化舞台方寸地，炫舞人间有情天。"读完大屏幕上组委会给自己的颁奖词，王举高举起手中的鲜花和奖杯，边走下舞台，

## 第十一章 绽放的生命

边流下了眼泪。

这个时候的泪水不是酸楚的泪水,不是激动的泪水,而是感恩的泪水。

50年前,自己成了一个父母双亡的孤儿,没有了父母,原本让自己成长的家突然变成了一个不能生存的地方。没有一个可以承担起抚养自己责任的亲人,王举只能搂着妹妹走进了冰凉的孤儿院。由于忍受不了孤儿院阿姨对自己的侮辱,王举毅然跑了出来,在二姐家里艰难地存活着。饿了,邻居家的张婶给自己一个馍馍,冷了,生产队给自己一件棉袄,生病了,吴文川老师把自己搂进他用体温焐热的被窝里,亲自喂自己喝药吃饭。黑土地上的人们用一颗颗最为质朴、善良的心温暖着王举凄苦的童年。进入了吉林省艺术学校,王举像是在汪洋的大海上抓到了一根救命稻草,王举拼命地练习着舞蹈基本功,即使在自己患有风湿性关节炎的时候,也从来不对命运说服输。王举挺了过来,克服了关节炎,成为了一名用情感来跳动的舞者。1982年,王举正式从吉林市前郭县调到了黑龙江大庆市,这座富有能量的神奇土地给王举提供了源源不断的创作灵感,为了体验黑土地的生活,王举来到石油前线,感受石油工人粗犷豪放背后的细腻情感。王举的舞蹈真正扎根进了东北的黑土地里,并且在黑土地里绽放成了一朵又一朵艳丽的艺术之花。是黑土地给予了王举艺术思维的营养,是黑土地让王举飘荡的灵魂有了归宿,是黑土地让王举踩出了一串串坚实的脚印,也是黑土地承载着王举淌下的每一滴汗水和流下的每一滴眼泪。

刚来到大庆时,家里条件不好,每逢朋友来吃饭,没有足够大的饭桌,王举直接把门板卸下来,拼成餐桌,等朋友们酒足饭饱离去之后,王举再和妻子把门板重新安好。没有练功鞋,王举就利用自己在吉林省艺校里的修鞋经历,把别人弃之不用的练功鞋抱来,稍加改造,就直接让演员们练功时穿上。没有舒适的排练厅,王举就带领着大庆舞蹈团的年轻演员们在陈旧的房间里练功,雨水沿着墙角的缝隙,哗哗地往下淌,浸湿了墙壁,也浸湿了大庆市领导的心。在市长的主持下,王举终于拥有了不漏雨的排练厅。由于没有更多可以深造的舞蹈学校,许多舞蹈演员纷纷离开了大庆,面对人才的流失,王举看在眼里,痛在心里。为了留住人才,王举提出要建立舞蹈学校,为大庆市艺术事业培养一批批优秀的人才。王举把全部的心血都投注到了办学上。他不惜自己出钱,高薪聘请当时最著名的现代舞大师，给学生们传授最先进的舞蹈技能和习舞理念。学生们就像是幽山的空竹，在顶尖舞蹈教育水准的熏陶下，抽枝拔节，每一个学生都成为中国舞蹈界的新秀。虽然这些悉心培养起来的学生不久之后还是纷落各地，但是王举却露出了欣慰的笑容。毕竟，自己为这些舞蹈人才的成长，曾添加过自己的全力。在这些舞蹈人才高飞的痕迹里，有自己呐喊鼓劲儿的声音。洪水席卷在大庆的土地上，面对城市的安危，面对人民的灾难，王举再也不能安稳地坐在办公室里，而是率领舞蹈演员一起，冲锋在了大庆的洪水长堤上。身外是漫天的大雨，身内是一颗滚烫的心。无论是生是死，王举都要和大庆共存亡，都要和大庆市民在一起。王举释放着自己的情感，燃烧着自己的激情，甚至不惜把自己的生命和健康放置在意识之外。

是啊，如果没有自己的妻子郭颖用一个女人的肩膀完全扛起了这个家，自己怎么能够全身心地投入到舞蹈创作中去，如今，自己手里捧着的是大庆这块土地上最高的艺术奖项，可以说自己是一个合格的舞蹈从业者了，可是，对于妻子来说，自己根本就不是一个合格的丈夫，自己亏欠妻子的太多太多了。儿子出生后，妻子柔嫩的肩膀上扛起的重量又增加了许多。没有自己的陪伴，妻子学会了抽烟，在孤独寂寞的时候，只能找来指间的烟雾，来遮盖心中无边的孤寂。已经年过六旬的妻子对自己说的最多的一句话就是，什么时候能带她出去转转，这是妻子目前最大的心愿。面对渐渐长大的儿子，日益老去的妻子，王举唯有把一生的亏欠深深放在心底，谁让自己这一生选择了舞蹈呢。如果没有大庆市的领导几十年如一日的关怀和支持，自己如何能拥有这一方自由施展舞蹈创作构思的平台。大概在其他城市，很少有市委、市政府领导亲自挂帅，参与艺术创作工作的。为了王举，大庆建立了排练厅，为了王举，大庆建立了舞蹈学校，为了王举，大庆建立了大剧院，为了王举，大庆建立了艺术绿色通道。如果没有脚下这块方方正正、肥肥沃沃、四季鲜明的黑土地，自己又如何能迸发出这多如繁星的艺术灵思，又如何能给大庆的市民、给中国的观众、给世界人民呈现出自己对黑土地的热爱、对生命的感悟、对人性的开采以及对这个时代的反思。

坐在观众席上，王举的怀里散发着扑鼻的花香，手里握着沉甸甸的奖杯，眼眶里流淌着止不住的泪水，心里涌动着无法言说的感恩情怀。如果不是在庄重的颁奖晚会现场,自己真的想甩掉身上的外套,用他挚爱了一生的舞蹈来诠释他内心的情感。自己真的太爱舞蹈了,是舞蹈塑造了自己,成就了自己,幸福了自己,同时,也拯救了自己。自己也太爱太爱这片黑土地了,是黑土地收留了自己,保护了自己,滋养了自己,也强大了自己。

此刻,颁奖台上的主角不再是自己,但是,在大庆舞蹈艺术的舞台上,有一个永远的主角,他的名字叫王举。

白雪覆盖在大地上,在最严寒的季节,用最沉默的方式,孕育着勃勃的生机。等到春日来临,雪花就化身为洁净的春水,渗透进土壤的嘴唇里,再在地球的胸膛中盛开出一朵朵花。金黄的太阳不断汇聚着能量,在每一个需要的时刻,将自身的热能散射出去,给万物以生长的力量。越是黑暗的地方,越能嗅到太阳播撒温暖的幽香。王举是酝酿生机的白雪,王举也是传递光明和希望的太阳。

一望无垠的白雪像是一位素雅的女神,穿着圣洁的纱裙,静卧在冬日的土地上。清风吹来,女神轻抬秀腿,用灵巧的脚尖踢出一轮光芒万丈的太阳。

王举定定地遥望着前方,慢慢地走在他钟爱了一生的黑土地上,只留给世界一个越来越孤独的身影。

# 后记 命运很小,生命很大

我从来都不曾想到，拄着双拐的我今生会与舞蹈结缘，并且还要用我的文字去勾勒一位舞蹈艺术家的生命线条。

2013年6月，一位来自哈尔滨的儒雅男士来到了我的家乡——古都邯郸，男士叫贾德俊，从前是某媒体的资深记者，现在一家投资集团工作，受王举的委托，物色能为其书写传记的作家。经过我的恩师张大诺老师的引荐，贾德俊找到了我。一番真诚的交流过后，他说："就你了，你就是我要找的人"。一场原本带有试探性质的考察在随意、友好、信任的气氛中转化为了一锤定音。得知要为中国一位著名的舞蹈编导家写传记，心里的喜悦自不会少。我相信，勇敢地承担起写作的责任，积极全面地搜集素材，对每一个问题都认真地思索，再加上有条不紊地伏案写作，一定能给信任自己的人交上一份很用心的答卷。

7月13日，我第一次奔赴大庆，对王举老师进行采访。行程确定后，贾德俊就早早给我预定了机票。在飞机舱里刚要关手机，一条短信跳到眼前："夏娟，读了你的自传体小说《追逐太阳》，看你在读大学期间，有那么多同学都背你去教室上课，这次我专门给你订了机票，就相当于我把你背入蓝天吧。"读完他的话，我鼻头一酸，20年前那个没有上过一天学、每日只能坐在家门口小板凳上、无法迈开双腿行走、只能与孤独和寂寞为伴的女孩，今天居然圆满完成了硕士研究生的学业、成为一名高中心理教师、获取国家二级心理咨询师资格、在人民出版社出版了励志自传、被他人发现并开始写人物传记的作者。许多的前行都是扶着疼痛的臂膀，所有的进步都躲不开坚强，只要心中种满关于明天的希望，再泥泞的泥土里也会开出花儿的芬芳。记忆里那个曾经柔弱的女孩已经开始用最美的微笑来照耀她所走过的每一个足迹。

大庆，石油，铁人，磕头机、采油树、狗皮帽、羊皮袄、湿地、芦苇荡，这些曾经在书本和网络里阅读过的词汇，竟有一天真实地呈现在我的眼前。而这一切都要感谢舞蹈。

酒店的门开启，一位个子不高、身材匀称、面容亲切、气质脱俗的先生早已等候在这里，至此，心中关于一位德高望重的艺术家的所有猜测都变成了面对面的感知。王举老师如一朵高雅的白云，让人所有的感官都能自动处于最轻松的状态。两个素未谋面的人之间的那种陌生感和距离感顷刻如风烟散去，弥漫在心底的是一份如家人般的随意和自在。

来到大庆的第二天，对王举老师的采访便正式展开，在王举老师淳澈的声音里，我带着尊敬、好奇和虔诚的心情，徐徐打开了一位舞蹈编导家的生命大书。

"夏娟，我让德俊选择你来写这本传记，是因为你有着与命运相抗衡的品质，只有经历过苦难，才能真正理解另外一个从苦难中走出的生命，所以，我选择了你。"即将60周岁的王举老师认真地对我解释着，但从王举老师优雅的神情里，我还是无法完全理解他提的"苦难"一词的重量。13天的采访即将结束，王举老师建议我去采访一下他的妻子郭颖，一位和他生活了三十多年的女人。来到王举老师家里，一种古朴、深邃、厚重的艺术气息充斥在房间的每一个角落，各种节目磁带、光盘、获奖证书和奖杯奖牌在无声地诉说着王举老师所走过的艺术人生。凉爽的风穿过南北通透的房屋，我和郭颖阿姨相对而坐，在并不炎热的午后继续搜集着关于王举老师过往岁月的点点滴滴。

五个多小时的采访里，我终于真真切切地感受到了一个艺术家所走过的路上究竟横亘着多少辛酸和不易。莲花虽然美丽，但当人们伫立在水边欣赏花儿的迷人姿色时，又有多少人能知晓这份光鲜亮丽之下又包裹着怎样的苦涩。

听着郭颖阿姨的叙述，我拨开了往事的表皮，看到一副这样的画面：在一个风雨交加的夜晚，一个守着空巢的背影耸动着疲累的肩膀，在发出无声的痛哭。原来，一位杰出的艺术家在享受极致荣光的同时，也承受着难言的疼痛。只不过，艺术家把疼痛折叠起来，留给自己独自舔舐，外人看到的就只有艺术家的夺目光芒了。平凡与卓越之间，有时只差一份耐受力。

伴着金秋的凉爽，我开始了书稿的正式撰写，但一次又一次，我敲击键盘的手指在颤抖，一回又一回，我把自己关在房间里，任泪水在我的脸上奔流。我曾不止一次地询问着自己，为什么我会在别人的故事里心痛不已？为什么王举老师所经历的那些苦难，我可以如此强烈地感同身受？为什么当王举老师创作出一部又一部彰显人性光辉的作品时，我是如此地受到震撼？原来，作为一个最基本的生命存在，有许多东西是共通的。你的艰难里有我跌倒过的痕迹，你的崛起里有我爬起时的勇气，你的坚持里有我一如既往的执着，你的博大里有我包容整个生命的张力。在这一刻，我突然明白了王举老师选择我的理由。

在王举老师的生命流程里，我懂得了如何在风雨飘摇中加固生存意识的根基，生命当如野草，纵使被燃烧成灰烬，春风吹来时，依然不辜负上天赋予的这一身碧绿；我明白了纵使具有过人的天分，也当脚踏实地地积累成功的条件。天才与勤奋犹如胡琴的两根弦，只有二者兼具，才能拉奏出最悦耳的生命乐章；我学会了真正的宽容不仅表现在对待近亲故交，更表现在面对与自己对立的人群时，也依然能换位思考，这种善于跳出自我的视角，让思维具有了灵活性和开阔性，最终促使了成功的获得；我更加感受到一个人要想完成自我实现的高级心理需求，一定要把眼光放在整个国家、整个社会、整个世界、整个时代的宽度、深度和高度上，当我们的行为能让更多的人获益，我们自身的潜能被激发出来的动力越足，我们达到自我实现的几率就越大。而当我们获取自我实现时，我们的自我价值感也会呈现出最佳状态，从而推动我们对自己的生命存在产生最大的满意感。生命其实就是对自我存在的感知。

我们的手掌太小，只能握住几根细细的命运线，但是当我们的手掌摊开时，和我们互动的将是整个世界。选择之后坚持，坚持之中思索，思索过后修正，取得和自己的禀赋相当的成功也就不足为奇了。心灵仿佛一根弹簧，痛苦和幸福位于弹簧伸缩的两极，对痛苦的承受力有多大，对幸福的体验力就有多大。况且，生命是减弱痛苦影响的过程，而并非彻底消除痛苦的过程。真正的强者，不是能体验多少的快乐，而是与每一种生命的际遇都能风度翩翩地握手言和。

太阳和雪原本是自然界里的两种自然现象，但是在王举老师的生命里，太阳和雪无处不在、无时不存。一个人对外部环境的感知，都是其内心世界的投射，王举老师如此钟情于太阳和雪，那么王举老师的内心深处一定具有太阳和雪的本质属性，那就是博大、温暖、力量、希望、纯净、静默、给予、无私。所以，此书定名为《太阳·雪》，既提炼了王举老师的心灵世界，也铺展了强者力者的生命主线。我期待着《太阳·雪》能像白雪一样降落在朋友们心灵的田野里，升起一份宁静，沉下一息浮躁，让我们的眼睛能看到更多生命的纯净和美好，同时也期待《太阳·雪》能像一轮及时升起的太阳，给需要温暖和光明的朋友捎去一盒盛满阳光的礼物，在每一个灵魂蜷缩的时刻，都能感受到一种心灵不再孤独的力量。

  一朵花的盛开需要阳光、雨露、养分、空气等的默契配合，而《太阳·雪》的顺利问世，离不开我的家人、单位领导、众多老师和朋友们的真诚支持和帮助。为了保证我的创作时间，家人揽过了一切生活琐事。临漳县一中的张合清校长为我提供了适宜写作的工作环境，同时我还可以灵活安排工作时间，在张校长的管理理念里，文学和工作并不冲突。感谢恩师张大诺为我所做的引荐，我才拥有了创作《太阳·雪》的机会。哈尔滨人民检察院反贪局王申来局长以他丰富的人生阅历、深厚的学识修养、崇高的人品道德，让我明白如何才能成长为一位优秀的作家。感谢贾德俊兄长安排我的行程食宿、东北石油大学的安立勇教授声情并茂地讲述。黑龙江省艺术学校的乔良老师让我了解到一位有情有义的王举老师。郭颖阿姨让我感受到了家庭的温暖，从郭颖阿姨的身上，我感受到了东北女性勇于牺牲的精神和宽容善良的胸怀。此外，还要感谢于旋阿姨、王铎、张天赐、朱瑞航等给予我的真诚帮助，感谢丁传红姐姐为我审查书稿所付出的辛苦，最后还要感谢所有给予我鼓励和默默陪伴的朋友们。

  在《太阳·雪》完稿的幸福时刻，好想为你们纵情高歌一曲，唱出你们所赠予我的所有人世间的美好。

  春天来了，所有的寒冷都将褪色，天地之间换上了一种绒绒的暖色调，正如一个新生事物——《太阳·雪》的到来。

胡夏娟<br>
2014年5月

责任编辑：宰艳红
责任校对：史　伟
封面设计：石笑梦

**图书在版编目（CIP）数据**

太阳·雪：舞蹈艺术家王举的传奇人生/胡夏娟 著．
－北京：人民出版社，2014.8
ISBN 978－7－01－013714－8

Ⅰ.①太…　Ⅱ.①胡…　Ⅲ.①王举－生平事迹　Ⅳ.①K825.76

中国版本图书馆CIP数据核字（2014）第146671号

太阳·雪
TAIYANG XUE
——舞蹈艺术家王举的传奇人生

胡夏娟　著

人民出版社 出版发行
（100706　北京东城区隆福寺大街99号）

北京汇林印务有限公司印刷　新华书店经销

2014年8月第1版　2014年8月北京第1次印刷
开本：710毫米×1000毫米 1/16　印张：19.5
字数：280千字　印数：0,001－8,000册

ISBN 978－7－01－013714－8　定价：39.50元

邮购地址 100706　北京东城区隆福寺大街99号
人民东方图书销售中心　电话：（010）65250042　65289539

版权所有·侵权必究
凡购买本社图书，如有印制质量问题，我社负责调换。
服务电话：（010）65250042